中国草种管理

全国畜牧总站　编著

中国农业出版社
北　京

编　委　会

编　写　组

主　　编：李新一　齐　晓
副 主 编：邵麟惠　陈志宏　杨虎彪　王俊宏　李德明
　　　　　刘昭明　侯　湃　田　宏　张瑞珍　张晓霞
　　　　　姜慧新
编写人员（按姓名笔画排序）：
　　　　　马西青　马金星　王　赞　王加亭　王兆凤
　　　　　王顺霞　王俊宏　王彦华　王铁梅　王跃先
　　　　　扎西次旦　牛　岩　尹晓飞　艾　琳　田　宏
　　　　　刘　芳　刘　杰　刘　栋　刘　彬　刘泽东
　　　　　刘昭明　齐　晓　闫文平　关　龙　苏爱莲
　　　　　杜桂林　李玉荣　李庆旭　李治国　李曼莉
　　　　　李新一　李德明　杨虎彪　张晓霞　张铁军
　　　　　张海南　张瑞珍　张鹤山　陈志宏　邵麟惠
　　　　　罗　峻　周栋昌　郑兴卫　郑爱荣　赵恩泽
　　　　　赵鸿鑫　柳珍英　侯　湃　姜慧新　洪　军
　　　　　耿晓丽　夏红岩　高　秋　黄　莺　梁亚爽
　　　　　屠德鹏　董永平　韩　阳　程　力　程明军
　　　　　谢　悦　滕晓杰　薛泽冰
顾　　问：师文贵　张　榕　周　禾　毕玉芬　李　聪
　　　　　申忠宝　毛培胜
审　　校：唐国策　张院萍　刘　源

前　　言

　　我国是草种应用大国，草种是推进草业长期稳定发展、保障国家生态安全的重要生产资料。当前，国家正在大力推进生态文明建设、加强草原保护、实施农业结构调整、积极发展草牧业，这在客观上就要求必须有发达的草种业作为坚实的支撑。加快建立适应我国经济发展、生态保护建设要求和国际竞争需要的现代草种业十分必要。

　　根据国际种业生产实践和我国草种业发展需求，我们提出了草种业"保、育、繁、推、管"的总体思路。"保"指的是草种质资源的收集保存和开发利用；"育"指的是草品种的筛选和培育；"繁"指的是新草品种的世代扩繁和生产；"推"指的是新草品种的示范和推广；"管"指的是贯穿于草种生产全流程和全产业链的监督管理工作，包括法律法规制定、草品种审定、区域试验、VCU 试验、DUS 测试、世代认证和质量检验等。

　　我国草种业经过 40 年来的发展，通过开展全国草地资源调查，实施牧草种质资源保护利用、草品种区域试验、种业良种工程等项目，基本摸清了我国草种质资源的种类和分布，建立了资源收集保存、新品种审定、良种繁育推广等较为健全完善的草种管理和技术体系，在"保、育、繁、推、管"五个方面均取得了一定成效，为建设草种业强国提供了设施、人才、技术和经验储备。

　　由于起步晚，我国草种业管理体制和运行机制还不完善，相较国内其他行业种业和发达国家草种业发展水平，仍有一定差距。目前，我国正在开展农业供给侧结构性改革，迫切需要补齐草种管理这一短板，以满足草业和草牧业的发展需要，这也是我国建成种业强国的重要组成部分。

　　为此，我们组织大专院校、科研院所、推广机构和生产企业等有

关机构的专家学者和一线人员，全面梳理了我国草种业的发展历史，总结了科学研究、产业管理等方面的进展，借鉴了国内其他行业和国外种业发展的经验做法，分析了我国草种业存在的主要问题和困难，按照党的十九大不同阶段发展的目标要求，提出了发展草种业的总体思路、基本原则、阶段目标、主要任务和保障措施等内容，编辑出版《中国草种管理》一书。本书包括保种、育种、繁种、推广和监管等方面内容，力求全面系统地反映我国草种业发展情况，以期对教学科研单位、技术推广部门和草种生产经营者开展种业研究、资源收集、良种选育、新品种推广和监督管理等工作起到引领、指导和帮助作用。

本书的撰写工作得到了中国热带农业科学院热带作物品种资源研究所、福建省农业科学院农业生态研究所、湖北省农业科学院畜牧兽医研究所、内蒙古自治区草原工作站、黑龙江省草原工作站、甘肃省草原技术推广总站、四川省草原工作总站、河南省饲草饲料站、山东省畜牧总站、中国畜牧业协会草业分会、克劳沃（北京）生态科技有限公司等单位的大力支持。全国草品种审定委员会委员、中国草学会和有关大专院校及科研院所的专家学者，草种生产企业的管理者和经营者，草种业技术支撑与服务机构的推广人员积极建言献策，参与了书稿的修改完善工作。参加本书编写的同志克服了工作繁忙、经验不足等困难，加班加点查阅和研究国内外文献资料，多次修改完善稿件，付出了大量心血和汗水。在此成书之际，谨对各位专家学者、编写人员的辛勤付出及相关单位的大力支持表示诚挚的谢意！

由于参考资料搜集渠道较窄和参与编写人员理论研究水平有限，本书对国际草种产业发展经验的分析把握、对我国草种管理存在问题的总结提炼，以及提出的对策措施可能不够全面、深入、系统，不足之处敬请读者批评指正。

编委会

2018 年 7 月

目　　录

第一章 保　　种

草种质资源是培育优良草品种的重要基因源，是现代畜牧业可持续发展的重要物质基础，世界各国都重视并将其纳入战略性资源的保护范畴。我国也不例外，把生物多样性保护和利用作为种质资源可持续利用与农业供给侧结构性改革中的重要举措。新形势下，夯实草种质资源的保护及创新利用，对于缓解饲料资源短缺、确保粮食及畜产品稳定供给、促进草地畜牧业稳步发展、加速农业结构调整、满足生态环境治理等有着十分重要的作用。始终以战略性高度重视草种质资源的保护利用，是我国实现现代草牧业可持续发展的基础。

第一节　草种质资源类型、分布及价值

一、草种质资源类型

草种质资源的来源广泛、生态类型复杂多样，总体上可按经济类群和资源来源划分其类型。

（一）按经济类群划分

可分为短生及类短生草本类、一年生与越年生草本类、多年生禾本科类、多年生豆科草本类、多年生莎草科和类莎草科草本类、多年生杂类草草本类、半灌木类、灌木类。其中，多年生禾本科和豆科草本类是我国草种质资源的核心部分。

短生及类短生草本类，指生长周期很短的饲用植物，早春萌发后夏季以前就结实成熟，迅速完成生育周期。这一类群能在早春提供青绿饲草，在饲草严重缺乏的季节为食草动物提供重要的保障性补给。

一年生与越年生草本类，指无论春季萌发或前一个秋季萌发，都要经过

夏季以后才能结实成熟,生长期相对较长的一类饲用植物,主要为藜科植物,也有禾本科、豆科、菊科、十字花科植物等。

多年生禾本科类,是草种质资源最丰富的一类。根据生长习性可分为小禾草亚类、密丛中禾草亚类、疏丛根茎中禾草亚类、高大禾草亚类等。

多年生豆科草本类,泛指豆科的所有多年生草本植物,广布于我国各地,出现在多种草地中,草甸草原上种类最为丰富。其次为山地草甸、典型草原和高寒草甸草地,荒漠草原、荒漠草地上分布较少。按其生长型和生态分布划分为小豆科草、中豆科草、高豆科草三个亚类群。

多年生莎草科和类莎草科草本类,主要为莎草科的草本饲用植物,也包括灯芯草科和香蒲科。

多年生杂类草本类,是指除禾本科、豆科、莎草科以外的所有多年生草本饲用植物的总称,是饲用植物资源中种类最多、分布范围最广的一个类型。

半灌木类,指仅植物基部木质化的低矮多年生植物。此类资源在荒漠中较为常见,如藜科的木地肤、驼绒藜,菊科的白沙蒿、冷蒿,豆科的塔落岩黄芪、细枝岩黄芪等。在我国的荒漠和半荒漠地带,半灌木草种质资源在草地畜牧业发展方面,占有极其重要的位置。

灌木类,是没有明显主干的多年生木本植物,植株一般比较矮小,从近地面的地方就开始丛生出横生的枝干。紫穗槐、柠条、多花木蓝、白刺花、狭叶山黄麻、水麻、白背叶、沙拐枣、白皮沙拐枣、中国沙拐枣、毛柽柳、长穗柽柳等均为该类型。在我国北方的荒漠、半荒漠草地和暖性灌草丛地中占有重要的地位,是羊、骆驼的重要饲料资源。

(二) 按资源来源划分

可分为地方资源、引进资源、育成品种、野生资源和人工创造的遗传材料。

地方资源,指具有原始农业性状的类型,包括古老的地方品系,大多是现代栽培作物的原始种。地方资源是长期自然选择和人工选择的产物,不仅反映了当地的风土特点,且对当地的生态条件具有高度的适应性。该类型多半没有经过现代育种技术的改进,往往对当地特定的生态条件具较强的适应性,对当地病虫害的抵抗能力也较强。

引进资源,指从其他国家或地区引入的品种或野生资源,它们反映了原产地区的生态和栽培特点，具有不同的遗传性状。其中，有些是本地种质资源所不具备的。特别是来自起源中心的材料，集中反映了遗传的多样性，是改良本地品种的重要材料。

育成品种，是指原始材料来源清楚并经人工育种手段取得的植物学特征、农艺学性状稳定的种质类群，通常在品质性状、产量性状或适应性方面具有独特的优势。

野生资源，指自然分布于天然草地，可被用于放牧家畜、调制干草的植物类群，是各种作物的野生近缘种、优良牧草的野生种及其他具有饲用、坪用或观赏价值的野生草类植物的总称。该类型种类繁多，分布广泛，遗传资源丰富，往往具有一般栽培牧草所缺少的某种重要性状，如顽强的抗逆性、独特的品质等，可通过远缘杂交及现代生物技术转移到目标材料中，是培育优良牧草新品种的宝贵材料。

人工创造的遗传材料，指通过物理诱变、化学诱变、转基因、常规育种等手段产生的各种突变体或中间材料。该类型材料多具有某些缺点而不能成为新品种，但具有一些明显的优良性状，可作为进一步育种的亲本或种质资源，是遗传育种工作研究的珍贵材料。

二、草种质资源分布

（一）世界主要草种质资源分布

草种质资源形成的背景，与自然条件及人类利用历史密切相关，导致草种质资源区域分布形成的条件往往复杂而多变。草种质资源不是独立存在的个体，它是自然草地演化形成的重要构成单元，而后者是草种质资源的天然载体。由此从全球范围看，草种质资源的世界分布与天然草地的分布息息相关，在大尺度范围内形成了区域性差异的基本特征。

1. 非洲

非洲以东部及南非放牧草地为典型。非洲东部放牧草地的范围，包括布隆迪、埃塞俄比亚、肯尼亚、索马里、苏丹、坦桑尼亚和乌干达，涵盖了广阔的马赛马拉、赛伦盖蒂等大草原。草地类型主要为干旱半干旱草原、干热稀树草原和灌丛草地，分布的优势草种质资源以耐热耐旱的三芒草属、虎尾

草属、蒺藜草属、金须茅属、苞茅属、黄茅属、狼尾草属、黍属、菅属为主。东非的区域性分布特点是：撒哈拉以南分布最广的是黄背草及黄茅；坦桑尼亚的热带稀树草原以菅属、孔颖草属、马唐属和黄茅属混生为典型；非洲东部旱区的优势草种包括三芒草属、蒺藜草属、金须茅属、苞茅属和黄茅属，而东部半荒漠草地和荒漠草地分布最广的是金须茅属的 *Chrysopogon plumulosus* 及金合欢属植物；肯尼亚、埃塞俄比亚、索马里、乌干达的干旱草地中的优势物种，主要是虎尾草属的 *Chloris roxburghiana*、盖氏虎尾草及蒺藜草属的水牛草。

南非位于非洲最南端，北部与纳米比亚、博茨瓦纳、津巴布韦和莫桑比克等国接壤。草原是南非主要的天然植被，根据植被类型被细分为萨瓦纳草原、那马干燥台地高原、灌木半灌木草地、干燥台地高原及高山硬叶灌木草地，分布的草种质资源主要有黍属、须芒草属、臂形草属、马唐属、香茅属、三芒草属、真穗草属、狗牙根属、山蚂蝗属、合欢属及羽扇豆等属的植物。此外，干燥台地高原区以分布有大戟科、马齿苋科、景天科及百合科的肉质矮小灌木而最具典型。

2. 美洲

美洲以北美中部草原生态系统、南美巴塔哥尼亚草原及坎普斯草原生态区为重要代表。北美中部草原生态系统的典型类型是普列利草原，其分布从加拿大南部经美国直到墨西哥北部，主要草种质资源为大须芒草、野牛草、格兰马草、裂稃草、假高粱、柳枝稷、冠状针茅、蓝茎冰草、粗糙羊茅等。

南美巴塔哥尼亚放牧地大部分在阿根廷南部和安第斯山边缘，并延伸到智利的麦哲伦海峡周围，包括巴塔哥尼亚斯太普灌丛、半荒漠和灌丛草原、灌丛—禾草和禾草—灌丛斯太普草原、禾草斯太普草原及蒙特灌丛地，分布的重要草种质资源有枸杞属、女贞属、早熟禾属、羊茅属、针茅属，豆科的主要优势种为牧豆树。南美坎普斯草原生态区覆盖了巴西南部、巴拉圭南部、阿根廷北部及乌拉圭全境。坎普斯生态系统以草本植物为优势，很少有灌木和乔木生长，草本植物中以禾本科、莎草科为优势，豆科植物相对较少。其中，禾本科以雀稗属、黍属、狗尾草属、虎尾草属、地毯草属、须芒草属、孔颖草属、画眉草属、早熟禾属、羊茅属、鸭茅属、雀麦属、黑麦草属、针茅属等为主，豆科以车轴草属、山蚂蝗属、合欢属、乳豆属、含羞草属、灰毛豆属和柱花草属等为主。

3. 欧洲

欧洲草原主要分布在东欧平原南部，以禾本科植物为主。南乌克兰、北克里木、下伏尔加等地属于干草原，植被稀疏，分布的主要草种质资源除针茅属、羊茅属植物以外，还有蒿属、冰草属、雀麦属、车轴草属植物。

4. 大洋洲

大洋洲的草地主要分布在澳大利亚和新西兰。由于澳大利亚的降水量自北、东、南沿海向内陆减少，呈半环状分布，植被类型的分布也因而有类似的特征，即外缘是森林，内陆是广阔的干草原，中央是荒漠。澳大利亚的热带稀树干草原主要分布在西部、北部和东部的内陆，重要的建群草种质资源有三芒草属、虎尾草属、鹧鸪草属、扁芒草属、画眉草属、九顶草属、肠须草属，灌木类有金合欢属、桉属及藜科的滨藜、木地肤等植物；热带高禾草原区主要分布在西部的金伯利北部、澳大利亚最北端和昆士兰州亚约克北部，主要为多年生的毛菅、黄茅、尖叶裂稃草、黄背草等优势类群；温带矮草草原主要分布在新南威尔士和维多利亚，一直延伸到南澳的西南部，分布有典型的虎尾草、野燕草、雀麦属、车轴草属、苜蓿属等冷季型矮草。新西兰主要是草丛草地，重要的草种质资源有羊茅属、早熟禾属、车轴草属等。

5. 亚洲

亚洲天然草地主要分布在哈萨克斯坦、蒙古和中国的西北、东北大平原北部。该区内具有代表性的有喜马拉雅—兴都库什地区的天然草地，其范围包含了阿富汗、不丹、印度、尼泊尔及巴基斯坦，其显著特征是受喜马拉雅山地气候影响，北部属于干旱、半干旱草地区，分布的主要草种质资源有蒿属、刺叶属、黄芪属、刺头菊属、麻黄属、针茅属和早熟禾属等植物；往东南方向随着降雨量的增加，分布的主要草种质资源有禾本科的芒属、雀稗属、白茅属、臂形草属、野古草属及豆科的山蚂蝗属等植物，而亚高山草甸中则出现了锦鸡儿属、鸭茅属、披碱草属、沙棘属、刺柏属、蔷薇属、绣线菊属的草种质资源。此外，广阔的蒙古国天然草地也是该区的重要代表，蒙古国草原是斯太普大草原的一部分，是中亚森林和荒漠的一个过渡地带，总体特征是禾草类在草原植被中占有优势地位，尤其是针茅、羊草、披碱草、

糙隐子草、冰草等，豆科植物以黄花苜蓿、黄芪属及紫云英属分布较多，而戈壁针茅、沙生针茅、碱韭、旱蒿、短丝蒿、短叶假木贼和驼绒藜是构成该区域荒漠草原的主要牧草种质资源。

（二）我国草种质资源分布

我国草种质资源的分布特征与地理气候带分化相一致，总体上表现为：从南至北由喜湿热的草种向耐干冷的草种过渡。

1. 东南亚热带、热带湿润区

东南亚热带、热带湿润区覆盖了江苏、浙江、福建、广东、广西、海南等12个省区，涵盖了热性草丛类、热性灌草丛类、干热稀树灌草丛类等天然草地类型。该区域天然草地中分布的草种质资源主要有喜湿热的禾本科芒属、甘蔗属、白茅属、野古草属、菅属、鸭嘴草属、金茅属、黄茅属等植物，尤其在热性丘陵或山地草地中，以五节芒、芒、野古草、刺芒野占草、细毛鸭嘴草为优势类群，豆科草种常见分布的有山蚂蝗属、千斤拔属、木蓝属、猪屎豆属、葛属、野扁豆属、胡枝子属等植物；栽培草地中分布的草种质资源由苏、浙、皖、鄂向闽、粤、桂、琼过渡，主要有美洲狼尾草、紫花苜蓿、野麦草、白三叶、苇状羊茅、毛花雀稗、丝毛雀稗、非洲狗尾草、宽叶雀稗、象草、银叶山蚂蝗、绿叶山蚂蝗、圭亚那柱花草、俯仰臂形草、糖蜜草及银合欢等。

2. 西南亚热带湿润区

西南亚热带湿润区位于我国的西南部，行政区域包括贵州、云南、四川、湖北、湖南等省，它是我国热性灌草丛的西南部，构成热性湿润灌草丛的主要分布区，是我国南方草地的重要组成部分。区域内天然草地中分布的热性草种质资源与东南亚热带、亚热带湿润热性灌草丛区相似，不同之处是逐渐出现野青茅、白健秆、羊茅、早熟禾、绒毛杭子梢、三棱枝杭子梢、宿苞豆、白三叶、黄花苜蓿等暖性成分，而灌丛草类常见的有金丝桃、火棘、余甘子、金合欢等；栽培草地中分布的草种质资源主要有白三叶、红三叶、苜蓿、黑麦草、宽叶雀稗、杂交狼尾草、象草等。

3. 西北温带、暖温带干旱荒漠区

西北温带、暖温带干旱荒漠区位于我国西北部，东起阿拉善高原，沿黄土高原西北部穿越河西走廊，经柴达木盆地东南边缘，向西经阿尔金山直至昆仑山，行政区域包括内蒙古自治区阿拉善盟，甘肃省的武威、张掖、酒泉、白银、金昌和嘉峪关，青海省的都兰、乌兰、格尔木及新疆全境。该区草种质资源的特点是以耐寒凉及耐极干旱的荒漠灌丛植物为主，以分布于内蒙古西部的阿拉善高平原荒漠亚区为典型代表。该亚区内草种质资源以强旱生和超旱生小灌木、小半灌木和沙生灌木为主，阿拉善东南部以绵刺、红砂、猫头刺、藏锦鸡儿、驼绒藜为建群种，伴生资源为短花针茅、戈壁针茅、无芒隐子草等强旱生多年生草本；阿拉善沙漠区域则以沙生灌木、籽蒿、油蒿、柠条、沙拐枣、蒙古岩黄芪、梭梭及沙鞭等为优势草种；阿拉善西部气候达到极干旱，草种主要以红砂、合头藜、木本猪毛菜等为主。西北温带、暖温带干旱荒漠区栽培草地的利用，主要是发展绿洲栽培草地，栽培的草种质资源主要为紫花苜蓿、柠条锦鸡儿、中间锦鸡儿、小叶锦鸡儿、沙打旺、草木樨、老芒麦、无芒雀麦、羊草、鸭茅、沙生冰草、蒙古冰草、垂穗披碱草、燕麦、野大麦、梭梭、沙拐枣、白沙蒿等。

4. 华北暖温带半湿润半干旱区

华北暖温带半湿润半干旱区主要以华北平原为主体，包括山西、陕西高原东南及山东低山丘陵地带，行政区域包括北京、天津、山东、河北、河南及山西大部，陕西、甘肃两省中南部，以及江苏、安徽两省的淮河以北地区。该区受暖温带半湿润半干旱大陆性季风气候影响，低海拔区域分布的草种质资源以荆条、酸枣、野皂荚、绣线菊、忍冬、连翘、黄背草、白羊草、羊胡子草、胡枝子等为优势类群，海拔 1500 米以上的区域则以羊草、无芒雀麦、早熟禾、长芒草、隐子草、歪头菜、地榆为常见类群，而该区北部坝上地区、内蒙古高原的东南边缘及山西高原恒山以北发育着温性草原植被，主要由克氏针茅、长芒草、冰草、糙隐子草组成。华北暖温带半湿润区是我国重要的农牧业生产基地，具备栽培草地发展的良好自然气候和生产条件，分布的栽培草种质资源主要有紫花苜蓿、毛苕子、白三叶、红三叶、沙打旺、草木樨、黑麦、多年生黑麦草、一年生黑麦草、无芒雀麦、老芒麦、梯牧草、苏丹草、高丹草、聚合草、串叶松香草等。

5. 东北温带半湿润区

东北温带半湿润区主要分布在我国东北的东北部和东北平原，包括大兴

安岭、小兴安岭、长白山、三江平原和松嫩平原。长白山区域分布的优势草种质资源主要为苔草、拂子茅、大叶章、荻、狗尾草、胡枝子、紫花苜蓿、广布野豌豆、宽叶薹草及蒲公英等；松嫩平原区的优势禾草有羊草、野古草、牛鞭草、拂子茅、草地早熟禾、大叶章、散穗早熟禾、茅香、光稃茅香、贝加尔针茅、大针茅、糙隐子草、星星草、东北碱茅、冰草、老芒麦、直穗鹅观草及看麦娘，豆科主要有黄芪属、野豌豆属、草木樨属、胡枝子属、香豌豆属及苜蓿属的草种；三江平原区的草种质资源较丰富，特别以分布于平缓台地的草甸草原最为突出，优势草种有羊草、贝加尔针茅、广布野豌豆、山野豌豆、五脉山黧豆、星星草、野大麦、碱地蒲公英、碱地凤毛菊、碱茅、角碱蓬、碱蒿、碱地肤等。东北湿润半湿润区栽培草地建设的历史悠久，新中国成立前后分别从俄罗斯、日本和美国引种紫花苜蓿、草木樨、三叶草等优良草种。目前栽培的除上述草种之外，常见的还有沙打旺、箭筈豌豆、羽扇豆、二色胡枝子、细叶胡枝子、野火球、梯牧草、无芒雀麦等。

6. 蒙甘宁温带半干旱区

蒙甘宁温带半干旱区被分为南北两大部分，北部为内蒙古高原，南部为鄂尔多斯高原与黄土高原。行政区域包括内蒙古中部、河北省北部、山西省西北部、陕西省北部、宁夏全部及甘肃省东北部。该区植被水平分布有明显的地带性，由东向西北随着降水量与气温的逐渐变化，植被由典型温带草原过渡到温带荒漠草原。温带草原为主体，主要位于锡林郭勒高原、鄂尔多斯高原东部及黄土高原南部，分布的草种质资源主要以大针茅、克氏针茅、长芒草、糙隐子草、冷蒿、沙蒿、百里香等为优势类群；温带荒漠草原类主要位于乌兰察布、巴彦淖尔、鄂尔多斯高原西部及宁夏西北部，草种质资源以石生针茅、沙生针茅、戈壁针茅、无芒隐子草、多根葱、菁状亚菊、狭叶锦鸡儿、矮锦鸡儿、川青锦鸡儿、荒漠锦鸡儿、山蒿、女蒿、猫头刺等为优势类群。该区推广种植的牧草主要有苜蓿、披碱草、麦薲草、老芒麦、中间偃麦草、扁穗冰草、燕麦、沙打旺、红豆草、鸭茅等。

7. 青藏高原区

青藏高原区位于我国西南部边境，是世界上特有的高寒草地分布区，也是我国高寒草种质资源集中分布区。寒冷干燥、太阳辐射总量高是该区的主要气候特征。由于独特的气候条件，植被分布具有明显的地带性。以念青唐古拉山主脊分水岭为界线，东至川西、青海东部的地段以高山柳和常绿革质叶杜鹃灌木丛为主，偏西海拔 4 300~4 500 米的宽谷和丘陵上广泛分布着高山嵩草、短生嵩草为主的高寒草甸；位于藏南喜马拉雅山和念青唐古拉山之间海拔 4 300~4 700 米的地段分布有紫花针茅、羽柱针茅、梭罗草、白草、固沙草、三角草、三刺草、大花嵩草、粗状嵩草、藏沙蒿、绢毛棘豆、小叶棘豆等高寒草种；在海拔 4 500~4 800 米的羌塘高原分布有沙生针茅、西藏蒿、驼绒藜、灌木亚菊等高寒荒漠草种，5 000 米以上的地段主要以紫花针茅、青藏薹草、垫状驼绒藜为优势草种。该区的栽培草种主要为老芒麦、草地早熟禾、高羊茅、星星草、多花黑麦草、燕麦、莜麦、披碱草、光叶紫花苕、苜蓿、红豆草等。

（三）我国草种质资源的主要特点

我国草种质资源的特点是，栽培牧草的野生祖先及野生近缘种分布的种类多，中国特有种的比例丰富。

1. 主要栽培牧草的野生祖先分布较多

鸭茅原产于欧亚温带地区，在我国新疆和西南各省份均有自然分布的野生资源。我国利用这些野生资源开展了品种培育工作，1994—2016 年相继育成了宝兴、川东等 4 个优良栽培品种。

看麦娘属的大看麦娘和苇状看麦娘原产于欧亚温带地区，自 18 世纪中叶在欧洲栽培驯化，上述两种牧草在我国东北、华北、西北地区均分布有野生资源。

无芒雀麦原产于欧亚温带，美国自 1884 年以来先后从奥地利、俄罗斯及我国引入，并培育出了不同的栽培品种。其中，适宜于美国北部栽培的品种 Manchar，就是利用从我国东北搜集的野生资源所培育。

红三叶原产于小亚细亚和欧洲南部，于 1500 年由西班牙传入荷兰和意大利，之后陆续传入德国、英国和美国栽培。红三叶在我国新疆、内蒙古和黑龙江等地也有自然居群。白三叶原产于欧洲，现在世界上有许多国家进行栽培作为放牧型牧草，并培育了很多品种。白三叶在我国华北、东北、西北及西南地区也有野生资源。

百脉根和细叶百脉根原产于欧亚温暖地带，现已被广泛栽培，前者在新

疆有自然分布，后者在内蒙古有分布。

鸡眼草和长萼鸡眼草原产于东亚，美国于1919年由朝鲜引入长萼鸡眼草、鸡眼草，并培育出不同的栽培品种，两者在我国分布有大量的野生资源。

2. 栽培牧草的野生近缘植物种类丰富

禾本科栽培牧草大看麦娘及苇状看麦娘的同属野生优良牧草有短穗看麦娘，分布于我国东北、华北及西北地区；喜马拉雅看麦娘，产于新疆和西藏。白羊草的同属野生优良牧草有光孔颖草及孔颖草，在我国自然分布较广。新麦草的同属野生牧草有单花新麦草、毛穗新麦草及华山新麦草，均产于我国西北地区。燕麦的同属野生牧草有野燕麦，在我国广泛分布且变型较多。无芒雀麦的同属野生优良牧草有喜沙的沙地雀麦，株型高大的有耐酸草，两者都在我国有分布。大麦的同属野生牧草在我国分布有布顿大麦草、紫大麦草。栽培冰草除原变种外，我国还有野生变种多花冰草、光穗冰草、毛沙生冰草等。栽培苇状羊茅、草地羊茅及紫羊茅同属的野生种，还有放牧型的羊茅、沟叶羊茅等。栽培梯牧草的野生资源，我国还分布有高山梯牧草及假梯牧草等。偃麦草属中有许多著名的栽培牧草，如硬叶偃麦草、脆轴偃麦草、长穗偃麦草、中间偃麦草等，它们的同属野生资源在我国新疆、内蒙古、青海等地分布的有偃麦草。杂交狼尾草的野生资源，在我国分布的有象草、狼尾草、白草、西藏狼尾草等。世界热区广泛栽培的俯仰臂形草、刚果臂形草、珊状臂形草、巴拉草的近缘野生资源在我国分布的有毛臂形草、四生臂形草、臂形草、多枝臂形草。大黍是我国南方地区著名的栽培牧草，其属内的野生资源在我国分布的也较多。优良栽培牧草毛花雀稗、丝毛雀稗的同属野生资源，我国分布有圆果雀稗、两耳草、长叶雀稗等。高粱属的栽培牧草有著名的苏丹草、高粱，而其野生资源在我国分布的有光高粱、拟高粱、石茅。坪用结缕草的野生资源在我国分布的有沟叶结缕草、中华结缕草。

豆科栽培牧草的野生近缘种在我国也有大量的分布。家山蚂豆的同属野生优良牧草有大山蚂豆、矮山蚂豆、山蚂豆、毛山蚂豆及三脉山蚂豆等。栽培链荚豆的同属植物在我国分布有云南链荚豆、架胡叶链荚豆、皱缩链荚豆。紫花苜蓿的同属野生优良牧草在我国分布有刈割型的黄花苜蓿和放牧型天蓝苜蓿。豇豆的同属近缘野生种在我国分布有野豇豆、滨豇豆等，在广东、广西、海南、福建等地有自然分布。箭筈豌豆及长柔毛野豌豆的同属野生优良牧草，在我国分布有肋脉野豌豆、多茎野豌豆、大叶野豌豆、山野豌豆、广布野豌豆及歪头菜等。

3. 我国草种质资源中中国特有种丰富

禾本科饲用植物中，中国特有种和地方特有种为 182 个，特有种较多的属为早熟禾属、鹅观草属、剪股颖属、雀麦属、披碱草属、针茅属及画眉草属。我国特产优良牧草的主要代表，早熟禾亚科的有阿拉善鹅观草、高株鹅观草、青海鹅观草，沙芦草、毛沙芦草、多花冰草，垂枝早熟禾、长稃早熟禾、蒙古早熟禾、多叶早熟禾，光稃雀麦、大雀麦、小华雀麦、华雀麦，黑紫披碱草、短芒披碱草、圆柱披碱草、麦𦵮草，高羊茅、中华羊茅、藏滇羊茅等；黍亚科的有乾宁狼尾草、陕西狼尾草、四川狼尾草，海南莠草、多脉莠草，云南野古草，长叶尾稃草、元谋尾稃草、心叶尾稃草等；画眉草亚科的有高画眉草、秋画眉草、海南画眉草、美丽画眉草等。

豆科饲用植物中，中国特有种和地方特有种为 83 个，其中有代表性的包括塔落岩黄芪、西北黄芪、马衔山黄芪、多枝黄芪，海南木蓝、滨海木蓝、灰色木蓝、宜昌木蓝，云南米口袋、黄花米口袋，甘蒙锦鸡儿、毛掌叶锦鸡儿，线苞两型豆，海南蝙蝠草，羽叶拟大豆，大花野豌豆、二色野豌豆、大野豌豆等。

其他科饲用植物中，具代表性的有莎草科的截形嵩草、川滇嵩草；藜科的有华北驼绒藜、长毛垫状驼绒藜、香藜，辽西虫实、毛果兴安虫实、烛台虫实、华虫实，密毛木地肤、灰毛木地肤等；蓼科的有阿拉善沙拐枣、甘肃沙拐枣；菊科的有米蒿、紫花冷蒿、黑沙蒿、甘青蒿等。

此外，一批中国特有新物种及新记录种在海南岛被相继发现，中国特有新物种如吊罗山薹草、伏卧薹草、尖峰薹草、凹果薹草、长柄薹草、长颈薹草等。

三、草种质资源的作用

草种质资源是草地植被的核心部分，也是草地生态系统初级能量的生产

者，在草地生态系统食物链循环中起到保障性的作用。此外，草种质资源在天然草地的水分调节、土壤修复、防治沙化等方面起到极其重要的作用。当前国家越来越重视生态文明建设，强调按生态文明建设的要求将种质资源的保护与利用结合起来，并大力推进产业结构调整，实施了退耕还林、退耕还草、草原奖补等政策，充分体现了草种质资源保护在我国现代草牧业可持续发展建设中的重要地位。

草种质资源可经过筛选直接用于改良草原或建植人工草地。我国草种质资源丰富，适宜北方草原改良和人工草地建设的有羊草、无芒雀麦、披碱草、垂穗披碱草、老芒麦、蒙古冰草、碱茅、野大麦、塔落岩黄芪、达乌里胡枝子、木地肤、新麦草、大看麦娘等。适宜南方草山草坡改良和建植人工草地的有黑麦草、杂交狼尾草、毛花雀稗、丝毛雀稗、扁穗牛鞭草、十字马唐、多穗狼尾草、多花木蓝等。生态改良方面，适于在盐碱地补播的有芨芨草、披碱草、星星草、短芒大麦草、大药碱茅；适于在荒漠草地上补播的有沙鞭、沙芦草、沙生冰草、达乌里胡枝子、蒙古韭、沙蓬等；适于在退化的干旱草原上补播的有冷蒿、冰草、羊茅、蓍草、木地肤、羊草、无芒雀麦、扁蓿豆、黄花苜蓿、斜茎黄芪等。

育种创新利用主要包括草种质资源被用作育种的亲本材料培育牧草新品种，或直接利用野生牧草种质资源驯化选育优良草种。1987—2017年，我国草种质资源的育种创新利用研究已取得显著突破，完成533个草品种的审定登记工作。草坪草研究方面，我国已从丰富的野生牧草种质资源中，筛选出了多个颇受欢迎的草坪草种。经全国草品种审定委员会审定登记的野生栽培草坪草，有锡林郭勒无芒雀麦、喀什狗牙根、大青山草地早熟禾、辽东结缕草、青海冷地早熟禾等；利用野生牧草种质资源育成的草坪草有新农1号狗牙根等。

第二节　草种质资源保护利用

草种质资源是筛选、培育优良新草品种的素材和基因源，是现代种业和现代畜牧业可持续发展的重要物质基础，属于国家战略性资源。

一、草种质资源保护利用的总体情况

（一）草种质资源考察收集

草种质资源考察收集是最基础的工作，包括野外样本采集、观察记载、访问座谈、室内标本鉴定、样品分析、资料整理等；确定考察区的饲草种类、数量、组成、分布、利用现状及潜力，发现有利用潜力的新种质；确定生态敏感区和重点保护及利用的种类。

我国草种质资源收集主要有三种方式：一是广泛采集有栽培和育种潜力的草种质材料，并重点采集我国特有或珍稀濒危草种质资源；二是有目的地通过引种和交换从国外获得优异种质材料；三是向科研院所、高校等相关研究单位征集草种质资源。

我国草种质资源的考察收集工作起步相对较晚，专业性的考察收集工作从 20 世纪 70 年代初开始，由中国农业科学院草业研究所牵头，于 1973—1985 年间先后开展了内蒙古、新疆、贵州、四川、云南、海南等省区的草种质资源专业考察，初步研究了我国饲用植物的种类及分布。草种质资源系统收集工作自 2000 年后得到快速发展，建立了以全国畜牧总站为核心、10 个生态区域技术协作组为主体的全国草种质资源收集工作队伍，研制了《牧草种质资源搜集技术规程》、《草种质资源描述规范》等技术规程，逐步实现了我国草种质资源保护利用工作由落后向规范性、系统性的方向转变。

（二）草种质资源保护

草种质资源的保护目的是维持样本的一定数量，保持各样本的生活力及原有的遗传变异性。草种质资源的保护可分为异地保护和原生境保护两种方式。异地保护的主要方法是建立种质资源圃和种质资源库，原生境保护的主要形式是建立自然保护区（点）。

1. 异地保护

异地保护是将草种质资源保存在原产地以外的设施中，这一方式是通过建立种质资源库、资源圃等方式来实现。目前，我国主要采用种质资源库保存栽培和野生饲用植物的遗传材料，这是一种既有效又经济的保护生物多样

性的方式。自 20 世纪 70 年代以来，美国、澳大利亚、新西兰、俄罗斯等国家，也采用异地保存方式，建立种质资源库保存从世界各地搜集到的饲用植物种质资源。

种质资源库的特点是立体式、长期性、系统保存种质材料的活性，运营成本相对较低、机动性较强，因而，被国际上普遍采用。种质库的类型也由单一型向综合型保存体系发展，包括低温保存库、试管苗保存库和超低温保存库等。目前，我国牧草种质资源的保存主要利用低温保存库开展异地保存。1986 年在中国农业科学院建成的农作物种质资源长期库是我国最早的标准化低温保存库，该库设立了 10 个中期库，其中牧草中期库于 1988 年在中国农业科学院草原研究所建成并运行。1997 年全国畜牧总站的前身全国畜牧兽医总站就建成了我国畜禽牧草种质资源保存利用中心，作为全国牧草种质资源保护体系的中心库。目前，我国已建成了 1 个中心库（全国畜牧总站）和 2 个备份库（内蒙古温带草种质资源备份库和海南热带牧草种质资源备份库），并配套研制了《草种质资源保存技术规程》、《牧草种质资源中期库管理技术规程》，形成了科学管理运营的草种质资源保存综合体系。

此外，种质资源圃也是异地保存的重要体系之一。我国已经分区建成了 17 个多年生草种质资源圃，研制了《牧草种质资源圃建植管理技术规程》，形成了库、圃结合的综合性保存体系。

草种质资源库、圃异地保存是一项具有前瞻性的科学决策，其优点是系统性、集约式的管理运作，因而被广泛采用。任继周院士和曹致中教授在《我国牧草种质资源保护和良种繁育体系建设之梗概》一书中，对草种质资源异地保存之利弊作了论述，肯定异地保护是最经济、最常用的方式，但提出异地保护不利于遗传进化和多样性的发展，还可能由于遗传漂移使有潜在利用价值的基因受到破坏或丢失。此外，异地保护只能根据科学家的直观判断选取不同类型的种子或种茎，而生物界本身的复杂性和科学技术水平的局限性，使得所收集的材料无法代表其群落丰富的遗传多样性。目前，科学家普遍认为只有异地保护与原生境保护相结合，尽可能完善种质资源的遗传多样性，才能在未来的研究中源源不断地发掘其潜在的利用价值。

2. 原生境保护

原生境保护是指在物种原生长地就地进行繁育保存种质，主要以设立自然保护区的形式保护生物多样性。

近代自然保护区建立只有 100 多年的历史，1872 年建立的美国"黄石国家公园"是世界第一个原生境生物多样性保护区；1879 年澳大利亚建立了皇家公园。这一运动的兴起，为保护自然和自然资源开辟了新的途径。第二次世界大战之后，自然保护区类型不断完善，在自然保护区建立和管理上积累了丰富的经验，因此，一些自然保护组织相继成立，主要有国际自然与自然资源保护联盟、世界自然基金会、人与生物圈计划、联合国环境规划署等。

20 世纪以来，自然保护区的数量始终都在稳步增加，至 20 世纪 90 年代末期，全球的自然保护区面积已达 1 200 多万平方千米，说明各国政府持续致力于自然保护区的建设。其概念也从国家公园和严格的自然保护区发生演变，逐步扩大到为保全物种、生境和生态系统功能及服务。建立自然保护区的目的也是呈多样化发展，包括为进行科学研究保护原野地域、维护自然生态系统，或为促进自然生态系统的可持续性使用，保护遗传物质、物种、种群和景观的多样性等。

我国自然保护区建设始于 1956 年，到 1985 年之后进入快速发展阶段，至 2017 年底我国已建立不同类型的自然保护区 2 750 个，包括森林生态系统类型、草原与草甸生态系统类型、荒漠生态系统类型、内陆湿地和水域生态系统类型、海洋和海岸生态系统类型、野生动物类型、野生植物类型、地质遗迹类型和古生物遗迹类型等。

在作物和优良牧草野生近缘植物的保护方面，世界各国陆续建立野生资源原生境保护点。美国建立了 7 个葡萄属植物 *Vitis rupestris* 的原生境保护点，还建立了马铃薯的野生近缘植物 *Solanum fendleri* 和 *S. jamesii*、山黧豆属的野生饲用植物 *Lathyrus grimsii*、山核桃属野生植物等原生境保护点；以色列在加利地区建立了野生小麦保护点；日本开展了豇豆属植物的原生境保护研究；土耳其建立了山羊草属、野豌豆属、大麦属的野生近缘植物原生境保护点；墨西哥建立了野生玉米资源保护点；秘鲁建立了野生茄属植物保护点；葡萄牙建立了野生甜菜保护点等。我国从 20 世纪 70 年代开始有组织地开展了农业野生植物的考察收集。2001 年农业部根据国家颁布的《中华人民共和国野生植物保护条例》和《国家重点保护野生植物名录》，启动了作物野生近缘植物原生境保护措施，实施了农业野生植物原生境保护区

（点）的建设。

（三）草种质资源鉴定评价及研究进展

鉴定评价是草种质资源研究的重要手段和利用基础，在田间或实验室对其生物学特性、农艺性状、抗逆性、品质性状和遗传性状进行观测和测定。我国草种质资源鉴定、评价研究始于 20 世纪 80 年代中期，"七五"和"八五"时期，草种质资源鉴定、评价和筛选利用均被列入国家科技攻关项目，至今草种质资源鉴定、评价利用工作取得了长足的发展，先后对披碱草、老芒麦、冰草、无芒雀麦、多花黑麦草、扁穗牛鞭草、鸭茅、扁蓿豆以及苜蓿等重要草种质资源，进行了植物学特性和农艺性状等方面的鉴定评价。根据评价鉴定的内容，细分为表型性状及主要农艺性状鉴定、抗逆性鉴定评价、抗病虫鉴定评价和重要性状的分子标记。

1. 表型性状及农艺性状鉴定

对栽培生产和品种培育密切相关的种质特征特性和表型变异进行鉴定。表型和基因型之间存在着基因表达、调控、个体发育等复杂的中间环节，因此，根据表型上的差异来分析基因型上的差异，通过表型变异来检测遗传变异是最直接也是最简便易行的方法。

不同草种质的表型性状观测和描述方法，是根据不同草种质的形态特点、分类及利用需要，在其生殖生长盛期，选择有代表性的植株，对各器官的基本形态参照种质资源形态描述标准和规范术语进行观察。豆科草种质资源的观测指标有株高、株丛直径、枝条长、茎叶比、叶片长宽比、叶面积和叶形指数、花萼直径、花序花朵数、单枝花序数、花冠长度、单位面积花朵数、荚果长、荚果宽、种子长、种子宽、千粒重等。禾本科草种质资源的观测指标有株高、分蘖数、节间长、旗叶长、旗叶宽、旗叶至穗基部长、穗长、穗宽、穗节数、每穗轴小穗数、每小穗小花数、颖片形态、稃片形态、芒长等。表型性状的分析和评价通常采用比较形态学方法和生物数学方法，比较和分析不同种质间的形态变异、确定种质的分类地位、划分形态变异类群、筛选符合育种需要的亲本材料和用于栽培利用的优异种质。

农艺性状鉴定主要对与牧草栽培生产和品种选育密切相关的性状进行鉴定和评价，包括生育期、牧草产量、再生速度、再生草产量、结实率、种子产量等。

2. 抗逆性鉴定评价

草种质资源的抗逆性评价分为抗旱性、抗寒性、耐盐性、耐热性和耐重金属等。

（1）抗旱性鉴定评价。草种质资源的抗旱性评价是指在大气或土壤干旱条件下，对草种质资源生存和生产性能进行观测，对草品种、品系或野生材料的抗旱能力大小进行筛选、评价和归类，进而为抗旱育种提供优良种质材料，筛选出直接用于生产的优良种质材料，为干旱区草地改良和人工草地建设提供支撑。目前，草种质资源抗旱性鉴定方法主要有田间自然鉴定法、旱棚或人工模拟气候箱法、土壤干旱胁迫法、高渗溶液法、分子生物学方法等。

我国已开展了大量的草种质资源的抗旱性评价，以解决生态环境较脆弱的干旱区、半干旱区及干旱亚湿润地区的饲草栽培利用问题。李憨哲针对我国西北旱区抗旱性苜蓿品种的栽培推广，对 10 个苜蓿品种开展了抗旱筛选，康俊梅等对来自国内外不同种质的 41 个紫花苜蓿品种进行盆栽抗旱筛选等。其他栽培牧草的抗性评价方面，康桂兰以 9 种冰草属牧草作为试验材料，研究干旱胁迫对 9 种冰草属牧草的细胞相对含水量及细胞膜相对透性的影响；张东玲等以引进的 18 份羊茅属种质为材料，在苗期持续干旱胁迫下，研究其生理指标变化，并对其抗旱性进行综合评价；陈涛等以 3 个四川紫羊茅新品系为材料，以引进品种为对照，从相对含水量、细胞膜透性、游离脯氨酸、丙二醛等方面对紫羊茅品系抗旱性进行系统评价。草坪草抗旱研究方面，刘振虎研究发现草坪草的抗旱性与其根系的增深、增大密切相关。不同种或品种的草坪草，其抗旱机制不尽相同，抗旱能力也有差异。高羊茅靠增深根系从土壤深层吸收更多的水分来达到抗旱的目的；结缕草则通过维持较低的蒸散率，以保持体内水分平衡。净光合速率及蒸腾速率指标方面，毛培春等对无芒雀麦的抗旱性做了研究，得出随着持续干旱胁迫延续，无芒雀麦种质的光合速率、蒸腾速率和气孔导度均呈下降趋势，复水后迅速上升；陈超等研究得出，连续干旱 28 天后，百脉根植株的净光合速率、气孔导度、蒸腾速率、最大光化学量子效率、光化学量子产量和光化学猝灭系数均下降。

（2）抗寒性鉴定评价。在寒冷地区，抗寒性是衡量多年生牧草生产性能的一个重要指标。多年生牧草的冻害是牧草生产上的一大威胁，特别是高产优质的牧草，由于冻害限制了栽培区域和潜在产量特性的发挥。我国北方冻害是影响建立高产优质人工草地的重要因素。通过抗寒性评价筛选耐寒的草种质资源，是我国北方寒冷地区发展人工草地的重要措施。

目前，对草种质资源的抗寒性评价，主要通过在寒冷胁迫下对其组织结构与生理生化指标参数的观测，具体参数包括外部形态、根系特征、碳水化合物含量、细胞膜特性、游离脯氨酸含量、ABA外源激素等方面。具体评价研究方面，对紫花苜蓿、披碱草及无芒雀麦的抗寒性评价具较强的代表性。

研究发现，紫花苜蓿叶片形态结构与抗寒性有明显的相关性，越冬率与细胞结构紧密度和叶脉突起度呈高度正相关，栅栏组织比例越大，叶脉突起度越高，品种的抗寒性越强。在渗透调节物方面，抗寒性强的紫花苜蓿品种的碳水化合物含量明显高于非抗寒性品种。因此，可将碳水化合物、可溶性糖、淀粉含量，作为评价品种抗寒能力的依据。游离脯氨酸含量的变化与可溶性糖类似。在正常条件下，紫花苜蓿中脯氨酸的含量极低，当受到低温胁迫后脯氨酸含量大幅度增加，说明脯氨酸可以作为一种耐寒性指标。

在高寒地区自然状态下，无芒雀麦表现出抗寒、产量高、营养价值高等特点，适合大面积推广种植。Lee等研究发现，不同浓度的外源激素ABA对无芒雀麦的抗冻性有影响，注射ABA使体内热稳定蛋白和蔗糖同时存在时，无芒雀麦抗冻性最强。外源ABA增加了无芒雀麦的冷冻耐受性，表明抗冻性和糖代谢的基因表达需要ABA的诱导。

垂穗披碱草是青藏高原高寒地区的典型抗寒牧草之一。滕中华等通过测定高寒地区垂穗披碱草的低温半致死温度，研究低温胁迫时细胞膜透性的变化，结果发现，高寒地区垂穗披碱草抗寒力随温度的变化而变化。韩瑞莲等研究发现，高寒山区耐寒性强的垂穗披碱草在气温较高的6—8月可溶性糖、淀粉含量下降，但气温降低时则出现积累，可增强垂穗披碱草对低温的耐受力。酶活性方面的研究发现，不同生长季垂穗披碱草根系的过氧化酶系统发生了明显变化，随着气温的下降，抗氧化酶活性增强，限制了自由基的形成。

（3）耐盐性鉴定评价。加强耐盐草品种的选育，对于开发利用盐碱地，发展畜牧业，具有举足轻重的作用。我国自 20 世纪 80 年代开始，开展了大量的耐盐性植物种质资源的评价工作。

草种质资源耐盐性测定是筛选、鉴定耐盐优良草种的依据，准确测定牧草耐盐性的前提是研究牧草耐盐性的测定方法和评价指标。当前，国内外对草种质资源耐盐性评价的方法，分生物学指标法和生理生化指标法。

生物学指标法的评价指标，主要为发芽率、发芽指数、出苗率、幼苗存活率、生物量、株高、分蘖、根长、根形态、耐盐极限浓度、耐盐半致死浓度等。

生理生化指标法的评价指标主要有脯氨酸含量、柠檬酸含量、有机酸含量、Na^+ 含量、K^+ 含量、丙二醛含量、电导率、叶绿素含量、净光合速率及蒸腾速率等。在正常生长条件下，植物体内脯氨酸含量较低，但在高盐胁迫下，游离脯氨酸的含量会明显增加。研究发现在不同的盐胁迫下，沙打旺、碱茅、星星草、羊草、鸡脚草、圆叶蒿等牧草体内的游离脯氨酸，均有不同程度的积累。Na^+ 含量、K^+ 含量被作为耐盐性评价指标是由于 Na^+、K^+ 作为无机渗透调节剂，能够平稳细胞液渗透势，盐胁迫下细胞内离子平衡破坏的一个典型指标就是 K^+/Na^+ 值降低，该指标已广泛应用到禾本科及豆科草种耐盐性材料筛选中。

（4）耐热性鉴定评价。高温会对植物造成热损伤，进一步诱发氧化胁迫，使得光合作用受抑制，细胞膜受损，细胞老化和死亡。植物一系列的物理及生化反应在高温下会发生变化，包括膜结构及功能的改变。高温是影响我国南方及过渡气候带牧草产量和草坪草品质的主要限制性因素，研究牧草和草坪草对高温的耐性机理、提高耐热性对于稳定我国南方及过渡气候带牧草和草坪草的生产非常重要。草种质资源耐热性评价的指标主要有形态指标和生理生化指标。国内学者利用形态指标法对高羊茅、草地早熟禾、黑麦草、匍匐剪股颖、鸭茅、草地羊茅、梯牧草等开展了耐热性评价。

（5）耐重金属鉴定评价。当重金属浓度超过植物的生长极限时，植物的质膜透性、各种生理生化过程受到不同程度的伤害，最后使植物的生长发育受到不同程度的抑制，甚至导致死亡。

国内外大量研究表明，由于遗传上的差异，植物的种及品种间在对土壤

重金属的吸收上存在很大差异。有研究表明，在通常情况下，单子叶植物吸收 Cd 的能力低于双子叶植物。目前对牧草的耐重金属评价鉴定研究还相对较少，主要集中在耐钴性评价上。通过相对存活率、相对株高、相对生物量3 个指标，对 30 个品种的紫花苜蓿进行综合评价，评选出了耐钴性较强的材料，并发现耐钴性强的材料相对耐钴性弱的材料质膜透性较低，可溶性糖含量和脯氨酸含量相对较高。同样，对高羊茅 40 份材料的耐钴性评价结果显示，以存活率、株高、伤害率等为评价指标的综合评价，筛选出了耐钴性较强的高羊茅材料。

（6）抗虫性评价。植物抗虫性是植物个体内全部基因的综合反应，是一种可遗传的特性。植物都具有一定的先天抗虫性，即现存植物在某种程度上都有避忌、阻碍和限制昆虫侵害，并通过快速再生以恢复虫伤或耐受虫害的能力。正是由于具备了此种特性，与感虫资源相比，抗虫资源可免受害虫危害或受害较轻。抗虫资源只有当抗性高而稳定时才能独自发挥作用。大多数情况下品种的抗虫性属中等，只有配合综合治理措施时才能发挥较好的作用。

（7）抗病性评价。植物的抗病性是指寄主对病原物及其有毒产物的抵抗性，不感受性或少感受性。从广义上讲，某一植物不感染或不发生某一病害，或虽然发生但程度相对较轻，或产量损失较小，都可以叫做抗病。从狭义上讲，只有当植物遭到病害侵袭后，能够产生一种能动的反应去战胜病原菌或减轻危害时，才叫做抗病。

3. 品质性状评价

草种质资源的品质性状评价是筛选和开展创新利用的重要途径，只有品质性状优良、表型稳定的草种质资源，才会发挥其重要功能。草种质资源的品质性状评价，因功能需求不同而主要分为牧草品质性状评价和草坪草性状评价。牧草的品质性状评价包括营养价值、消化率、适口性及有毒有害成分等。其中，营养价值主要指牧草饲用部分营养物质的组分，包括粗蛋白质、粗脂肪、粗纤维、无氮浸出物和钙、磷及其他微量元素、蛋白质中的各类氨基酸和重要的维生素等；牧草的消化率用可消化营养物质总量（TDN）和可消化蛋白质含量表示，目前普遍认可的消化率指标为 NDF 的体外消化率；适口性是指家畜采食牧草的喜好程度，适口性的好坏往往与牧草的品质特性有关，如粗纤维、糖分及芳香烃等物质的含量以及牧草质地、颜色和气味等；牧草中的有毒有害成分，泛指动物采食后造成健康损害的所有物质，如皂素、香豆素、吡咯灵、含羞草素、硝基丙酸等。草坪草的品质性状指标，则主要包括成坪速度、色泽、盖度、质地、均一性、绿坪期、根系生长情况等。

4. 遗传性状评价

对草种质资源进行遗传多样性评价和鉴定，是草种质资源保存和开发利用的首要条件。草种质资源收集、保存和利用，都要求对基因源或基因库的多样性进行鉴定。遗传性状评价主要以遗传标记的形式开展，包括形态标记、细胞学标记、生化标记和分子标记 4 种类型。分子标记是近 10 年来随着分子生物学的发展出现的、以 DNA 变异为基础的新型遗传标记，在草种质资源研究中分子标记技术起到了非常重要的作用，已经广泛应用到草种质资源遗传多样性及亲缘关系、种质鉴定、遗传连锁图谱的构建和基因定位等的研究中。

(四) 草种质资源创新利用

草种质创新利用是对种质的遗传基础做较大程度的改变。广义上的种质创新还应包括种质拓展、种质改进。具体讲，就是将具有较多优良性状如高产、优质、抗逆性强的基因进行叠加，或者具体改进种质的某一性状，从而创造出新材料、新品种，提供给育种家和遗传学家使用，这也是牧草遗传育种发展的基础和保证。

1. 技术和方法创新

畜牧业发达的国家，草种质创新的目标明确、重点突出，研究材料相对集中，技术和手段先进且呈多样化。欧洲、美洲和澳洲等国家和地区，在运用远缘杂交、杂种优势利用方法等基础上，充分利用基因连锁群、分子标记和 QTL 定位等现代生物技术，并将各种技术相互渗透，形成了综合的多元化创新发展模式，取得了突出的成绩。我国草种质资源的创新技术和手段已从初期的引种、野生驯化及常规育种技术阶段，发展到常规育种和现代生物分子育种相结合的新阶段，而且随着草种质资源利用的多元化趋势加快，这势必导致草种质资源创新利用的手段呈现多元化。

（1）杂交技术进行种质创新。杂交育种指不同种群、不同基因型个体间进行有性杂交获得杂种，并在其杂种后代中通过选择而育成符合生产要求的纯合品种的方法。根据亲缘关系的远近，可分为品种间杂交和远缘杂交。杂交可以使双亲的基因重新组合，形成各种不同的类型，为选择提供丰富的材料；基因重组可以将双亲控制不同性状的优良基因结合于一体，或将双亲中控制同一性状的不同微效基因积累起来，产生在该性状上超过亲本的类型。种内杂交是指同一植物种内的不同品种或品系间进行的杂交，主要包括亲本选择、杂交组合方式、杂交技术及杂种后代的选择几个方面，其技术方法相应成熟，已广泛应用于牧草种质创新与育种。早在 20 世纪 80 年代，就有种内杂交育成的新草品种通过审定登记。1986 年，孙云越等以 1341 豌豆为母本和 4511 豌豆为父本，经有性杂交和混合选择育成了中豌 1 号、中豌 3 号、中豌 4 号系列品种。1990 年，潘世全等以自选饲用高粱不育系 LS3A 为母本和甜高粱恢复系 Rio 为父本，杂交育成了粮饲兼用抗逆性强的辽饲杂 1 号高粱。甘农 3 号紫花苜蓿是采用先进的多系杂交法选育，由 7 个无性系组合的综合品种。此外，福建省农业科学院开展的决明属牧草种内杂交结合辐射育种所进行的选育研究，都是采用种内杂交方法辅助其他育种手段而开展的牧草新品种选育研究。

远缘杂交产生的特异杂种优势对于草种质创新具有重要意义。经几代科研工作者的辛勤努力，运用远缘杂交方法已陆续培育成功许多牧草新品种，如皖草 2 号高丹草由高粱与苏丹草杂交育成、南农 1 号羊茅黑麦草由羊茅与黑麦草属间杂交育成，蒙农杂种冰草由扁穗冰草与沙生冰草杂交育成。采用远缘杂交方法培育成的皖草 2 号、皖草 3 号高丹草，是我国第一批通过品种审定的高粱与苏丹草杂交型饲草，由于双亲都起源于气候干燥的非洲，因此，表现出产量高、适口性好、营养价值高及抗旱性极强的特点。天津农学院孙守钧等在 2000 年育成并登记的天农青饲 1 号、天农青饲 2 号高丹草，是利用高粱不育系和苏丹草与甜高粱杂交选育的恢复系配制的种间杂种，属远缘杂交，具有极强的杂种优势和较高的生物产量。此外，内蒙古农业大学利用种间杂交技术，结合单株选择和混合选择培育成功的蒙农杂种冰草，在产量及品质上均较现有栽培冰草有较大幅度改良，现已成为内蒙古地区广泛栽培的品种。

（2）诱变方法进行种质创新。诱变育种技术在草种质创新研究中的应用起步较晚，但育种者通过新诱变源开发、突变体筛选技术改进等方法，开发出了离子束注入、航天搭载等诱变新技术、新手段，在草种质创新方面取得了显著进步。物理诱变即用 α 射线、β 射线、γ 射线、X 射线、中子和其他粒子等及其他物理因素诱发变异。诱变因子能使植物体内各种分子产生电离和激发，并产生自由原子或自由基团，进一步与其周围物质特别是大分子核酸和蛋白质反应，引起分子结构的改变，最终产生植物体的遗传变异。牧草辐射育种始于 20 世纪 80 年代，辽宁省农业科学院以早熟、高产为育种目标，用 $^{60}Co \sim \gamma$ 射线照射沙打旺种子，并对变异后代进行系统选育，于 1983 年育成早熟沙打旺品种。到了 21 世纪，牧草辐射育种研究开始迅速发展，中科院水土保持研究所和黑龙江省畜牧研究所也利用 $^{60}Co \sim \gamma$ 射线照射方法，分别于 1984 年和 1989 年育成彭阳早熟和龙牧 2 号 2 个沙打旺品种。郭海林等采用 $^{60}Co \sim \gamma$ 射线对狗牙根的葡匐茎和根状茎进行辐射诱变，使狗牙根的坪用性状发生了丰富的不定向变异。

离子束注入诱变技术，是指将离子经高能加速器加速后辐照生物体，使质量、能量和电荷共同作用于生物体，从而诱发产生突变的一种诱变技术。离子束对生物体有能量沉积和质量沉积的双重作用，从而使生物体产生死亡、自由基间接损伤、染色体重复、易位、倒位或使 DNA 分子断裂、碱基缺失等多种生物学效应。因此，离子注入诱变可得到较高的突变率，且突变谱广，死亡率低，正突变率高，性状稳定。近年来，牧草育种者也在一些草种上开展了离子束注入相关研究，且已经获得了一些表现良好的牧草新品系、新材料。吕杰等将 N^+ 离子注入紫花苜蓿种子，提高了种子发芽势和发芽率。葛娟等将不同剂量的 Ar^+ 注入紫花苜蓿后发现，在一定的剂量范围能提高种子的发芽率、发芽势、根长和有丝分裂指数。颉红梅等采用 $80\ MeV/u20\ Ne^{10^+}$ 离子束贯穿处理禾本科牧草种子，选出叶片变厚、叶色深绿、生长势增强的新株系。刘亚萍等将低剂量的 N^+ 注入燕麦，提高了燕麦发芽率、田间出苗率和分蘖率。

空间诱变是通过各类返回式空间飞行器进行生物飞行搭载，利用所能到达的宇宙空间的特殊环境诱发生物体产生有益的突变和变异，进而在地面选育植物新种质、新材料，培育新品种的高新技术育种途径和方法。1994 年，

我国首次开展太空搭载牧草的研究，徐云远等将红豆草、苜蓿和沙打旺等 3 种豆科牧草种子搭载于 940703 卫星，返地后对其田间生长情况、发芽率、耐盐性、耐旱性及同工酶等进行了初步探索研究，发现红豆草经空间诱变后，SP1 代花期有一定程度的延长，SP2 代对盐胁迫和渗透胁迫表现抗性，并产生了一定程度的抗病害能力；而沙打旺经空间诱变后其抗病性也有明显增强。

（3）转基因技术进行种质创新。1985 年，Vasil 在国际草原学大会上，第一次提出利用遗传转化技术将其他来源的特定基因导入牧草的可行性，为应用转基因技术改良牧草奠定了理论基础。随后，畜牧业发达国家陆续开展了大量的转基因研究。哥伦比亚国际热带农业中心、澳大利亚以及我国从事柱花草转基因抗炭疽病育种研究，在这一方面取得了一定进展。1995 年 Harrison 和 Mclntyre 从矮柱花草中克隆了苯丙氨裂解酶基因、咖啡酸邻甲基转移酶基因。1998 年 Kazan 等用矮柱花草过氧化酶基因转化了烟草，该转基因烟草对由真菌产生的黑枯病有很明显的抗性，可以增强烟草的耐病性。2005 年 Kelemu 等已建立了柱花草的再生体系及遗传转化体系，获得了转几丁质酶基因的抗病植株，且后代分离符合孟德尔遗传规律。2005 年王冬梅等将口蹄疫病毒外壳蛋白 FMDVVP1 基因转入"热研 2 号柱花草"，获得了转基因植株。2011 年陈光宙等以"热研 2 号柱花草"下胚轴为外植体，建立了高效的再生体系。2013 年胡彩平等选用含有氯嘧磺隆抗性标记的 ILV1 基因和报告基因 GFP 二元载体的农杆菌 AGL～1，采用单因子和双因子方法，研究根癌农杆菌 AGL～1 介导柱花草炭疽菌 CH008 转化过程中各主要因素对转化率的影响，优化构建了 ATMT 转化柱花草胶孢炭疽菌体系条件。

转基因技术在狼尾草抗性育种中也取得了突破性进展。2001 年 Oldach 等构建了一种简单、高效的美洲狼尾草离体快繁体系，2002 年 Girgi 等采用直接转化法获得了抗除草剂转基因狼尾草。2004 年 Kennedy 等在美洲狼尾草的遗传转化标记上引入了报告基因 manA 基因，使其成为优于抗生素或除草剂选择标记的报告基因。2008 年 Pradeep 等从狼尾草中克隆了 Rab7 基因，该基因编码 207 个氨基酸。2010 年 Sudhakar 等从温度胁迫文库中克隆了 Hsc70 基因，该基因编码 649 个氨基酸。2013 年牟彤等利用农杆菌介导法，将黑麦草抗冻蛋白基因 LpAFP 导入狼尾草愈伤组织，初步建立了狼尾草的遗传转化体系，获得 2 株转基因植株。2007 年王凭青等将克隆的拟南芥 CBF1 转录因子基因连接到植物表达载体 pBI121 上，通过农杆菌介导法转化杂交狼尾草叶片，获得转基因再生植株。

2. 草种质资源的共享利用

原农业部 2003 年颁布的《农作物种质资源管理办法》规定，国家对农作物种质资源享有主权。国家中期种质库、种质圃应免费向科研和育种需要的单位和个人提供适量种质材料。该法规的出台，说明我国科技界和政府部门已将种质资源作为国家的财富，实行社会共享。草种质资源是农作物种质资源的重要组成部分，也是国家拥有的公共资源。

草种质资源收集保存和研究的最终目的是利用。为了做到充分、合理利用草种质资源，对于草种质资源工作者来说，必须确保足量的种质资源材料供给，并对材料进行深入研究，掌握各方面的利用价值，建立完备的档案资料及数据信息。同时建立信息共享服务系统，确保信息交流通畅，掌握需求，促进资源的高效利用。

畜牧业发达国家和国际组织十分重视草种质资源的信息共享，把遗传资源作为国家公共资源，向全社会开放。它们的经验证明，要提高资源的利用效率，一是要充分了解资源的性状，二是要提高资源信息的共享程度，这都能使研究者可以方便地获取信息。所以，要以种质库数据为基础，采用现代信息、网络技术，建立综合和专业的资源数据库，实现网络信息共享，提高草种质资源的利用率。

二、国外草种质资源保护利用进展

欧美国家开展植物引种的历史较早，尤其是以美、英、法三国为典型。由于气候因素的制约，其自身的物种资源相对单一，特别是当时对亚洲及南美国家特产的香料、茶叶及园艺植物等资源的极度需求，导致早在 19 世纪欧美国家就出现了大量的"植物猎人"，在全世界搜集植物物种，积累了物种采集及管理利用经验。20 世纪之前的植物学家只关注对物种本身的收集，"种质资源"的概念还未形成，对于种质资源的特异性未被充分认识。直至

20 世纪 20 年代，俄国的瓦维洛夫开始大规模地收集作物材料才奠定了作物种质资源学科的基础，之后的研究工作快速推进了人类对"种质资源"的认识，并受到西方国家的重视。

（一）美国

广阔的土地成了美国现代农业生产得天独厚的优势，但美国本土的作物资源相对贫乏，早期的移民者就意识到由国外搜集引种的重要性。在独立时期，政府就要求派驻外国的领事和海军军官，把欧洲大陆和中南美洲的优异植物原始材料带回美国。1862 年美国农业部正式建立，后于 1898 年成立外国种子和植物引进办公室（SPI），专门从事经济作物调查、采集、引种以及原始育种材料保存的工作。SPI 成立后，聘请植物学家从世界各地采集引种尽可能多的有价值作物。据统计，1897—1979 年共派出考察组近 200 次，到世界各地搜集资源，共引入资源达 43 万余份。美国也是世界上最早重视作物种质资源长期保护与持续利用的国家，于 20 世纪 50 年代就已着手研究如何长期保存作物种质材料，标志性的工作是 1958 年在科罗拉多州建成了世界上第一座国家种质资源库。1990 年美国国会正式立法实施国家遗传资源计划（NGRP），主要负责对种质资源进行获得、描述、保存、归档和分发等活动。在 NGRP 的基础上，美国农业部建立了国家作物种质资源管理系统（GRIN），承担着植物种质资源的国内外考察、收集、鉴定、保存、评价、编目和共享分发等工作。目前，美国已收集植物种质资源约 60 万份，收集保存的牧草种质资源有 3 万多份，核心牧草种质资源超过 2 万份。

（二）俄罗斯

俄罗斯非常重视本国种质资源的收集和利用，开展了经常性的搜集考察，此外积极向全世界征集各类材料。苏联著名科学家瓦维洛夫就曾组织 200 多次考查，到过 60 多个国家搜集作物种质材料约 15 万份。以瓦维洛夫命名的俄罗斯瓦维洛夫植物栽培科学研究所，一直在世界上广泛开展栽培植物的资源收集工作，20 世纪 70 年代仅从非洲 13 个国家采集的栽培品种和野生近缘种即达 1 万多份。目前，俄罗斯瓦维洛夫植物栽培科学研究所保存着来自 141 个国家的 32 万份作物种质资源，其中牧草种质资源达 2.9 万余份。

（三）澳大利亚和新西兰

澳大利亚和新西兰的原产牧草种质资源比较贫乏，它们的优良牧草和饲料作物大都来自国外。澳大利亚对牧草种质资源研究的区域性分工十分明显，根据生产需要，在具代表性的不同地区建立了 9 个种质资源中心，每个中心都建有资源库，从事种质资源的收集、评价、保存和利用研究。其中，南澳遗传资源中心（SAGRC）位于南澳大利亚州阿德莱德市，隶属于南澳大利亚州初级产业部所属的南澳大利亚研究与发展中心（SARDI），是 9 个澳大利亚遗传资源中心网络之一，是世界最大的亚热带豆科牧草种质资源收集中心，收集了 159 个属，731 个种，共计超过 38 000 份的种质材料。重点收集的是苜蓿种质资源，有全球最多的一年生和多年生苜蓿种质资源（超过 2 万份），同时收集三叶草属、黄芪属、草木樨属等豆科牧草，是世界著名的遗传资源中心之一。新西兰北帕默斯顿市草地农业研究所设有牧草种质资源中心，建有牧草种质资源库，保存牧草种质资源近 3 万份。

（四）日本

第二次世界大战前后，日本就一直重视农作物种质资源的收集保护工作。至 1983 年，仅农林水产省收集的作物种质资源达 4 万余份，文部省收集的数量也十分丰富，其中小麦属 23 个种 440 余份，山羊草属 24 个种 200 余份，大麦属约 5 700 余份，十字花科野生种约 700 余份。2001 年日本国立农业生物资源研究所改名为国立农业生物科学研究所，其主要工作是负责日本全国的种质资源收集、引进、鉴定评价和长期保存工作。目前，收集保存的 10 余万份生物资源中，牧草、饲料作物资源有 1.2 万余份。

（五）国际公益性研究组织

联合国粮农组织（FAO）、国际农业研究磋商组织（CGIAR）等国际公益性组织，也重视并致力于全球作物种质资源的保护研究，以应对全球粮食安全与持续性发展。其中，草种质资源保护利用研究最有代表性的是

CGIAR 旗下的国际热带农业中心（CIAT）和国际家畜研究所（ILRI）。CIAT 自 1977 年开始大规模地收集草种质资源，并侧重于对抗病虫害、耐旱、适宜酸性土壤、高产、高营养价值草种质资源的筛选。目前，已从 75 个国家收集保存草种质资源达 2.3 万余份，其中豆科牧草种质资源 2.1 万余份，禾本科牧草种质资源 1 700 多份。这些种质资源分别来自亚洲、非洲和拉丁美洲，有的已经过改良并推荐到亚非拉广大发展中国家，取得了显著的社会经济效益。据统计，从 1980 年至今已向 110 个国家分发了 1.3 万余份草种质资源。其中，臂形草属和柱花草属的资源共享利用已经取得很好的成绩，将臂形草的育成品种推广到南美及非洲等地，改良天然草地达 1 亿公顷，而圭亚那柱花草在亚洲热带的推广利用面积也已达 30 万公顷。此外，1975 年以来 CIAT 向拉美国家推荐种植 180 个豆类优良品种，使其豆类产量增加 30%；CIAT 向中美洲热带稀树草原改良利用提供的牧草品种种植面积超过 1 000 万公顷，这些牧草使当地牲畜生产力提高 20% 以上。利用野生草种质资源丰富的遗传多样性特征培育新的草品种，以应对全球气候变化及优质饲草的需求，是国际家畜研究所（ILRI）的主要任务之一。其从 1983 年开始重视草种质资源的收集保存，经过 30 多年的发展，已从 149 个国家收集优质草种质资源达 1.9 万余份，超过 1 400 种，其中禾本科草类 4 400 多份、豆科类 1 万余份。ILRI 十分重视草种质资源的信息共享及材料共享，把种质资源视为公共资源，为强调发挥草种质资源的可持续利用，ILRI 于 2006 年 10 月在《粮食和农业植物遗传资源国际条约》的框架下签署了官方协议，宣布将其保存的所有草种质资源作为全球公益性资源，至此已向 111 个国家分发 3.5 万余份。

三、我国草种质资源保护利用进展

（一）我国草种质资源研究发展历程

我国的草地植物研究是从植物学和地理学研究发展起来的。近百年来，不少国外学者对我国草地地理区域进行过考察，针对草地及草地植物资源的调查与研究，则是自 1949 年中华人民共和国成立后开始的，其中 1979 年以前进行的是区域性调查研究，1979—1995 年为全国性的统一调查研究。上述阶段主要完成我国草地及草地植物资源的基础性调查考察，此后随着国家对草种质资源在可持续发展及永续利用等方面的重要性认识不断提升，草种质资源的收集、保存、评价及创新利用的综合性、长期性研究得到重视，"广泛收集、妥善保存、深入研究、积极创新、永续利用"草种质资源的基本原则得以确定。1997年，由原农业部和财政部批准，"牧草种质资源保护利用项目"正式列入财政专项，先后结合国家自然科学基金、科技部成果转化项目、国家科技基础平台"牧草种质资源描述标准和规范的研究制定"等相关项目，系统开展了草种质资源的收集、保存、评价和创新利用工作。我国草种质资源保护利用总体上可分为开始阶段、起步阶段和发展阶段。

1. 开始阶段（1949—1985年）

此阶段是以摸清我国草种质资源家底为主要任务，是探索性阶段，研究工作集中于采集标本、查清牧草种类及分布、评价饲用价值，对于种子或果实的收集保存相对较少。此阶段开展禾本科草种质资源引种、驯化和栽培利用的有扁穗冰草、沙生冰草、沙芦草、无芒雀麦、垂穗披碱草、老芒麦、短芒大麦草、羊草等；收集豆科草种质资源开展引种、驯化和栽培利用的有沙打旺、柠条锦鸡儿、小叶锦鸡儿、塔落岩黄芪、细枝岩黄芪、黄花苜蓿、扁蓿豆等；杂类草引种驯化利用的有华北驼绒藜、木地肤、沙拐枣等，此阶段完成草种质资源收集约为2 900份。

2. 起步阶段（1986—1996年）

我国草种质资源保护利用工作正式起步于20世纪80年代中后期，特别是随着国家农作物种质资源长期保存库和牧草种质中期保存库的建成和使用后，以种子为主要对象的收集和保存工作得到了较快的发展。到"九五"末的15年间，通过国家科技攻关、省部级重点等项目和课题的支持，在全国草地资源及牧草种质资源调查的基础上，全国各有关单位完成收集野生和栽培草种质资源共4 888份，隶属于29科184属567种。此阶段也是我国草种质资源创新利用的发展阶段，以种质资源的收集保存为基础，开展了大量的资源创新利用研究。

3. 发展阶段（1997年至今）

1997年至今是我国草种质资源保护利用工作的快速发展时期。此阶段的重点工作任务是，查清我国优良草种质资源的分布区域、分布特点，编制重点保护名录；开展资源收集、保存、监测、繁殖更新等技术研究，制定相关标准，初步实现草种质资源保护的规范化；研究解决草种质资源系统评价关键技术，建立系统鉴定评价技术体系；利用现代信息技术，建立草种质资源数据库及信息共享服务平台。通过牧草种质资源保护项目、科技部国家科技基础专项、"973"计划项目、国家科技基础条件平台项目及省部级项目的实施，上述工作内容得到了快速推进，以全国畜牧总站为核心、10个生态区域技术协作组为参与主体，历时20年收集保存草种质资源5.6万份。

（二）我国草种质资源保护利用成效

自1997年牧草种质资源保护项目启动至今，我国的草种质资源保护利用历经了20年的发展，已经在草种质资源收集保护及管理体系建设方面取得了明显成效，为长期性发展建立了实物基础和框架体系。主要成效如下：

1. 构建了草种质资源保护体系

形成了以全国畜牧总站为核心，10个生态区域技术协作组为主体，56个协作单位参加的全国草种质资源收集管理体系；建成1个中心库、2个备份库、1个离体库和17个资源圃组成的国家草种质资源保存体系。此外，配套研制了《牧草种质资源搜集技术规程》《牧草种质资源保存繁殖更新技术》《草种质资源保存技术规程》《中期库入库标准》等管理规范。

2. 查明了我国重点保护草种质资源的种类和分布

编制了《全国主要栽培牧草的野生类型及其野生近缘植物名录》《中国饲用植物特有种名录》《中国珍稀濒危饲用植物名录》等9个重点保护名录，包括全国主要栽培牧草野生类型及其野生近缘植物364种、中国饲用植物特有种320种、中国珍稀濒危饲用植物60种，并明确了上述草种的分布区域。

3. 收集保存数量取得突破

安全保存牧草种质资源5.6万份，共103科680属2 264种。低温种质库保存5.5万份，资源圃保存601份，离体库保存482份。其中，收集中国饲用植物特有种 75 种 609 份，抢救性收集保存中国珍稀濒危饲用植物 11 种 60 份，包括国家二级保护植物 3 种 3 份，三级保护植物 8 种 57 份。

4. 完善描述规范和数据标准

制定了农业行业标准《草种质资源描述规范》（NYT 2658—2014）；编制出版《牧草种质资源描述规范和数据标准》《无芒雀麦种质资源描述规范和数据标准》《苜蓿种质资源描述规范和数据标准》，以及老芒麦、红三叶、羊茅属、多花黑麦草、匍匐剪股颖、梯牧草、纤毛鹅观草等 110 套主要牧草经济类群和重要牧草代表种的描述规范、数据标准及数据质量控制规范，提升了我国草种质资源规范化、标准化、信息化的水平。

5. 建立农艺性状评价指标体系

研究制定农业行业标准《农作物种质资源鉴定技术规程—豆科牧草》（NY/T 1310—2007）、《农作物优异种质资源评价规范—豆科牧草》（NY/T 2177—2012），系统开展农艺性状多年多点联合评价，累计鉴定评价 13 794 份，筛选出高蛋白苜蓿、长穗苜蓿、饲草高产型燕麦、草料兼用高产型燕麦、籽粒高产型细叶燕麦等一批优异种质资源，完善了数据信息，也为新品种选育提供了育种材料。

6. 鉴定评价和种质创新取得进展

制定抗旱性、耐盐性、抗寒性、耐热性、抗病性及抗虫性鉴定评价技术规范 6 套，明确综合评价指标、方法及分级标准，完成 9555 份抗性鉴定评价，筛选出一批优异种质资源，为牧草品种改良和新品种选育提供优异亲本材料。编写出版《草种质资源抗性评价鉴定报告》，制定农业行业标准《热带牧草品种资源抗性鉴定—柱花草抗炭疽病鉴定技术规程》（NY/T 1692—2009）。发掘扁蓿豆抗寒基因 6 个、紫花苜蓿褐斑病抗性 SCAR 标记 7 个、杂交狼尾草 RAPD 特异标记 1 个；创制优异新种质 19 个（紫花苜蓿 2 个、早熟禾 3 个、杂交狼尾草 5 个、象草 3 个、柱花草 4 个、黄芪 2 个）；筛选优异种质 518 份。

7. 共享利用成效显著

以推动育种创新为目的，研发了国家草种质资源保护管理系统，建立了草种质资源的标准化、数字化管理和共享利用平台，支持科研院所、高等院校、企业等社会力量参与种质创新利用。累计向有关育种家和"973"、

"863"、行业公益和科技支撑等国家重大科研项目，提供种质材料 1 万余份次，主要用于遗传多样性分析、优异种质筛选、DUS 测定、新品种选育等工作。育种家利用分发的种质材料培育牧草新品种 41 个，充分发挥了种质资源对草种业的支撑作用。

第三节　我国草种质资源保护利用存在的问题

种质资源的保护利用是一项长期性的基础工作，发达国家都将其纳入长期研究的国家战略范畴，甚至一直致力于无偿开发利用发展中国家的遗传资源，并通过知识产权保护从中获利，而发展中国家作为遗传资源的提供方，却未能从中获得相应利益补偿，比如中国的大豆资源、墨西哥的玉米资源、印度的香米、泰国的茉莉香米等重要资源被发达国家无偿开发利用，并发展成为世界性的垄断产业。

在全球化不断推进的当今时代，由于气候变化、人口增长等导致的粮食安全问题在不断扩大，国际竞争不断加剧，因此，充分掌握作物遗传资源是加强国家粮食安全保障的重要工作。提高资源意识、稳定支持、广泛收集、加强保护，是我国作物种质资源长期发展的必经之路。虽然我国草种质资源保护利用研究起步晚，但是在资源收集保存及创新利用方面，已经取得了阶段性的成果，然而整体水平依然与发达国家存有差距，有诸多问题需要长期推进完善。当前，我国已经进入了建设富强、文明、民主、和谐社会主义现代化国家的关键时期，党中央、国务院高度重视生态文明建设与资源保护利用的协调发展，强调产业结构的优化与供给侧结构性改革全面推进。加快草牧业发展是农业供给侧结构性改革的重要内容，是生态文明建设的重要举措，把握时机弥补草种质资源保护利用的不足，是我国现代草牧业可持续发展的重要工作。综合分析，我国草种质资源保护利用工作有以下几个方面问题。

一、原生境保护滞后

草种质资源库、圃异地保存是一项具有前瞻性的科学决策，但异地保存不利于遗传进化和多样性的发展，还可能由于遗传漂移和基因重组等原因，使有潜在利用价值的基因受到破坏或丢失。只有利用原生境保护方式完整地保存这些遗传多样性，才能使科学家在未来的研究中，源源不断地发掘其潜在的利用价值。建立自然保护区是种质资源就地保护的最有效途径之一，我国草地自然保护区的建立始于 20 世纪 80 年代，最早于 1982 年在黄土高原建立了以保护长芒草为主的宁夏固原县云雾山草地自然保护区。此后，建立了黑龙江月牙湖、辽宁彰武那木斯莱、内蒙古锡林郭勒、河北红松洼、山西五台山、山东黄河三角洲、四川螺髻山亚高山、甘肃安西极旱荒漠、新疆奇台荒漠、新疆新源山地草甸、新疆福海金塔斯山地草原等 13 个国家级草地类自然保护区。上述保护区的建立，逐步恢复了当地草地植被和生态系统，使生存受到威胁的物种及种群得以恢复和繁衍，既保护植物的遗传特性，又保护了遗传变异性，同时为后续开展濒危及重要草种质资源的原生境保护做了示范探索。

重要植物资源不断濒危流失是我国长期面临的生态问题，2013 年环境保护部和中国科学院发布了《中国生物多样性红色名录》，该名录对中国特有种的评估中，认为"豆科中国特有种为 667 种，其中 73 种已经受到威胁；402 种百合科特有种中有 77 种生存受到威胁；708 种毛茛科特有种中 70 种受到威胁"，此外还有一系列中国特有种已处于濒危状态，甚至发生区域灭绝的现象。举一反三、总结经验、加强异地保护与原生境保护的有机结合，是我国珍稀濒危草种质资源多样性保护长期发展的战略需求。应根据我国的草地生态类型、特有种分布及濒危现状等信息，顶层设计、科学规划，设立一批具有代表性的原生境保护区。

二、资源收集种类不足

20 世纪末期，我国开展了大规模的草原及饲草资源调查，查明我国的饲用植物为 6704 种。进入 21 世纪后，我国进入了快速发展阶段，全面发展带来的生态问题凸显，超负荷载畜致使草原退化、农耕开垦致草地缩减、草地观光资源过度开发、草地入侵物种加剧扩散等，最终导致珍稀濒危种、特有种、地方品种、野生资源丧失严重。特别是近年来，随着城镇化、现代化

进程加速，现代工业、交通和城市建设的发展以及环境污染、生态破坏等因素，日益加重了种质资源的破坏和衰退，生物资源急剧减少，特别是野生近缘植物受到更大威胁。加之全国性草种质资源普查 30 年来未开展，当前草种质资源本底不清。我国草种质资源保护利用研究历经 20 年的发展，收集 60 073 份资源，涉及 103 科 680 属 2264 种，相较于历史记录只完成收集三分之一的物种，还有大量的资源没有得到有效收集保护。另外，收集重点不够突出，收集范围也有很大的局限性，与资源大国地位不相符，与发达国家有较大的差距，与掌握草种质资源的现状为国家提供重大决策依据的目标仍有差距。优良栽培牧草、栽培牧草的野生类型和野生近缘种、地方品种、中国饲用植物特有种、珍稀濒危草种、典型草地的优势或建群草种及生境特殊的优势草种，是我国草种质资源收集保护的核心内容。由于总体投入力量不足，我国核心草种质资源中栽培牧草 7 科 61 属，只收集 7 科 60 属；野生近缘植物 7 科 61 属 295 种，只收集 5 科 40 属 107 种；中国饲用植物特有种 320 种，目前只保存 75 种；中国珍稀濒危草种 60 种，只保存 11 种。

三、资源保存形式单一

国家草种质资源保存利用中心，承担着我国草种质资源长期战略保存任务。近年来，随着《生物多样性公约》《粮食和农业植物遗传资源国际条约》的相继实施和生物技术及其产业的迅猛发展，世界各国更加充分地认识到种质资源的战略地位，加强了收集和保存。美国、印度等许多国家相继建立了大容量、智能化、信息化、现代化的新一代种质库，包括低温种子库、试管苗库、超低温库和 DNA 库等相互配套的保存设施，保存容量均超过 100 万份。

我国草种质资源保护利用工作起步晚，基础薄弱，经费有限，缺乏完善的种质资源保存设施，资源保存技术落后。目前，以低温种质库保存为主，资源圃田间保存为辅，开展少量的离体保存、试管苗保存和原生境保存，还尚未建立超低温库和 DNA 库，远不能满足国家对草种质资源保存、研究和利用的战略发展需求。

四、表型精准鉴定滞后

现已入库保存的 5.6 万余份草种质资源已开展深度鉴定评价的数量较少，草种质资源表型精准鉴定不足，缺乏适合牧草的高通量表型鉴定平台及相关技术模型，缺乏草种质资源表型精准鉴定基地。对多环境多年系统评价鉴定的重要性认识不足，难以满足品种选育对优异新种质的需求。

五、鉴定规范及分析方法落后

现有评价鉴定规范标准过于宽泛，鉴定方法较为繁琐，缺少简单易用、又准确真实反映测试结果的方法，缺少适合多环境测试数据的可视化作图分析技术。

六、基因型鉴定发展缓慢

随着基因组学和高通量测序技术的发展，主要动植物种质资源评价鉴定已进入基因型精准鉴定的时代。由于基因组复杂，牧草相关基因型鉴定工作进展缓慢，仍在使用较为落后的一代、二代分子标记技术，基因型鉴定效率低、准确性难以保证。

七、人才队伍建设弱化

植物资源保护是一门交叉性学科，主要由植物分类学、植物地理学、植物生态学和保护生物学演变而来。我国早期的草地资源调查、草地地理区系研究及草地饲用植物资源考察，主要由当时的植物分类学、植物生态学的研究人员带动完成。新中国成立后直至 20 世纪末，由于作物学、草学、林学等学科的发展需求，科研院所及大专院校一直重视植物分类学、植物资源学等基础学科的人才培养。进入 21 世纪后，随着分子生物学的发展，植物分类等经典基础学科一度受到了冲击，研究队伍萎缩，人才严重匮乏。我国牧草种类丰富，其自然分布具有区域多样性及差异性特点，开展针对性的抢救性收集工作，必然是以组建专业性的考察队伍为基础。但当前熟悉草地植物并可开展野外科考的青年科研人员不多，断层现象突出。

第四节　我国草种质资源保护利用的思路和对策

一、指导思想

根据《中华人民共和国种子法》等有关法律法规，紧紧围绕国家实施生态环境建设和农牧业可持续发展需要，以收集、保存为基础，技术创新为手段，遗传评价为重点，合理开发和高效利用为方向，实现草种质资源永续利用。

二、基本原则

以"广泛收集、安全保存、系统评价、积极创新、共享利用"为原则，开展草种质资源收集、保存、评价和创新利用工作，对我国重点优良野生牧草种质资源、珍稀濒危种、特有种、优良栽培牧草野生近缘种及农作物近缘植物，进行重点收集和安全保存。开展保存技术、系统评价和基因挖掘研究，筛选优异牧草种质资源为育种家和生产部门服务。规范牧草种质资源共享服务程序，实现高效永续利用。

三、工作目标

（一）提升保存数量和质量

继续加强广泛收集力度，对于没有收集保存的资源进行全面收集，达到增加物种数量和资源保存总量的目标。到 2030 年新收集资源达 10 万份，新收集物种达 2 000 种，新编目保存资源达 8 万份。其中，中心库 5 万份，2个备份库分别为 2 万份和 1 万份。加强重点属种的不同分布区域的系统收集，到 2030 年完成紫花苜蓿、无芒雀麦等 30 个属种的系统收集，每个种收集资源 500～1 000 份，个别种达 2 000～3 000 份。

（二）加强珍稀濒危资源收集保护力度

对珍稀濒危草种、特有种、栽培牧草的野生近缘种和地方品系进行抢救性收集保护，到 2030 年收集完成《中国草种质资源重点保护名录》收录种的 80％以上。试点建设一批重点珍稀濒危草种的原生境保护区。

（三）提升精准鉴定水平

到 2020 年，完成 6 900 份种质资源的重要性状表型精准鉴定，发掘 200 份有重要育种价值的优异种质，完成 1 000 份主要栽培牧草全基因组水平基因型鉴定。到 2030 年，完成 2.3 万份种质资源的重要性状表型精准鉴定，3 万份主要栽培牧草全基因组水平基因型鉴定，发掘和创制 1 000 份有重要育种价值的新种质，为新品种培育奠定坚实的物质基础。

（四）加强青年人才培育

重视区域特性、平衡区域力量、科学规划人才储备，到 2020 年扶持培育一批专业背景过硬的青年科技人才，到 2030 年基本实现人才力量达国际领先水平。

四、工作任务

（一）开展资源普查，进一步摸清资源家底

查清全国各类牧草的种植历史、栽培制度、品种更替、社会经济和环境变化、资源分布及其消长状况等基本信息，主要栽培重要牧草的野生类型及其野生近缘植物种类、地理分布、生态环境和濒危状况等重要信息；分析当地气候、环境、人口、文化及社会经济发展对牧草种质资源变化的影响；揭示牧草种质资源的演变规律及其发展趋势。在查清我国牧草种质资源家底的基础上，明确不同牧草种质资源的多样性和演化特征，预测今后牧草种质资源的变化趋势，明确牧草种质资源保护与持续利用策略。

（二）加强草种质资源的收集保护

系统收集我国草种质资源，实现重点属种的系统收集和重点区域的专业

收集，大幅提升草种质资源的保存数量和质量；查明我国野生优良珍稀草种及其遗传多样性受威胁状况，抢救性收集珍稀濒危草种、特有种、野生近缘种和地方品种等资源，对珍稀濒危草种的资源现状展开评估并试点建设原生境保护区（点）；积极引进国外优异资源，丰富我国保存资源的遗传多样性；完善草种质资源收集国家标准或行业标准，建立和完善草种质保护技术体系。

（三）加强种质资源的深度发掘

建立高效完善的草种资源鉴定评价、基因发掘与种质创新技术体系，规模化发掘控制牧草产量、品质、抗逆、养分高效利用等性状的基因及其有利等位基因，进行功能验证，创制高产、优质、高效、广适、适合机械化等目标性状突出和有育种价值的新种质，为牧草和农作物新品种选育提供物质基础。

（四）完善种质资源库、圃条件建设

改扩建一批草种质资源库，完善相应实验条件和装备，增加我国种质资源保存数量；升级中心库和备份库的保护条件，规划建设超低温保存设施设备。

新增一批资源库、圃。在东北、华北、蒙宁甘、西南、西北、青藏高原和东南7个草原区各新建1个短期库，用于短期贮存未达到中期库入库条件的种质资源。在7个草原区建设10个牧草种质资源圃，用于无性繁殖材料田间保存、种质资源扩繁、繁殖更新、种质资源农艺性状评价和表型精准鉴定等，其中，东北、华北、蒙宁甘、西南4个草原区各建设1个综合性资源圃；西北、青藏高原、东南每个区跨度较大，植物生长环境差异大，每个区各建设2个综合性资源圃（北疆干旱和南疆极干旱亚区建1个；阿拉善、柴达木、河西走廊3个亚区建1个；藏西北、藏西南2个亚区建1个；青藏高原东部、喜马拉雅、祁连山3个亚区建1个；东南区的长江中下游亚区建1个、江南中亚热带和华南南亚热带2个亚区建1个）。在7个草原区分别建设1个资源鉴定评价中心，用于种质资源的基因型高通量鉴定和功能基因发掘。

（五）健全草种质资源共享利用体系

建立以中国草种质资源保护管理信息系统为核心，种质保存库、种质保存圃、原生境保护点、鉴定评价中心为网点的国家草种质资源共享利用体系，在草种质资源保护管理信息系统的基础上建立大数据中心，实时汇集、处理、发掘种质资源的收集保存、鉴定评价、分发利用等信息，定期发布优异种质资源名录，完善草种质资源分发的查询和获取服务功能。各网点负责原始数据采集和提交，以及优异种质资源的展示和分发。

五、保障措施

（一）加强组织领导

各地应充分重视草种质资源保护利用工作，因地制宜制定本地区草种质资源保护利用中长期规划，完成规划提出的各项任务，定期进行考核、检查、监督，保证草种质资源保护利用工作持续、稳定、健康发展。

（二）落实配套政策

充分认识我国草种质资源保护利用的必要性及紧迫性，对现行保护条件进行梳理，分析当前发展现状和存在问题，根据区域性发展需求，制定相关人才引进、条件建设、资金投入等方面的配套政策。

（三）加大资金投入

草种质资源收集和保护利用是一项长期性的基础工作，其性质是非盈利社会公益性事业，政府应在资金上给予支持，保证草种质资源保护利用工作长期稳定发展。

（四）加强科学管理

制定相关的技术规程、标准和方法，尽快将草种质资源保护利用工作纳入法制化、规范化、科学化管理。坚持按规划立项、按设计施工、按标准验收的原则，定期检查任务完成情况和资金使用情况。

（五）提高研究效能

应用新技术、新方法，提高草种质资源保护利用工作的技术水平和科技含量。组织有关科研院所及保种协作组联合攻关，解决收集、保存利用工作的技术难题。引进、消化、吸收高新技术，加强与国际相关组织和机构的交流与合作。

第二章 育 种

育种是人类对野生生物或现有品种进行改造，创造自然界未有的新品种的过程，其实质是人为干预下的物种进化，从而改善品种质量和提高生产效率，以满足不断发展的生产要求。随着草业全球化、市场化的发展，我国草种业科技发展面临新的挑战和重大机遇，强化育种目标、材料、方法、模式自主创新，抢占种业科技战略制高点，对促进草业长期稳定发展具有重要意义。

第一节 植物育种及其进展

一、育种发展历程

植物育种的历史可以追溯到农作物物种的驯化，作物驯化和选择育种的历史超过了 1 万年。人类从众多的个体中，把可能由于突变或者重组而表现非凡的个体识别并选留下来，然后有意识或者无意识地繁殖人们最喜爱的类型，最后成为农家地方品种。但驯化之后，作物的改良非常缓慢，其原因可能是不知道如何创造人类需要的变异。17 世纪和 18 世纪处于启蒙运动的欧洲，人口增长和城市化刺激提高作物产量的渴望，人们开始有意识地选择有用植物，但是植物改良超前于遗传学发展，此时兴起的植物学，授粉、杂交以及杂种优势现象的阐述对系统育种作出了贡献。但是直到达尔文和孟德尔学说的问世，才引发了过去 100 多年作物遗传育种的大发展。随着育种手段的不断更新，从常规的传统育种（如轮回选择、杂交选育、聚合育种、回交转育、杂种优势）到广泛运用生物技术的现代分子生物育种，均获得了巨大的成就。

（一）常规育种

1. 表型选择

20 世纪之前的育种，基本上是对表现型进行直接选择。因此，常常又被称为"经验育种"。早期的选择育种主要是对自然变异进行选择，在 20 世纪上半叶及以前一直发挥着主导作用，是历史最悠久的育种方法。在中国，先是从水稻南特品种中选出了南特 16 号等品种，进而又选出了矮脚南特，从矮脚南特中又选出了近 20 个品种；从引进的小麦品种阿夫中选出了扬麦 1 号、白泉 673 等十几个品种；从引进的陆地棉品种岱字 15 中选出了近 40 多个品种。

2. 杂交育种

19 世纪末到 20 世纪初，英国一些种子公司就从全球收集植物，进行复合杂交，并从中选择"突破类型"，孟德尔时代之前的这种杂交育种，已经取得很大成功，甚至这些成功本身阻碍了孟德尔规律的采用。随着孟德尔遗传规律的广泛传播，育种家可以根据孟德尔规律有目的地选配不同亲本进行杂交、自交、回交，再通过后代选择，获得符合人类需求的重组类型或超亲分离类型。在中国，通过杂交育种途径育成的品种占所有育成品种的比例从 20 世纪 50 年代的 14.8%，60—70 年代的 35.5% 和 80 年代的 79%，上升到目前约 100%。回交育种则是被发明用于对特定的单个目标性状进行遗传转移的技术，比如增强作物的抗病虫性及改进其他农艺性状。中国用鸡脚棉与推广品种德字棉 531 杂交，经多次回交后，于 1944 年育成抗卷叶螟的鸡脚德字棉；美国用抗根腐病的大豆材料与高产品种回交后，得到抗病品种哈罗索 63 等，在严重发病条件下，产量为原品种的 3 倍；加拿大利用回交法，得到了低芥酸和低硫代葡萄糖苷油菜品种托尔；玉米抗大斑病 Ht 和抗小斑病 rhm 的转育，也应用了回交育种方法。另外，采取修饰回交技术有利于打破性状的不良连锁，并实现对多个性状的同步改良。玉米杂种优势现象的发现和双杂交种的商业化应用，是 20 世纪初育种工作的突破性成就。直到 20 世纪 60 年代，得益于培育优良自交系的努力，玉米单交种逐步取代双交种，产量得到进一步提高的同时，还节约了大量用于杂交的时间和工本。1933 年首次发现的玉米细胞质雄性不育系，则为玉米杂种优势的利用开辟了新的思路和途径。玉米杂种优势的商业化利用，推动了其他作物杂种优势利用的研究，先后在高粱、水稻、油菜、棉花等大田作物上成功应用并大面积推广。其中，中国科学家在杂交水稻研究和应用方面作出了突出贡献。

3. 远缘杂交

高选择压力、轮回使用优质受体种质以及采取回交等减少遗传重组的育种策略，使品种得到改良的同时，也降低了品种遗传基础的多样性。此外，往往存在现有种质资源缺乏目标性状的基因，或者同一作物品种之间存在不可弥补的缺点。远缘杂交可以在一定范围内有效打破物种之间的界限，促进不同物种基因的渐渗和交流，引入异种甚至异属物种的有利基因或等位变异，培育作物新品种。通过远缘杂交创造的包含不同物种染色体组的作物新类型，异附加系、置换系、易位系等各种异染色体系，单倍体或者细胞质雄性不育系等各种新种质，大大丰富了作物遗传改良的基因资源。小麦中，有近 30 种不同病害抗性基因从野生近缘种渐渗到栽培种中。例如，利用黑麦 1R 染色体短臂与小麦染色体易位系培育的品种占 17 个国家 505 个面包小麦品种的 45%。大麦的改良也得益于野生大麦和中东地方品种大麦的基因。

4. 诱变育种

诱变育种技术是人为地利用物理诱变因子、化学诱变因子诱发植物产生遗传变异，然后根据实际育种工作目标，经过多代人工定向选择、鉴定、选育新的植物新品种，同时获得有价值的植物突变新类型的一种育种方法。随着诱变育种研究的深入，通过人工采用物理、化学或者太空等因素的诱发，不仅可以创造全新的变异，还能促进远缘杂交过程中染色体的变异。另外，通过轮回选择等群体遗传改良手段，可以提高群体优良基因和基因型频率，增加优良基因的重组，使有利等位基因聚集到同一个体之中，从而创造新的种质资源，或者改良外来种质的适应性。

总之，传统育种取得了巨大的成功，作物产量的提高主要归功于特异种质发掘、创新和有效利用。据统计，大多数国家谷物和豆类作物的年遗传增益达到了 10～50 千克/公顷。利用矮秆基因培育的高产、耐肥、抗倒伏水稻和小麦品种以及可以适应高密度种植的杂交玉米新品种，在发展中国家推广

使用，短短几年时间里实现了粮食产量的大幅度增产，被誉为"绿色革命"，使许多国家基本摆脱了饥饿状态。

（二）分子生物育种

传统育种对单个基因的选择和应用非常有效，但是对于遗传率低、基因型与环境互作显著的复杂性状。例如，产量和品质性状、生物胁迫和非生物胁迫抗耐性等的改良进展有限。而这些性状恰恰是提高作物产量潜力和产量稳定性的关键性状，于是现代分子生物育种的研究悄然而至。

过去 30 年里，人们在分子标记技术、DNA 测序技术、数据计算技术、生物技术、遥感技术、信息技术等领域取得了突破性进展。全球转基因作物（GM 作物）种植面积已经超过了耕地面积的 10%。分子标记辅助选择（MAS）为许多育种程序增添了潜力。随着新一代测序技术的发展和广泛应用，已经有超过 50 种作物的参考基因组公布。这些基因组信息正在改变种质资源的研究以及遗传多样性的应用。基因组途径，例如基因组重测序、等位基因发掘以及基因组选择，将整合传统技术用于基因型鉴定、种质资源筛选以及品种选育。

1. 分子标记辅助育种

分子标记育种又称为分子标记辅助选择，是利用与目标基因紧密连锁的分子标记，在杂交后代中准确鉴别不同个体的基因型，从而进行辅助选择育种。因此，分子标记育种能有效地结合基因型与表现型鉴定，显著提高选择的准确性和育种效率。20 世纪 80 年代兴起的 DNA 标记技术，经历了标记开发、遗传图谱、功能和比较基因组连锁分析及基因组测序等不同发展时期。应用分子标记可以对种质资源、杂交亲本和后代个体进行大规模的基因型鉴定，可以构建遗传图谱并与表型数据建立联系。基因组学的革命，可以大大提高育种效率和规模。大规模二代测序技术（NGS）使测序成本降低了 99% 以上，可以应用于作物遗传分析和改良。基因组测序大大提高了人们对于植物基因组组成、表达、进化和功能的研究能力，提高了全基因组范围多态性发现的效率。随后密集的分子标记遗传图谱和基因组序列可以更精细地评价作物基因库的多样性，以及"全基因组"概念的提出，可以全面描述一个物种的基因组组成，揭示非必需基因组的成分和功能，了解表型多样性发生机制的关键步骤。

2. QTL 与基因组选择

作物育种的主攻性状几乎都是复杂的数量性状。最新的基因组学，特别是 NGS 技术的发展，使人们可用更低的成本获取更多的植物种质资源遗传组成信息。表型鉴定技术的显著进步，使人们能够以前所未有的准确度、速度和低成本测定控制条件下或田间多个个体农艺相关表型，其结果是 QTL 的数目急剧增加而单个 QTL 的贡献却很小。通过 QTL 元分析（Meta 分析），可以将来自不同群体、不同环境同一性状的 QTL，以及采用连锁分析或者全基因组关联分析（GWAS）得到的 QTL 进行合成，从而更好地估计 QTL 效应。

对于器官、组织、生理、代谢等不同水平的性状和不同发育时期的动态性状，如叶面积指数、植物生物量、代谢物含量等，通过分析所谓隐藏的遗传变异及其 QTL，可以鉴定复杂性状组分的 QTL。与不同组学研究相结合，获得表达 QTL（eQTL）、蛋白质 QTL（pQTL）以及代谢 QTL（mQTL），可以用来发现性状形成的分子机制。所有这些都可能为育种提供新的机会。虽然育种资源中含有少量强效应 QTL，但是一些主效 QTL 已经被定位、确证、克隆甚至在分子标记辅助育种（MAB）中应用。育种框架中的 QTL 信息可用于回交育种和设计育种，或者单倍型育种。这些途径谋求通过标记辅助选择已知的关键位点上的有益等位基因培养新品种。QTL 一旦被克隆，就可以用来培育转基因作物。

最近提出的基因组选择（GS）是 MAS 的延伸。这种方法不考虑单个 QTL，而是通过对分布于整个基因组的大量数目分子标记基因型估算个体的育种值。实际上，其模型针对的是无法检测的微效 QTL。该法根据多标记基因型计算个体育种值（GEBV）作为选择值。GS 包括 2 个步骤：练习期和育种期。在练习期对亚群体进行表现型和基因型的关联分析，在育种期鉴定育种群体的基因型，按由基因型估算的 GEBV 进行选择。GS 可望能够解决 MAS 不能揭示的微效基因选择问题。但是也有观点认为，GS 可能并不适用于植物复杂性状的改良。GS 是一个植物育种潜在有用的方法，但是 GS 不是表型选择的完美替代。它应该与传统育种整合，使传统育种快速高效。

3. 分子设计育种

基因组学数据还为设计和培育携带预先设定的性状的新品种（分子设计育种）提供了可能性。全球基因组学正集中努力揭示农艺性状的遗传基础，分析相应位点等位基因变异，最终使育种者能够先模拟设计理想的类型，再在植物中构建新的基因型。虽然这个途径目前还未受到育种家的普遍重视，但已陆续有一些报道。例如，具有抗多种病虫害、高营养效率和抗旱的"绿色超级水稻"新品种的培育中，第一个阶段已经部分取得成功，已经培育出携带单个基因并对关键性状的表达有主效作用的优良家系。第二阶段，累积所有控制目标性状的主效基因，培育具有多重抗性和适应性的性状，此阶段正在进行。如果全面贯穿，GS不仅将有助于设计具有少数目标性状，还将可能设计具有基因组所有优良目标性状位点的新植物，完全实现分子设计育种的概念。

4. 等位基因挖掘

采用DNA技术，可以在一个代表性的种质库中，大规模解析与特定等位变异关联的基因或候选位点变异。第一个挖掘等位基因的技术是Eco～TILLING，通过核酸酶剪切杂合双链DNA分子，测定每个基因型与参考基因型之间的SNP。随着成本的不断降低，应用NGS技术可以进行复等位基因检测，等位基因挖掘正成为一种探索植物多样性的新常规化方法。

在种质选择中，对特异基因和明显关联等位基因的挖掘正发挥越来越重要的作用。种质资源重点鉴定策略（FIGS）是结合环境和植物特征，来鉴定对某一特定环境具有潜在意义的种质资源方案，在水稻和小麦中有应用报道。

5. 转基因育种

植物转基因完全打破了物种界限，为育种者提供了传统方法无法接触的新基因。来自不同物种的基因可以插入并在农作物背景中表达，而且没有其他附加效应。通过选择不同的启动子，可以改变基因时空表达模式和强弱。转基因可以解决许多在主要作物中缺乏而且难以引进的基因。目前，已经在抗病、抗虫、抗杂草等性状上获得了成功。除此之外，作物的营养、品质、磷吸收利用效率、固氮效率、对土壤盐分和铝毒耐性、光合速率、糖淀粉生产、雄性不育和无融合生殖固定自交作物的杂种优势等性状，都被列为转基因（GM）的目标性状。目前，全世界的实验室里已经获得了大量的转基因作物，但实际应用的很少。除了政治和环境方面的考虑之外，单个或者少数几个基因对于复杂性状表现的影响非常有限，尤其是释放到大田之后。植物转基因还容易产生基因组位置效应和基因沉默现象。然而，科学家相信，未来 GM 将是育种的重要途径。2012 年全球 GM 作物面积达到 1.7 亿公顷，占总耕地面积的 11%，52% 的 GM 作物种植在发展中国家，而且发展中国家 GM 作物面积的增长率（11%）高于发达国家（3%）。92% 以上的商业化 GM 作物集中在美国、巴西、阿根廷、加拿大、印度。98% 的 GM 作物是大豆（47%）、玉米（32%）、棉花（14%）和油菜（5%），主要性状为抗除草剂（主要为抗草甘膦和草铵膦）和抗虫。

6. 新育种技术（超 GM 植物）

随着分子生物学和基因组学技术的发展，现在可以利用重组 DNA 技术在作物品种早期选择阶段引入新的性状，而最后获得的植物基因组不含任何外来 DNA 系列。这样的技术总称为新育种技术。目前，最重要的新育种技术是促进座位特异性点突变技术。由于基因序列的微小变化对于植物基因型可以产生显著的影响，这种技术试图对基因组特定序列进行修饰，用来创造新的等位基因。寡核苷酸定点突变（ODM）、转录激活样效应因子核酸酶（TALEN）技术、锌指核酸酶（ZFN）、成簇规律间隔短回文重复（CRISPR）技术，可以特异性修饰某个靶向序列，与传统的点突变相似，但是效率更高，速度更快，没有多余的随机突变。这些技术对育种的意义和影响还有待观察，但有创新性的前景。例如，利用 ODM 方法获得了玉米、小麦、水稻、烟草的新除草剂抗性以及油菜和香蕉抗生物胁迫性；利用 CRISPR 技术可以提高小麦对白粉病的抗性。

二、草种育种状况

（一）国外草种育种状况

1. 育种创新研发体系相对完善

发达国家从事牧草和草坪草新品种选育与研发的机构，包括大学、公立或私立的科研机构以及种子生产企业等，形成了基础性公益性研究与商业化

育种有序分工、密切配合、优势互补的种业科技创新体系。在美国，联邦政府投入巨资建立了世界最大的牧草遗传资源中心，为牧草育种提供物质基础。各级政府在基础性、公益性研究方面不断加大投入力度，现有130多家农业大学、机构开展牧草和草坪草育种方向的基础研究，为商业育种提供技术支持，同时各大学根据所在州草地农业生产的特点与产业政策方向，有重点地开展牧草和草坪草育种研究与品种选育工作。除公立机构外，私立机构和种子生产企业已成为美国进行草品种选育的主要力量，不断增加在育种技术和品种研发等方面的投入，大大加快了新品种培育和推广应用，显著提高了整个种业的核心竞争力。在德国，牧草育种形成了以各级科研单位、大专院校为主体的研究体系，以私营种子公司为主体的新品种选育和良种生产经营体系，以及质量检验监督体系三者紧密结合的综合体。科研单位、大专院校一般不进行牧草新品种选育，但要开展牧草育种方向的基础研究，如联邦德国农科院饲草饲料研究所、北威州草地饲料研究所、巴伐利亚植物栽培及土壤耕作研究院、卡塞尔大学、慕尼黑科技大学、波恩大学、黑森州农科院等单位，它们均无专业的新品种选育研究项目。由于国家科研机构、大专院校所开展的研究项目是由国家财政资助，因此，其公布发表的研究结果仅供专业育种家参考。同时，推动育种技术的进步和育种事业的发展，并作为牧草育种的理论依据和技术指导。

2. 育种高新技术创新及应用蓬勃发展

美国等发达国家在牧草育种基础研究方面加大了投入力度，将生物工程等高新技术引入到科研育种中。相对于传统育种方法，生物技术育种不仅缩短了牧草与草坪草的育种周期，而且拓宽了遗传改良的基因来源，提高了目的基因选择的准确性，强化了对商业育种的技术支持。目前，在牧草分子生物学、分子标记辅助育种和转基因研究等领域均取得了突破性进展。已对紫花苜蓿、黑麦草、白三叶等主要牧草进行了高密度作图，并对其产量、品质、抗旱、抗病性等重要性状，进行了大量的QTL定位研究。以基因编辑为代表的新兴技术使育种定向改良更加精准便捷。例如，美国FGI公司通过基因敲除等技术，培育低木质素、高消化率的苜蓿品种，采用基因工程技术育成了转基因抗除草剂苜蓿品种，于2011年获得美国农业部的正式批准并已大面积推广。

3. 知识产权管理助推育种研究创新发展

在草种业发达国家，牧草与草坪草育种与农作物育种同等重要，实行严格的品牌和知识产权保护制度，维护了育种家和企业的合法权益，更好地激励了育种者开展原始创新。例如，美国采用植物新品种保护法、植物专利、普通专利制度等对植物品种进行全面保护，其植物新品种总量位居第一，约占 UPOV 成员总量的 1/4；品种保护分为育种家品种权保护和专利保护，育种家可以根据需要选择是采用育种家品种权保护还是采用专利保护。北美官方种子认证机构协会（AOSCA）制定了《种子认证手册》，美国主要草种生产州也制定了详细的牧草和草坪草种子认证法规和标准。欧洲经济协作组织制定了《国际贸易中的牧草品种种子认证规程》。此外，除了申请法律上的保护外，育种企业还采用了一些技术手段保护自己的品种，如孟山都公司对本公司的材料进行了分子标记。而在玉米、大豆、油菜、小麦等其他作物领域，世界种业十强企业获得了大部分授权，四种作物的新品种权所占比例分别为 20.0%、57.6%、46.2% 和 25.5%。种业巨头控制着大部分的新品种权，拥有高价值的无形资产，控制着种业链条的源头优势。

4. 种子企业积极开展育种技术创新

20 世纪 60 年代，美国每年登记的草品种平均不足 10 个。但近十年以来，种子企业和私立机构已成为牧草与草坪草选育的主体，其每年登记牧草新品种近百个，大大推动了良种的更新换代和草种业的稳步发展。同时，种业巨头为科技创新提供了巨额稳定的支持，一般把销售收入的 6%～15% 用作科学研究，平均投入比例为 10.6%，而我国种业前十强的科研投入占销售收入的比率平均仅为 3.7%。例如，杜邦先锋公司将每年销售收入的 10%～12% 用于科研投入，美国陶氏先后收购了 Cal/West seed、Producer's Choice 和 Dairyland Seed 三家大型苜蓿种子企业，成立了 Alforex Seeds 公司。美国最大的苜蓿种子公司 FGI 在美国各州设置了超过 40 个育种站，不仅与美国国内的 Noble Foundation、USDA 等相关科研机构、大学等开展了大量的合作研究，而且在加拿大、中国、墨西哥等多个国家设置了跨国性研发机构，实现了人才、技术等资源的优化配置。世界最大的草种公司百绿集团在全球各个气候带均设有育种测试站，开展新品种培育和测试，每年投入大量资金用于育种研究。在丹麦，丹农公司生产经销的禾本科草种子和三叶草种子量占

全丹麦的 70%，成为该国草种业技术创新和投资的主要力量。

（二）国内草种育种状况

1. 草品种选育取得显著进步

1949 年以前，我国牧草研究工作非常薄弱，只有少数学者进行过野生牧草调查、搜集及国外牧草品种的引种栽培试验。现代意义的牧草育种是新中国成立以后才开始的。20 世纪 50 年代，吉林省农业科学院畜牧研究所育成公农 1 号和公农 2 号两个苜蓿新品种。70 年代，内蒙古农牧学院草原系育成草原 1 号和草原 2 号两个苜蓿新品种。1978 年十一届三中全会以后，我国牧草育种有了迅速的发展。1987 年全国牧草品种审定委员会正式成立，截至 2017 年年底，通过委员会审定登记的草品种 533 个。其中，具有自主知识产权的育成品种 196 个，引进品种 163 个，地方品种 58 个，野生栽培品种 116 个。这些品种相继在各地不同生态条件下推广种植，很大程度上缓解了国家优良草种的需求矛盾，取得了显著的经济、社会和生态效益，极大地推动了我国草业产业化的进程，为生态环境建设和草牧业发展提供了重要物质基础。

2. 人才队伍和条件能力逐步增强

目前，大专院校、科研院所及草原技术推广单位是我国草品种选育的主要机构，包括中国农业科学院、中国热带农业科学院、甘肃农业大学、吉林省农业科学院、内蒙古农业大学、四川农业大学等 130 余家单位，而草种生产和销售企业主要参与国外优良品种引进，包括北京克劳沃、中种草业、金种燎原种业、北京正道、百绿等大中型企业。其中，涉及自主选育的企业仅有北京克劳沃等少数种子企业。

3. 科技创新取得重要进展

常规育种技术目前仍然是我国草种育种的主要手段。1989 年以前，我国审定和登记育成品种多采用选择育种，此后杂交育种、杂种优势利用、远缘杂交、倍性育种和轮回选择育种等方法也逐步开始应用。同时，许多高校、科研院所在诱变育种、太空育种、转基因、分子标记辅助育种等方面也做了大量探索，陆续发掘鉴定了一批具有自主知识产权、调控主要性状的功能基因，开展了苜蓿、鸭茅等重要草种的 QTL 定位、遗传作图等研究，在牧草育种领域初步建立了重点牧草的遗传转化体系，苜蓿、冰草、高羊茅、黑麦草等重点草种已获得转基因植株。中国农业科学院北京畜牧兽医研究所成功地将 RAPD 标记用于耐盐苜蓿后代的选择，北京农业生物技术中心已利用分子标记将多枝赖草的抗黄萎病基因进行了定位。我国传统育种技术与现代生物技术相结合已开始进入实验阶段，对我国现代育种技术体系的建立将产生重要影响。

草种育种基础理论研究取得了重要进展，在生理学、细胞学、孢粉学、细胞遗传学等基础研究和远缘杂交、染色体加倍及其后代育性恢复等技术研究方面，都取得了突破性进展，出版了《中国苜蓿》、《牧草育种技术》、《中国草地饲用植物染色体研究》等多部研究专著和大量学术论文。这些成果必将对草种育种和草业科学的理论和技术创新起到推动作用。

第二节　育种创新

草种育种的一个重要途径就是创造、发现和利用植物的突变。由于自然演变进程缓慢，并带有偶然性和局限性，而品种选育具有区域性和优异性状的确定性。因此，完全依赖自然突变的发现，很难加快育种进程，要积极开展育种科技创新，包括目标创新、材料创新、方法创新及合作模式创新等理论创新和技术创新。有了理论和技术的创新，才能够提高品种的科技含量，进而促进品种创新。加强草种育种的基础理论研究和新技术开发，丰富和完善草种育种理论，提高育种技术水平，从而加快草种育种创新步伐。

一、育种目标创新

育种目标是对所要育成品种的要求，是在一定的生态、生产条件下，对所要育成品种应具备一系列优良性状的要求指标。作物育种目标一般可以分为产量性状目标、品质性状目标、成熟期目标、对抗病虫害的耐受性目标、对环境胁迫的耐受性目标、对保护地栽培环境的适应性目标等几大方面。

美国的育种目标分化较为细致，会根据生产需要不断调整，进而很快应用到生产中。例如，对抗根结线虫的红三叶进行了全面系统的种质资源评价及品种选育工作，并对不同品种做出抗性等级分类，使其快速、高效地得到

应用。但我国还是基本以提高产量为主要目标，多数品种难以转化和推广应用。未来牧草育种关注的性状及其相关的遗传变异特征，应该包括产量、牧草质量、与其他种或品种的竞争与互作、非生物胁迫（干旱、低温胁迫、盐胁迫、酸土胁迫、低磷胁迫）、生物胁迫、适应性、耐牧性和种子产量等。为了适应我国经济社会发展变化的需要，积极培育适宜的牧草新品种，必须明确具体细致的育种目标。

（一）选育用于干草生产的新品种

干草是对青贮饲料必要的补充，可改善饲料结构，提高养殖效益。这要求这一类品种是具有产草量高，生长快；种子大粒，便于种植；叶片宽大，便于晾晒；适口性好，营养价值高等特点。

（二）选育中短寿命快速生长的优质豆科草品种

实行粮草轮作，进行种养结合，既可提高当地农民的收入，还可以保持农业可持续发展和土地的可持续利用。中短寿命快速生长的优质豆科牧草品种正好适合种植。粮草轮作一般 2～4 年轮换 1 次，而我国目前现有的多年生豆科牧草品种不能满足生产的需要。

（三）选育适用于不同畜禽的草种新品种

针对不同的畜禽品种应该培育相应的牧草品种。可以参考如下分类：养牛重点培育苏丹草、燕麦草、羊草、紫花苜蓿、饲用甜菜、饲用胡萝卜、饲料南瓜等新品种；养猪、养鹅、养鸭、养雁重点培育叶菜类，如菊科苦荬菜属和菊苣属等植物、籽粒苋、黑麦草（南方养鹅）、饲用小黑麦（北方养鹅）、稗草、聚合草、绿萍等新品种；养羊、养鹿重点培育紫花苜蓿、胡枝子、无芒雀麦、羊草、饲用甜菜、饲用胡萝卜、饲用南瓜和各种青贮饲料等；养鱼要求再生性好，耐刈割，产量高，生长速度快的草种，还可以选育水生饲草等。

（四）选育不同抗逆性草种新品种

土地盐碱化是目前我国很多地区都面临的严峻问题，草原也存在不同程度的盐碱化，虽然在盐碱地治理上采取过很多措施，但是人们已经逐渐认识到，盐碱地改良最根本的措施还是生物治理，需要大量的抗盐碱牧草品种和种子。这就需要在现有基础上培育出在不同盐碱程度和不同改良阶段上，适应生长的抗盐碱牧草新品种。另外，我国北方气候干旱、寒冷、风沙大，是我国生态环境治理和改善的主战场。在现有基础上，积极寻找和挖掘野生品种资源，通过系统育种方法培育出适合在这一地区生长的牧草新品种是当务之急。这些品种应当在恶劣气候条件下能够萌发、生长并安全越冬和越夏。在低湿地治理中，需要大量抗涝的优质牧草品种。

（五）选育适合现代设施机械化操作的新品种

我国南北地域跨度大，生态气候条件差异明显，适宜不同生态地区种植的草品种也有很大区别，为了适应不同区域的机械化设施操作，必须加强各地区适合机械化操作的草品种选育。

（六）向多元化育种目标发展

随着我国草业的快速发展和社会对草品种需求的迅速扩大，亟须调整草品种育种目标，要从培育饲用型牧草品种的单一目标，尽快转向培育饲用、生态、绿化美化、草田轮作品种等多元化目标。在每个一级育种目标下，应根据社会需求，确定若干二级育种目标，建立一个新的草品种育种目标体系。突出品种的区域化、功能化、系列化和实用化，加速育种进程，最大限度发挥新品种的作用。

二、育种方法创新

现代生物工程技术的运用使牧草育种进入新阶段，除常规育种外，国外育种家已在着重研究分子育种技术中的一些关键问题，基因组学、蛋白组学等在牧草遗传改良中广泛应用。目前，已构建了几十种主要牧草的高密度遗传连锁图谱，主要涉及紫花苜蓿、多年生黑麦草、高羊茅、柱花草等主要草种，涵盖产量、品质及抗病、抗旱、耐盐、耐寒等多个主要农艺性状。建立了许多牧草再生和转化体系，在抗病、抗虫、抗除草剂以及提

高牧草品质的基因工程育种研究方面，已取得很大进展，转基因牧草新品种商业化应用已较为成熟。例如，FGI 公司成功育成了转基因抗除草剂苜蓿品种并被美国农业部批准推广，且原始育种材料已成为多个品种的重要亲本材料。

我国草种育种主要以常规的引种、选择育种、综合品种、杂交育种等方法为主，这些手段育种时间长、育种效率较低。近年来，在体细胞杂交、空间育种和分子标记辅助育种、基因图谱等方面取得一定的成果，但是离具体应用到新的牧草品种中还有一定的距离。诱变育种、分子标记辅助选择技术、转基因育种等新型技术手段的成功例子较少，现代生物技术在育种中的应用还不够广泛和充分，草种质资源研究和利用率较低。以现代生物学技术为基础的育种方法创新，将是我国草种育种今后努力的方向。

（一）常规育种关键技术研究

开展主要牧草的营养体倍性育种、远缘杂交新种质创制、杂优利用及多因素诱变和多目标性状综合选育改良等关键技术研究，加强新方法新技术在育种实践中的应用，着重解决有性杂交多倍体后代鉴定、杂交亲本不亲和性、远缘杂种后代育性恢复、远缘杂种后代筛选和高纯合度亲本培育等一系列技术难点，形成具有自主知识产权的牧草高效育种技术体系。

（二）航天诱变育种研究

航天诱变育种技术是近年来快速发展的农业高科技育种新领域。目标种子经航天器搭载，在太空辐射、微重力、高真空、弱地磁等特殊环境因素作用下诱发突变后，在地面进行种植选育并育成新品种。我国的牧草航天育种试验于 1992 年由中国科学院植物研究所搭载紫花苜蓿和无芒雀麦率先开始。航天诱变比传统育种方法速度快，相对于转基因育种价廉、难度低，随着航天育种技术的不断进步，成本的进一步降低，相信会有越来越多的牧草新品种产生。

（三）分子育种技术研究

构建重要牧草高密度全基因组遗传图谱；采用全基因组关联分析、遗传作图分析等方法，发掘一批与产量、品质、抗性等关键性状相关的、具有重要实用价值的候选基因标记。研究高通量、高密度、全基因组标记辅助选择技术和重要经济性状的多基因聚合技术，建立完善分子标记辅助育种技术体系。研究规模化、高通量的基因克隆和功能评价理论与技术，利用蛋白质组学、RNA 干扰和靶标操作等技术，研究基因沉默、敲除、定点整合、遗传分离和高效稳定表达体系。

三、育种模式创新

从全球看，国际种业公司集育、繁、推于一体，具有完整且高效运行的产业链，面向全球市场，实现资源优化配置和利润最大化。与发达国家不同，我国的种业体系分工明确，育种研发主要集中在大专院校和科研院所，草种生产经营主要依靠企业完成且大多为私企，生产企业没有能力或不愿从事品种研发。育种科研单位与企业的合作模式主要有成果转化模式、育种科技人员兼职模式、共建研发机构模式、合作技术攻关等。我国牧草规模化育种处于起步阶段。针对我国牧草育种的实际和基础，目前可以借鉴国内作物育种体系的组织管理经验，推动牧草育种创新取得突破。

（一）国内玉米种子育种与经营模式

杂交玉米种子是我国种子行业中市场发育最成熟、竞争最激烈的领域。不同种子企业具有不同的经营特点。根据国内知名玉米种子生产经营型企业的发展历程和经营特点，总结出了登海、屯玉、奥瑞金和德农等典型模式，其差别在于对通用模式各环节的取舍、侧重点及切入环节的不同。例如，登海种业以经营自主研发品种为主，并通过与国际一流种子企业合资，进行股份制改造，建立质量管理体系等措施引进吸收先进的现代经营管理经验。屯玉种业从购买新品种经营权转变为经营自主研发和合作开发品种为主，重视利用外援科研资源并尊重人才特别是科技人才，是其经营最大的特点。奥瑞金模式是通过购买和合作开发科研院所现有品种，由品种推广环节切入玉米种业，由此向经营链的上下游延伸。德农种业是国内首家采取资本经营进入种业的民营企业，通过兼并种子公司和科研院所的育种单位，以资本运营实现育繁销一体化。

（二）矮败小麦育种协作网

目前，我国主要的植物和动物育种都已经建立了全国性或者是区域性的协作网。协作组织主要在种质资源、信息交流、品种选育以及区域试验等方面开展合作研究。从资源调查研究到联合育种体系的建立，或由协作组积极推动和参与，或由协作组提出。其中，联合育种体系由相关行政主管部门、优秀专家、优秀高校科研机构、优势企业组成，采用政产学研相结合的方式，推进育种工作发展。如矮败小麦育种协作网成立于 2006 年，由中国农业科学院作物科学研究所牵头，联合了全国 60 多家科研院所、高校组织成立，成立以来共组建矮败小麦群体 150 个，创制出有重大应用前景的小麦育种新材料 500 多份，成员单位间交换群体或亲本材料 5 000 多份（次），印发《矮败小麦育种技术通讯》1 500 多份，2008 年有 60 多个新品系参加各级小麦品种区域试验，极大地加速了矮败小麦育种的进展。

（三）北京农业育种基础研究创新平台

北京市在 2005 年成立了北京农业育种基础研究创新平台。育种平台实施了一系列重要育种理论和关键共性技术研究及利用等项目，结合我国和北京市的实际情况，育种平台在组织结构、资源联合、成果转化、人才培养、工作流程设计等多个方面进行了探索，取得了一些成效。育种平台以项目为载体，聚集了 7 个政府部门、8 家企业、26 家科研院所、25 家大学参与建设，形成了具有"政、产、学、研"联盟特色的平台建设群体。集成了国内外大学、科研院所、企业等多家单位的 500 多台（件）价值上亿元的仪器设备、万余份种质资源参与平台科研创新，参研实验室共近 30 个。其中，国外重点实验室 2 个、国家级重点实验室 4 个、部级重点实验室 6 个、省级重点实验室 10 个，形成了由 60 多家国内外优势科研单位 540 多名各类科研人员组成的一支研究团队，实现了资源和技术上的优势互补和集体智慧潜力的发挥，建立了跨地区、跨系统和跨所有制科研单位的共享合作研究模式。

第三节　我国草种育种创新存在的问题

现代草食畜牧业的发展需要高产、抗逆、广适、高品质的牧草新品种，我国现有的良种数量和质量难以满足生产需求，与畜牧业先进国家相比还存在较大的差距。

一、草品种的数量和质量不能满足国内需求

在我国已登记审定的品种中，地方和野生栽培种占比超过 30%，这些都是对现有种质资源进行简单评价筛选得到的，育成品种仅占审定草品种总数的 37.1%。在育成品种中，抗非生物逆境的品种占 51%，其次为高产占 39%、抗生物逆境占 6%，而以品质为主要特性的品种仅占 1%。育成品种数量上远远少于畜牧业发达的国家，且大部分品种生产能力、抗逆性与国外品种相比并不突出，部分品种出现了重度退化，品种性能显著降低，品种的质量亟须进一步提高。国内育种更偏向于抗性和产量方面优势品种的选育，忽视质量性状优良的品种选育，而牧草营养品质的优劣对畜产品的产量和品质有重要影响。另外，主要注重营养体生产产量及其他经济生产性状，不重视草种生产，配套的种子生产技术可操作性不强，造成所登记的品种在生产中推广利用率低。我国的牧草品种，无论是数量还是品种生产性能，都无法满足不同生态类型地区的草牧业发展和生态建设的需求，无法有效应对国际产业竞争的压力。

二、育种基础研究薄弱，育种技术创新滞后

我国的育种基础研究与发达国家相比仍有不小差距，在分子标记辅助育种、杂种优势利用、转基因育种等新技术育种方面和国外还存在很大差距，这严重影响了牧草新品种选育的效率。除常规育种外，国外育种家已在着重研究分子育种技术中的一些关键问题，基因组学、蛋白组学等在牧草遗传改良中广泛应用。目前，已构建了几十种主要牧草的高密度遗传连锁图谱，主

要涉及紫花苜蓿、多年生黑麦草、高羊茅、柱花草等主要草种，涵盖产量、品质及抗病、抗旱、耐盐、耐寒等多个主要农艺性状。建立了许多牧草的再生和转化体系，在抗病、抗虫、抗除草剂以及提高牧草品质的基因工程育种研究中已取得很大进展，转基因牧草新品种商业化应用已较为成熟。例如，FGI公司成功育成了转基因抗除草剂苜蓿品种并被美国农业部批准推广，且原始育种材料已成为多个品种的重要亲本材料。我国草种育种主要以常规的引种、选择育种、综合品种、杂交育种等方法为主，这些手段育种时间长、育种效率较低。虽然在体细胞杂交、空间育种和分子标记辅助育种、基因图谱等方面取得一定的成果，但是离具体应用到新的牧草品种中还有一定的距离。诱变育种、分子标记辅助选择技术、转基因育种等新型技术手段的成功例子较少，现代生物技术在育种中的应用还不够广泛和充分。

三、育种研发主体单一，商业化育种创新严重滞后

目前，我国牧草育种工作和技术研发，主要依靠少数科研单位、大专院校在国家的科研经费资助下开展。我国的草业公司大多数为贸易公司，没有自主知识产权品种和育种研发能力，基本没有涉足育种技术领域。我国牧草商业化育种尚属于起步阶段，明显落后于发达国家草种业以及国内玉米、水稻等主要农作物种业。审定的牧草与草坪草新品种大都来自科研院所和大专院校，企业主要从事草种的生产和经营，没有具有自主知识产权的育成品种，缺少专业研发机构和科研人员。全国已审定通过的草品种中，国内培育和筛选的品种95％以上是研究院所的品种，国外引进品种则全部都是国外育种公司和企业的品种。国产新品种占全部审定品种数量的71％，但是市场占有份额不足40％，在生产第一线推广和当家品种都以引进品种为主，在苜蓿商品草生产中，引进品种几乎占到80％以上。

四、研发投入不稳定，评价体系不完善

在我国，草种在各种作物中长期处于边缘化地位，从事牧草育种研发的科研院所和研究人员较少。草种企业缺乏育种研发机构和研究人员，主要从

事种子营销业务，不具备科技创新能力，也没有实力投入资金开展育种研发。我国草品种的科研资金全部依靠政府投入，一般只能持续 3～5 年，缺乏长期性、稳定性。而欧美等发达国家的育种研发机构或大学，政府每年会有固定的资金投入，以维持其日常运转。同时，跨国公司已成为草种选育的主要力量，通过高投入育出优异品种然后迅速在全世界推广，实现了效益最大化。在考核评价方面，牧草育种研究周期长，出成果慢，培育一个新品种一般都要 8～10 年时间。在主要以论文、专利等成果为目标的考核制度下，育种工作容易被人忽略，很难得到客观公正的评价。育种者获得审定证书后缺少良种繁育的动力，重研究轻推广的现象普遍存在。这些因素必然导致育种人员和资金投入的减少，并造成科研产出（品种数量）减少。

五、品种产权保护和质量监督体系不健全

发达国家建立了完善的新品种育种者权益保护制度，严格实行新品种保护制度，使育种工作的回报效益得到有效保障，有效保护了育种者的经济利益，促进了育种研发的持续开展。我国在草品种权益保障方面相对不健全，与玉米、水稻等杂交品种不同，许多牧草新品种难以通过技术方法进行知识产权保护，育种者多年的辛勤劳动成果可在不经意间被人偷窃，而且相关产权保护的政策和法律还不完善，严重挫伤了企业和育种者开展草种育种的积极性。此外，我国目前尚未建立草种生产认证制度，种子真实性、种子质量无法保障，品种知识产权难以得到保护，育种工作回报效益无法保障。种子优质却不能实现优价，假冒伪劣、掺杂使假时有发生，也削减了专业化企业参与新品种培育和生产的积极性。

第四节　草种育种创新的思路和对策

一、指导思想

以实施创新驱动战略为指导，贯彻落实《国务院关于加快推进现代农作物种业发展的意见》和《国务院办公厅关于深化种业体制改革提高创新能力

的意见》，根据我国草种业发展现状并借鉴发达国家的成功经验，加强草种业科技创新和机制创新。瞄准现代草种业科技发展前沿，加强基础性和公益性研究的持续、稳定投入，创制一批具有重大影响的牧草新品种，着力解决草产业链条中的技术瓶颈问题，全面提升我国草种业科技自主创新能力和国际竞争力；加大体制改革和政策扶持力度，提高科技成果转化能力，鼓励科研院所、高校科研人员与企业合作开发新品种、新技术，形成"分工明确、布局合理、协作紧密、运转高效"的新型产学研合作格局，培育一批具有核心竞争力和育繁推一体化的大型种子企业；加大知识产权保护力度，建立草种质量、品种认证体系，完善草种质量监督制度与市场监管体系，建立种子可追溯信息系统；加强草种业科技人才队伍和创新团队建设。初步形成较为完善、特色明显的草种产业体系，大幅度提高我国主要草种的生产能力，为保障草业健康发展和生态用种安全，提供强有力的科技支撑。

二、基本原则

坚持种业全产业链科技攻关。系统规划基础研究、应用研究和产业研究的重点方向和内容，注重基础性、前瞻性、产业性科技项目的有机结合和相互支撑，明确科研院所和种业企业的责任分工。

坚持品种产业应用导向。针对牧草生产的关键因素，培育具备抗病虫、抗逆、抗倒伏、广适、优质等性状的高产优良品种并大面积应用，为畜牧业可持续发展提供科技支撑。

坚持重点支持与统筹兼顾相结合。依托国家草牧产业发展与生态建设的战略需求，立足现有牧草种业发展特点与育种资源基础，结合区域特点和功能布局，重点支持主要畜牧生产牧草的育种，同时兼顾生态恢复、水土保持等不同草种的种业发展目标，分类施策，整体推进我国草种业建设，满足国家和行业的可持续发展需求。

坚持自主创新。加大对优势草种、主栽草种及乡土草种的创新，选育适合我国气候特征的牧草新种。以自主创新为主，引进补充为辅。

坚持政府主导与多元投入相结合。建立以政府资金主导，社会资金广泛参与的多元化投入机制，为草种育种提供稳定支持。

三、工作目标

（一）总目标

针对我国草种业科技发展需求，创新草种业的机制与体制，构建我国草种育种协同创新技术体系，提升草品种创制的理论和技术水平，全面改善草种育种研究和成果转化的平台条件，组建一批稳定的草种育种团队，培养一批牧草育种国际领军人才，提升牧草育种的综合创新能力和国际竞争力。到2030年，建成国家10个长期育种创新中心和74个育种创新基地，建立5个企业自主研发中心，建设1个专业化草种业成果转化与科技服务平台，制定一系列引导企业投入育种研发、育种人才交流互动的政策措施。结合市场需求和区域特点，育成一批具有重大应用前景和自主知识产权的突破性优良品种，借助草种育种创新基地建设，扶持有一定实力的草种企业向育繁推一体化方向发展。

（二）具体目标

到2025年，实现主要草种杂种优势、重要产量与质量性状的调控机制、分子辅助育种等方面的理论和技术突破，构建较完善的现代牧草育种体系。创新育种材料200份，审定（认定）良种100个以上，获得专利150件，制定育种技术相关标准50项以上。

到2030年，重点实现草种质创新、基因组学、蛋白质组学以及牧草分子设计育种的理论和技术的跨越式发展。创新育种材料250份，审定良种200个以上，获得专利300件，制定育种技术标准80项以上。

四、工作任务

（一）育种课题研究

依据国际种业科技的发展方向，结合我国种业科技发展的现状与重大需求，在基础研究、前沿技术研究和产业化技术研究等方面进行深入研究，引领和支撑草种育种创新发展。

1. 重要性状遗传基础研究

利用数量遗传学、分子遗传学等理论与方法，研究主要牧草营养体产量、品质、抗逆和有性繁殖等重要性状的遗传特性与调控网络；研究草种雄（雌）性不育、育性恢复、杂种优势表达的遗传学基础及分子调控技术；探索牧草杂种优势利用的新理论和新方法。

2. 重要草种抗逆优质高产新品种创制

针对我国不同生态区域的气候特点和土壤特征，结合草产业发展的需求，综合应用常规育种技术（轮回选择、综合选择、杂交和诱变技术等）和生物育种技术（分子标记、转基因等），有效聚合优质、高产、抗病、抗虫、抗逆等优良性状，选育一批适应不同生态区、综合表现优于进口品种、有较大影响的牧草新品种。

3. 常规育种关键技术研究

开展主要营养体倍性育种、远缘杂交新种质创制、杂优利用及多因素诱变和多目标性状综合选育改良等关键技术研究，加强新方法新技术在育种实践中的应用，着重解决有性杂交多倍体后代鉴定、杂交亲本不亲和性、远缘杂种后代育性恢复、远缘杂种后代筛选和高纯合度亲本培育等一系列技术难点，形成具有自主知识产权的草种高效育种技术体系。

4. 分子育种技术研究

构建重要牧草高密度全基因组遗传图谱；采用全基因组关联分析、遗传作图分析等方法，发掘一批与产量、品质、抗性等关键性状相关的、具有重要实用价值的候选基因标记。研究高通量、高密度、全基因组标记辅助选择技术和重要经济性状的多基因聚合技术，建立完善分子标记辅助育种技术体系。研究规模化、高通量的基因克隆和功能评价理论与技术，利用蛋白质组学、RNA干扰和靶标操作等技术，研究基因沉默、敲除、定点整合、遗传分离和高效稳定表达体系。

5. 重要草种规模化种子（苗）生产技术

开展高产、高效的牧草新品种繁育技术研究，建立主要草种不同生态区的规模化高效制种技术体系，建立完善高效的良种生产综合技术标准和规范。制定草种生产认证制度，全面提高草种业种子（苗）生产技术能力。

（二）育种创新平台建设

1. 重点实验室建设

为解决育种基础研究薄弱、育种技术创新滞后、育种目标单一等问题，作为草种育种创新体系建设的一部分，到 2020 年，支持科研单位、高校或科企联合体在育种研发基础好的北京、黑龙江、吉林、内蒙古、甘肃、青海、新疆、江苏、四川、海南等 10 个省区，各新建 1 个草种育种创新研究重点实验室。

重点实验室依托单位为有育种优势的科研单位、高校或育繁推一体化企业。实验室主要承担育种种质筛选、常规和分子育种技术攻关等基础性研究，集中解决限制草种业发展的重大基础性和前瞻性的科技问题，为育种创新基地提供技术支持。项目完成后将建成多学科多单位联合协作、基础设施配套、仪器设备先进、管理运行机制优良、具有国际领先水平的草种育种平台，为我国草种产业的跨越式发展提供技术支撑。

2. 创新示范基地建设

为解决草种育种基础设施投入不足和水平落后等问题，同时作为草种育种创新体系的组成部分，到 2020 年，在 74 个草原小区内各建成 1 个草种育种创新与示范基地，开展苜蓿等主要草种新品种选育工作。

创新基地依托单位为研究基础好的科研院所或大专院校，并鼓励联合具有一定生产规模、信誉度高的草种企业或生产合作社共同建设。基地主要从事所在生态区或相邻生态区优良新品种的选育工作，进行良种良法研发、示范推广和技术指导。建设内容包括土建工程（品质分析室、抗性鉴定室、生理生化分析室、生物技术实验室、栽培技术研究室、考种室、挂藏室、资料室、种质库等）、田间工程（温室、网室、制种圃、病圃、试验用地及灌溉、道路等配套设施建设）和实验仪器设备的购置等。

3. 商业化育种研发中心建设

为解决我国草种商业化育种严重滞后、成果转化率低等突出问题，到2020 年，支持草种企业通过并购优势科研单位、种子企业，或与科研院所开展合作等方式，在北京、黑龙江、吉林、内蒙古、甘肃、四川等具有研发和种子产业基础较好的省（市、区），建立企业商业化育种研发中心 5 个，

打造具有国际竞争力和影响力的育繁推一体化优势草种企业 3 个。

商业化育种研发中心依托单位为具一定产销规模、拥有种子生产基地或研发团队的草种企业。重点开展主要草种的商业化育种和具有自主知识产权品种的繁育、推广，开展国内外先进育种技术、装备和高端人才的引进、消化、吸收和再创新。通过政策引导、资金支持等方式，鼓励国内有实力的草种企业通过合并、收购等多种方式，整合众多中小企业的优势资源，提升企业竞争力。积极支持种业企业与科研院所和高等院校深化合作，引导和支持创新要素向企业聚集，建立种业产业技术创新战略联盟。支持企业选派人员到高等院校进修和培训，对种子企业科研、生产、检验、营销、管理等人员进行定期培训。鼓励有实力的企业实施"走出去"战略，通过与国外公司、科研单位开展技术合作、转让资本等多种方式，获得优良品种和育种技术，借助外部优势提高自身竞争力，建立"育繁推一体化"种子产业链。

4. 成果转化与科技服务平台建设

为解决草种育种研究与市场脱节、研发成果产业转化率低等问题，同时作为草种育种创新体系建设一部分，到 2020 年，建设全国性的专业化草种业成果转化与科技服务平台 1 个。

平台依托单位由草种行业管理部门或行业协会主管，借助信息技术并对接现有的草业专业网站，建立全国统一的草种业管理信息数据平台。重点开展草品种经营权转让，优化知识产权管理制度，引导科研单位和生产企业开展产学研结合、合作育种等创新合作，探索建立"产学研管"紧密合作、利益共享的推广模式，加快新成果的集成转化与应用。

（三）创新人才培养与管理体制改革

通过采用校企合作联合培养模式，培养适合育种单位急需的应用型、复合型人才。要求能够在现代种子行业（企业）从事作物新品种选育、推广与开发、种子加工与质量检测、种子生产、种子经营与管理等工作的应用型、复合型高级专门人才，基本解决现在各科研院所及企业所紧缺的草种育种及草产业繁育推广技术人员。

1. 确保企业育种科研人员比例增加

当前，国际种业巨头美国先锋公司研发人员占比达 30％以上，我国大部分草种业企业内的研发人员缺乏，争取到 2020 年，拥有科研人员占全部种业企业从业人员的比例逐年递增，完善企业育种机构人员梯队配置，逐步强化企业科研实力。

2. 深化人才管理体制改革，加强国际合作

近年来，草业育种科研出现人才流失等现象，如何创造人才脱颖而出的条件并保留住人才，是我们要迫切解决的问题。到 2020 年，建立健全人才选拔、培养、使用和合理流动机制，增加对基层育种工作者、一线工作和技术人员的培训，提高基层育种技术人员待遇，鼓励科技人员到基层育种单位工作；加强国际交流与合作，引进一批高水平学科带头人，鼓励联合国外科研单位人员共同承担科研项目或共建创新平台，推进国际合作联合创新，提升我国草种育种技术人员专业水平。

五、保障措施

（一）加强组织领导，统筹优势资源

加强国家各部门的协调与合作，统筹科技资源，引导各类资源要素优先向草种育种工作聚集，加强组织领导和沟通协调，明确工作职责和任务分工，形成部门合力。各级畜牧主管部门，要充分认识到草种育种工作在草食畜牧业产业发展和生态建设中的重要性，把草种育种作为推动现代畜牧业建设的核心动力来抓，围绕草种业科技工程，建立重视育种的领导体制和工作机制，明确目标任务，完善具体措施，扩大草种良种补助范围，确保规划落到实处。

（二）完善体制机制，推进科技创新

深入落实植物新品种知识产权保护制度，切实保护育种人合法权益。搭建专业化的种业交易平台，推动成果商品化、股权化和高效转化。优化企业参与育种创新的政策环境，鼓励支持大中型骨干企业建立研发中心，培育以高新技术为主体的创新型草种育种科技企业，支持企业加强育繁推一体化经营，适时推进草种政府采购政策。鼓励良种基地向企业开放，允许科研单位和科技人员以技术入股企业。建立适用于从事草种育种基础性、公益性研究

人员的科学绩效评价体系，激发技术创新活力。完善科技资源向企业流动机制，鼓励科技人员进行成果转化和开展科技服务，从事商业化育种。积极探索"工程＋基地＋企业""科研院所＋高校＋龙头企业"等现代草种育种技术集成与示范转化模式。完善相关法律法规和标准，加强《中华人民共和国种子法》《植物新品种保护条例》等法律法规的宣传，强化法制保障，加大执法与监督力度。

（三）加大资金投入，强化稳定支持

对于公益性、前瞻性、基础性的育种工作，建立国家财政长期稳定支持机制，逐步形成草种育种科技项目一次立项、长期支持的稳定模式。加大对草种育种基础理论研究、种质资源保存、长期稳定的育种基地建设、科技成果转化与推广、创新平台建设与维护等方面的财政资金投入力度。对于具备产业化、商业化前景的良种培育和扩繁推广工作，逐步建立商业化育种机制。充分发挥市场投融资机制作用，对符合高新技术企业要求的草种育种企业给予必要的财政补贴和税收优惠，探索建立草种育种基金，引导和鼓励各类社会资金参与草种育种产业。重点加强对主要栽培牧草、生态改良草种良种繁育与推广的资金支持。

（四）鼓励协同创新，促进产学研结合

围绕重要草种育种产业的发展需求，鼓励开展多种形式的产学研协同创新。积极建立产业技术创新战略联盟、产业技术创新服务平台等产学研合作组织；鼓励企业出资到高校、科研机构建立研发平台，引导高校、科研机构到重点企业共建研发中心，促进多方利益主体在研发、示范、商业化等创新链各个环节的深度合作；鼓励以项目为纽带，以委托研发、技术转让、产学研联合攻关等形式开展技术合作等；加强科技成果转化服务与共享平台建设，为科技成果转化提供系列的政策咨询、项目立项、动态跟踪和督查管理等服务，实现种业科技创新服务的链式整合。

（五）注重人才培养，加强国际合作

加大草牧业科技人才培养力度，依据主要草种或主要产业链环节，整合

全国优势力量，培养和造就一批草业科技战略科学家、领军人才和基层草业科技骨干；深化人才管理体制改革，创造人才脱颖而出的条件，建立健全人才选拔、培养、使用和合理流动机制；增加对基层育种工作者、一线工作和技术人员的培训，提高基层育种技术人员待遇，鼓励科技人员到基层育种单位工作；加强国际交流与合作，引进国际优良种质资源、先进育种技术和种业装备制造技术；引进一批高水平学科带头人，鼓励联合国外科研单位共同承担科研项目或共建创新平台，推进国际合作联合创新；鼓励国内优势草种育种企业实施"走出去"战略，积极开拓国外市场，支持到境外特别是与"一带一路"周边国家开展互利共赢的草种育种科研和种子生产经营合作，完善相关政策支持体系，提高我国草种育种的国际竞争力。

第三章 繁　种

繁种即良种繁育，是指优良草种繁殖培育的过程，是品种选育工作的继续，是连接育种和草业生产的桥梁和纽带，是使科研成果转化为生产力的重要措施。具体来说，繁育的"繁"是指提高良种繁殖系数，是对数量而言；繁育的"育"是指种子的培育，就是采用优良的栽培技术和科学的农艺措施，培育优良品种的种性，使之不致混杂退化并有所提高，是对质量而言。繁中有育、育中有繁，通过繁、育结合，生产出满足草业生产和发展需求的种子。

第一节　良种繁育概述

一、良种繁育的目的和任务

良种繁育的目的就是把优良品种的基因繁殖扩大，生产出优质种子。优良品种是指能适宜一定地区的自然条件、经济生态条件和栽培条件，有合乎要求的农艺性状，具有较高的经济生态性能，且一致性、稳定性和特异性表现突出、纯度较高、抗性较强的品种。优质种子是指种子发芽率高，成熟、饱满、整齐一致，不夹杂恶性杂草种子、其他品种或其他作物种子，不含传播性病虫害的种子。

良种繁育是种业的重要环节，是草品种在生产中得以大面积推广、发挥其优良特性和保持品种纯度的基础性工作。其主要任务是有计划地组织优良品种更新换代，通过先进的农业技术措施，保持和提高优良品种的种性，确保种子质量，用经过选优提纯的优质原种更新生产用种，实现种子不断更新和优化。其整体工作是建立健全良种繁育体系，形成科学繁育制度，按照相关繁育技术规程来达到预期目标。

防止品种混杂退化、保持品种纯度和种性是良种繁育的又一重要任务。品种繁殖往往因种、收、运、脱、藏等环节措施不当，造成机械或生物学混杂，环境条件和农艺措施也会使品种发生变异，以致降低纯度和种性。因此，根据不同类植物特性，需要通过繁种过程不断提纯复壮，使良种在较长时间内持续发挥效益。在草种繁育领域，应改变只重视育种而忽视良种繁育的情况，改变大量新品种得不到推广，发挥不了作用以及已推广品种很快退化变劣而丧失使用价值的现状。同时，要加强良种繁育学研究，从理论和实践的结合上探索良种繁育新技术、新途径、新机制，把我国草品种良繁工作推向新阶段。

二、种子繁育的类型和方法

种子的繁殖方式一般可分为有性繁殖和无性繁殖两大类型。繁殖方式不仅决定植物的遗传特点，而且在很大程度上决定着植物拟采取的育种方法、良种繁育体系与制种技术。

（一）有性繁殖

有性繁殖是植物繁殖的基本方式，它是由雌配子（卵细胞）和雄配子（精细胞）相互结合（即受精）而形成合子产生后代的繁殖类型。根据参与受精的雌、雄配子的来源不同，常将有性繁殖相应地区分为自花授粉方式（自交）和异花授粉方式（异交）。另外还有一种，以自交繁殖为主，异交率较高的植物叫常异花授粉植物。

自花授粉植物是指其雌雄配子来源于同一植株或同一花朵的植物。自花授粉的禾本科牧草主要有燕麦、大麦、小麦、扁穗雀麦、一年生雀麦、加拿大披碱草、蓝碱草、毛花雀稗等。豆科牧草有野生山藜豆、草莓三叶草、波斯三叶草、地下三叶草、冬箭筈豌豆、春箭筈豌豆、豌豆、大豆、天蓝苜蓿、朝鲜胡枝子、印度草木樨等。

异花授粉植物主要是以其他植株的花粉进行受精，其异交率高于50%，高者甚至可达95%以上。大部分牧草属于异花授粉植物，异交大多借助风力和昆虫完成。绝大多数的异花授粉植物在强迫自交时，表现出不同程度的自交不亲和性。属于此类的禾本科牧草有黑麦、冰草、鸭茅、无芒雀麦、多

花黑麦草、多年生黑麦草、高羊茅、羊草、小糠草、猫尾草、狗牙根、燕麦草、黼草、偃麦草等。豆科牧草有紫花苜蓿、黄花苜蓿、红豆草、红三叶、白三叶、杂三叶、白花草木樨、黄花草木樨、百脉根等。

常异花授粉植物为自花授粉植物与异花授粉植物的中间类型，其异交率在4％～50％，强迫自交时，大多不表现明显的自交不亲和现象。属于此类的牧草有高粱、苏丹草、饲用蚕豆、细齿草木樨、鹰嘴豆等。常异花授粉植物授粉方式复杂，其后代可能表现为自交，也可能表现为异交。

（二）无性繁殖

许多植物的繁殖是通过自身某种营养器官，如块茎、块根、接穗、根茎、匍匐茎、插枝、根蘖、鳞茎、球根等作为"种物"繁殖后代和扩大其群体的，而不像大多数植物是通过两性配子有性融合形成种子繁殖的。这种未通过两性配子结合，仅通过其营养体或器官进行的繁殖称为无性繁殖或者营养繁殖。无性繁殖基本上能保持原母株的遗传性。

无性繁殖的作物主要有马铃薯、甘薯、木薯、菊芋等；花卉有郁金香（鳞茎）、唐菖蒲（球根）等。在草种中，有许多既具有有性繁殖能力，也具有无性繁殖能力，如聚合草、无芒雀麦、羊草、根茎偃麦草、白三叶、狗牙根、早熟禾、黑麦草、根蘖型苜蓿等。

由同一植株无性繁殖的后代称为无性繁殖系或无性系又称营养系。每一个无性繁殖系的个体叫繁殖体。一个无性系的所有繁殖体在遗传上均完全相同，它们均来源于同一个单株，是该单株的完全复制品。牧草的无性繁殖方式依牧草种类不同而异。豆科牧草通常是用扦插法，即插枝条，而多年生禾本科牧草通常都是采用分株繁殖建立无性系。

无性系也存在退化现象，这主要是由于无性繁殖的植物易感染病毒所致，无性繁殖植物很容易通过代代无性繁殖，将母体细胞携带的病毒传给下一代，并且日趋严重，最后造成无性繁殖系生产力下降，品质劣化，出现无性衰退现象。当这种情况发生时，必须通过建立脱毒微繁技术加以解决。

（三）无融合生殖

无融合生殖是有性过程被无性过程所代替的一种繁殖方式，或者说是有性繁殖向无性繁殖过渡的一种繁殖方式。这类繁殖方式的植物能形成性器官，但可不通过受精而产生胚和种子，与有性繁殖不同，是因为没有经过受精过程；它与无性繁殖的差异，在于它不是通过营养器官，而是通过种子繁殖的。

无融合生殖广泛地分布于禾本科植物。在有些属中所有种均具有无融合生殖特性，如尾稃草属。在牧草中，早熟禾属是最早发现无融合生殖的属，其中草地早熟禾最为典型。具有无融合生殖特性的牧草还有拂子茅属、冰草属、披碱草属、大麦属、画眉草属、虎尾草属、臂形草属、黍属、雀稗属、狼尾草属等。

三、种子繁育世代分级体系

品种纯度的分级繁殖体系，亦称世代分级体系或种子系谱制度，它表示种子基因纯度的不同级别或档次。各国根据具体情况对种子世代分级通常分为 4 级种子繁育体系和 3 级种子繁育体系两种。

（一）四级种子繁育体系

育种家种子（breeder seeds）又称原原种，是由育种单位或育种家育成新品种时的核心种子。育种家种子的一般标准为：性状典型一致，生长整齐一致，纯度高；生长势、抗逆性、丰产性等不降低，杂交种亲本原种的配合力要保持原有水平，或者略有提高；种子的播种品质要求成熟充分，净度、千粒重、容重及发芽率要高，种子无病虫危害。

基础种子（foundation seeds）又称原种、基础种，是用育种家种子繁殖而来的种子，几乎完全保持该品种特定的遗传一致性和纯度。基础种子一般采用 3 年 3 圃制（选择优株、分株比较、株系比较、混系繁殖）或 2 年 2 圃制（选择优株、分株比较、混系繁殖）等方法进行生产。

登记种子（registered seeds），由基础种子扩繁而来。多采用混合选择法，选择好的种子田，淘汰异株、病株后收种进行生产。

认证种子（certified seeds）又称商品种子、生产用种子，由登记种子扩繁而来，是销售到农牧民手中进行生产用的种子。认证种子按其播种品质，

又可分为一、二、三级及等外品。

美国、加拿大、丹麦、荷兰、新西兰、澳大利亚等草种生产发达的国家，都已普遍建立国家的良种繁育体系或种子生产体系，把草种明确区分为育种家种子、基础种子、登记种子和认证种子等4个世代。

通常种子繁育应该按照世代逐级繁育。

基础种子，必须用育种家种子在育种家或其代理人监督指导下，由专业的种子公司或农场生产。基础种子生产要有较强的技术力量，较好的生产条件（如土地、灌溉、施肥、收割、脱粒、清选、干燥、贮存设备等）和严格的管理措施。

登记种子由基础种子生产，可用于生产认证种子，也可直接用于草地建设。而认证种子只可用于建立种草田，而不能继续用来生产认证种子。

各级种子的繁殖代数、采种年限、生产技术和质量检验，都要符合相关种子法规及种子检验规程，并由种子机构监督指导和进行田间检验。这个繁育体系中的关键是基础种子生产，种业发达国家都非常重视基础种子这一重要环节，能使育成的新品种得到迅速繁殖推广。由于种子纯度和播种技术都有保障，从而建立了强大的种子业。

（二）三级种子繁育体系

原原种是指育种专家育成的遗传性状稳定的品种或亲本的最初一批种子，其纯度为100%。它是繁育推广良种的基础种子。

原种是指用原原种繁殖的1～3代或按原种生产技术规程生产的达到原种质量标准的种子，其纯度在99.9%以上。

良种有两层含义：一是优良品种；二是优良种子，即优良品种的优良种子。具体指用原种繁殖的种子，其纯度、净度、发芽率、水分指标，均达到良种质量标准的种子。

四、草种生产的关键技术

草种生产的关键环节，主要有提高种子产量的环节和保持种子基因纯度和质量的环节。

（一）生产区域选择

草种生产有很强的地域性，生产者由于不了解草种生产对生产地区的特殊要求，选点不慎，往往会造成巨大的经济损失。因此，必须根据具体草种或品种生产发育特点和结实特性，选择最适宜的地区进行种子生产。

由于草种生产对生产地区的要求与牧草生产不完全相同。在某一地区牧草生长良好，产草量也特别高，但其可能不结实或结实率极低。不同草品种适宜种子生产的地区会有差异，同种牧草在不同地区的种子产量也会差异很大。因此，要做好草种生产就要了解种子对生产区域的要求。

在草种生产的区域选择上要考虑两个重点：气候条件、土地条件。

气候条件是影响种子产量和质量的基本因素，而且与其他条件不同，气候条件不能被生产者所左右。必须根据植物生长发育特点和结实特性对气候的要求，选择最佳气候区进行草种生产。草种生产所要求的气候条件，是适于该品种营养生长所需要的光照长度、太阳辐射、温度、降水量；诱导开花的适宜光周期及温度；种子成熟期稳定、干燥、无风的天气。

土地条件是选择草种生产的重要因素之一，适宜的土壤类型、良好的土壤结构、适中的土壤肥力，是获得优质高产种子的重要前提。用作种子田的地块，应选择在开阔、通风、光照充足、土层深厚、排水良好、肥力适中、杂草较少的地段上。

（二）田间管理

田间管理是在适宜的气候条件和土地条件下，利用科学技术及成果，采取外在的人为措施提高草种产量和质量的重要环节。这包括草种田建植、科学施肥、合理灌溉、杂草防除、病虫害防治、辅助授粉、植物生长调节剂使用等环节。

草种田建植。先对苗床进行耕、耙、压等措施，以保证苗床精细平整、减少杂草的侵染和其他品种的混杂；再运用合适的播种方式方法，掌握合适的播种时间、播种量和播种深度。

科学施肥。根据土壤条件、气候条件和牧草的品种对肥料的需要，科学

合理地施肥,以最大限度地满足生产牧草种子对肥料的需要。除施用氮肥、磷肥、钾肥等常用肥料外,还要追施补充硫肥、钙肥、硼肥等微肥。

合理灌溉。草种产量基础是在建植阶段和花序分化阶段奠定的,因此,要在这 2 个时期对牧草进行灌溉。而在营养生长后期或开花初期适当缺水,可以提高草种产量。

杂草防除。杂草生长不仅会影响牧草生长,而且杂草种子会污染草种并降低其质量。因此,要运用人工除草、化学除草和生态除草等防治杂草的方法,做好杂草的防治工作。

病虫害防治。草种生产与产草地相比,大量多汁的植株在田间生长很长时间,更易发生病虫害,因而草种田的病虫害防治尤其重要。特别是一些影响种子贸易的病虫害,更应采取有效的措施加以防治。可根据牧草品种的不同、病虫害的差异采取具体防治措施。

辅助授粉。牧草特别是多年生牧草大多属于异花授粉植物,授粉情况的好坏,会直接影响种子的产量和质量。因此,为提高牧草的授粉率,通常要采取人工辅助授粉,以提高种子产量。

植物生长调节剂。在种子田中使用植物生长调节剂,可以降低草种的败育,增加花序上的结实数,提高种子产量。

(三) 草种收获与干燥

草种收获是种子生产中的一项时间性很强的工作,种子成熟后适时收获种子可避免种子损失,收获太早会降低种子活力,而收获太迟则会造成种子的落粒损失。准确地掌握合适的收获期比较难,一般禾本科草开花结束12～15 天后,豆科在下部开花结束 12～15 天后,及时进行田间观察,确定种子成熟便尽快收获。

草种一般采用联合收割脱粒机收获,其优点是速度快,可在短期内完成。对一些种子成熟不一致的草种,在收种时,可以采用拍打或搓揉的方法,将质量较好已成熟的种子收集在容器中,未成熟的下次再收获。对一些种子随熟随落的草种,可用吸种机将散落的种子吸起收获。

草种收获后仍含有较高的水分,不利于保藏。因此,刚收获的种子应立即干燥,使其含水量达到规定标准,以减弱种子内部生理生化作用对营养物质的消耗、杀死或抑制有害微生物，加速种子成熟，提高种子质量。种子干燥时，应使种子中的游离水迅速排出又不影响种子的质量。种子干燥的方法有自然干燥法和人工干燥法。自然干燥法是利用日光暴晒、通风、摊晾等方法，降低种子的含水量。人工干燥的方法是指用火力滚动烘干机、烘干塔、蒸气干燥机等进行烘干。人工干燥时，应注意温度不能太高，一般种子出机温度应保持在 30～40 ℃。如果种子含水量较高时，最好进行 2 次干燥，温度采取先低后高，使种子不因干燥过程而降低质量。

（四）草种的清选与分级

草种的清选是在尽可能减少净种子损失的前提下，除去种子中的混杂物。种子清选通常是利用种子与混杂物物理特性的差异，通过专门的机器设备来完成。如风筛清选法，是根据种子与混合物在大小、外形和密度上的不同进行清选；比重清选法，是按种子与混杂物的密度和比重差异来清选种子；窝眼清选法，是根据种子与混杂物的长度不同进行清选；表面特征清选，是根据种子和混合物表面特征的差异进行种子清选。

经过清选的种子，应按照有关质量标准，以种子的净度、发芽率、其他植物种子的粒数及种子水分含量为分级的主要依据进行分级。

（五）草种的包装与贮藏

分级后的种子可根据等级选择包装方式，包装的目的是便于种子的贮藏、运输、销售和识别。目前，草种包装一般用麻袋、棉布袋、编织袋、铝箔纸聚乙烯薄膜等包装，包装材料一般应防潮隔湿，避免种子吸湿而影响保存时间和活力。

草种在生产上使用和进行贸易前应进行贮藏，贮藏方法不当、贮藏条件不良等，均会影响种子的质量。目前，草种贮存方法有普通贮藏法、密封贮藏法和低温除湿贮藏法。

普通贮藏法是将充分干燥的种子用麻袋、布袋等包装贮于贮藏库里，种子未被密封。此法简单经济，适合大批量贮藏生产用种子，贮存时间 1～2 年为宜。

密封贮藏法是把种子干燥至密封贮藏要求的含水量标准，再用各种不透

气的包装材料进行包装贮存。此法可延长保存时间，甚至在湿度较大的地方也有良好的贮存效果。

低温除湿贮藏法是用大型种子冷藏库装备冷冻机和除湿机等设施，将贮藏库内的温度降至 15 ℃以下，相对湿度降至 50%以下，提高种子安全性、延长种子寿命。

第二节　草种繁育现状

一、国外草种繁育状况

国外早期的草种生产主要依靠农牧民自由采收而来，随着草种需求量的增加，20 世纪 20 年代以后，开始出现了专业化的草种生产形式，极大地促进了草种生产技术和理论的深入研究，起步初期的草种平均产量为 400～500 千克/公顷，现在平均达到 800～1 500 千克/公顷的水平，提高了 2～3 倍。根据国际种子联盟（ISF）统计，全球禾本科和豆科草种年平均产量约为 69 万吨。其中，进入国际种子市场交易的每年大约有 20 万吨，贸易额约为 4 亿～6 亿美元。

20 世纪 50 年代以后，随着专业化草种产业的发展，草种的生产方式和生产区域发生了明显的改变，草种逐渐由牧草生产附属产品转变为区域性专业化生产。目前，世界草种生产地主要集中在美国西北部、加拿大西南部、新西兰南岛、澳大利亚北部，以及丹麦西部和荷兰等地区，这些地区具有适合于草种生产的气候条件和土地条件。

（一）美国的草种生产

1. 草种生产发展历程

20 世纪初，随着美国人工草地种植面积的增大，对草种的需求量猛增，当时没有专门的草种生产田，草种生产仅为牧草生产的副产品，即用于刈割或放牧的人工草地或天然草地，当需要草种或气候条件适宜收获草种时，停止放牧或刈割利用，或留种收获草种，有时甚至从收获的干草草垛底收集草种，这种种子生产方式一直到 50 年代还存在。许多草种需要进口，直到 60

年代，草木樨、绛三叶、百脉根、羊茅、鸭茅等草种仍需大量进口。这一时期，草种生产主要集中在亚特兰大中西部、中部和大平原北部的各州。

20 世纪 50—60 年代，在美国农业部和国家农业实验站的育种项目中，随着适应性强的牧草品种的育成，播种、施肥、杂草防除、辅助授粉、收获加工、收获后的田间管理等专用于草种生产田的管理技术研究不断深入，以及美国农业部基础种子生产计划的实施和执行，再加上人们对草种生产的气候条件特殊要求认识的加深，美国草种生产方式和生产区发生了很大变化。到目前为止，已基本形成了以俄勒冈州、华盛顿州、爱达荷州、加利福尼亚州、内华达州为主的草种集中生产区。全国共有 27 万公顷的专业草种生产田，每年生产 40 多万吨草种，除满足本国需求外，还出口到世界各国。

2. 形成草种集中产区

美国草种集中生产区主要分布在俄勒冈州、华盛顿州和爱达荷州，大面积的土地适合于温带草种的生产。1997 年，3 个州共有专业草种生产田 22.8 万～23.4 万公顷。其中，俄勒冈 19.7 万公顷，占 85%。俄勒冈州是世界重要的禾本科牧草和草坪草种子生产基地，年产牧草和草坪草种子 30 余万吨，每年的牧草和草坪草种子的直接产值为 3 亿～4 亿美元，加上肥料、除草剂、机械等服务于草种产业部门的收入，每年为俄勒冈州增加 10 亿～12 亿美元的国内生产总值。

其中，俄勒冈的威拉米特谷地约有专业草种生产田 18.2 万公顷，每年生产 28 万吨牧草和草坪草种子，被誉为世界"禾本科草种之都"。威拉米特谷地的气候属典型的地中海气候，特别适宜于草种的生产。一般草种生产对气候的特殊要求为适于营养生长的太阳辐射；适宜的温度和水分；诱导花芽分化的适宜光周期和温度条件；开花过程中天气晴朗无雨；种子成熟期稳定、干燥、无风的天气及昼夜温差大，营养生长期短。威拉米特谷地冬季降水量高有利于地下部分的发育和生长，秋季降水量高有利于种子田的建植，夏季干旱有利于种子的成熟和收获，种子收获后的干旱使牧草进入休眠。该区只靠天然降水的季节分布特点就能满足草种生产对气候的特殊要求，因而形成了世界上草种产量最高、质量最好的集中生产区。现在，荷兰、日本、丹麦、德国、澳大利亚等国草种生产大国的种子公司均在威拉米特谷地建立了种子生产基地，以充分利用该地区的气候资源，生产高产优质的草种，降

低种子生产成本，增强在国际市场上的竞争能力。

3. 草种生产科学研究

提高种子产量和质量的农业技术措施的研究主要集中在播种、施肥、灌溉、杂草控制、病虫防治、辅助授粉、收获机械及技术、清选机械及技术、收获后田间管理等方面。通过以上措施的研究和组合，选择既提高种子产量和种子质量而又降低投入的最佳的田间管理技术进行推广和应用。其中施肥技术、农药应用技术、豆科牧草传粉昆虫应用技术、收获和清选技术及收获后焚烧残茬技术对美国草种生产的快速发展起到了积极的推动作用。科研成果的广泛应用和地域的选择使美国草种的平均产量由 20 世纪 40 年代的 150～300 千克/公顷提高到现在的约 1 125 千克/公顷，如草地早熟禾从 1948—1957 年平均年产量 207 千克/公顷提高到现在的 1 000 千克/公顷左右，鸭茅从 1948—1957 年平均年产量 214 千克/公顷提高到现在的 1 000 千克/公顷左右，高羊茅从 1948—1957 年平均年产量 250 千克/公顷提高到现在的 1 500 千克/公顷左右，细羊茅从 1948—1957 年的平均年产量 335 千克/公顷提高到现在的 980 千克/公顷左右。俄勒冈州主要禾本科草种单位面积的平均产量均有不同程度的提高，其中高羊茅、草地早熟禾提高 1 倍以上，多年生黑麦草、细羊茅提高 50％以上。

（二）加拿大的草种生产

1. 草种生产历史及草种生产区域

加拿大的草种生产始于 19 世纪末，这一时期加拿大普列利草原实验站通过 100 多次引种实验，选出了适应当地条件、具有高产特性的无芒雀麦和粗穗披碱草，为进行推广，开始了这两种草种生产的实践。进入 20 世纪，分别对紫花苜蓿的哥来姆品种和扁穗冰草的种子生产进行了实践和研究，使紫花苜蓿种子成为 50 年代之前加拿大草种产业的支柱性产品。扁穗冰草种植早期比其他禾本科牧草产量高，在干旱的普列利草原区大面积种植，进行种子生产，到 1932 年因种子的大量发放，扁穗冰草作为适应干旱地区的禾本科牧草代替了粗穗披碱草的位置。由于紫花苜蓿种子生产中天然传粉昆虫的栖息环境变劣、数量减少，种子生产量逐年降低。到 20 世纪 70 年代，引入切叶蜂后，种子产量迅速增加并保持稳定，目前加拿大紫花苜蓿的种子生产在世界紫花苜蓿种子生产中占有重要的地位。50 年代，加拿大开始在草种生产中逐渐实行种子认证制度，确保所生产种子品种的基因纯度，进行认证的种子田从 1952 年的 9 000 公顷上升到 1972 年的 5 万公顷，1995 年已达到 7.5 万公顷，认证种子进入市场的比例在快速增加。

加拿大的草种生产集中在西南四省，即曼尼托巴省、萨斯喀彻温省、艾伯塔省和不列颠哥伦比亚省。大部分种子田为旱作管理；在南萨斯喀彻温和艾伯塔的部分干旱地区，草种生产有灌溉条件。

2. 草种生产情况

加拿大草种生产中，豆科牧草草种生产以紫花苜蓿的种子生产为主。1995 年紫花苜蓿认证种子的种植面积超出 25 万公顷。紫花苜蓿的种子生产中除收获苜蓿种子外，切叶蜂作为主要出口产品在紫花苜蓿的种子生产中占着重要的位置。加拿大西部的土壤非常适宜紫花苜蓿的种子生产，该区在无灌溉条件下，平均种子产量为 150～300 千克/公顷。加拿大生产的紫花苜蓿种子大部分品种为冬季休眠类型，这些品种对加拿大西部冬季严酷的环境具有极强的适应性。现今发现的秋眠级为 4 和 5 的品种，在冬季覆雪条件下，也具有很强的适应性。紫花苜蓿的种子生产田常为宽行播种，行宽为 90 厘米，收获年限为 4～6 年，切叶蜂于开花期置入，7 月初或 8 月末移走，9 月中或 10 月初进行种子收获。

加拿大其他豆科牧草的种子生产田总面积小于紫花苜蓿的面积。其他豆科草种生产田主要分布在加拿大普列利草原北部农业区湿润地区，主要有红三叶、杂三叶、草木樨和百脉根，三叶草和百脉根主要销往加拿大东部和欧洲，其余种主要在加拿大西部用。

加拿大禾本科草种生产中以猫尾草为主，近年来认证的种子生产田达 2 万～2.5 万公顷，所生产的种子主要销往加拿大东部，建植人工草地用于放牧，西部用量很少。猫尾草的种子种子田一般行播，行宽为 30～90 厘米，干旱地区可宽行播种，种子收获期为 8 月中，种子易于清选和脱粒，平均产量为 400～800 千克/公顷。无芒雀麦在加拿大禾本科草种生产中也占有重要的地位，近 10 年中加拿大用无芒雀麦建植人工草地用于调制干草和作为永久性放牧场。1980 年引进了草地雀麦，成为奶牛生产中的主要放牧地，其种子生产量在加拿大已接近无芒雀麦的种子产量。两种雀麦种子田的播种行

宽一般为 30～120 厘米，种子收获期一般在 7 月末到 8 月中。加拿大普列利草原区对冰草种子生产和牧草生长非常有利，沙生冰草和扁穗冰草因其早春生长快和抗旱性强，已成为干旱地区广泛使用的牧草，其种子的需求量逐年增加。

（三）新西兰草种生产

新西兰草种生产已有 100 多年的历史，近 50 年草种平均年产量保持在 2.2 万吨左右。近年来，草种的年收入平均为 4 000 万新元（相当于 2 亿人民币）。草种除满足本国需要外，还出口到欧洲、澳大利亚和美国等 40 多个国家。

1. 种子生产历史及现状

160 年前，欧洲移民不断增加，对原有森林、灌丛进行烧伐，建植草地发展畜牧业。草种主要来自英国，最早成袋带入黑麦草种子是在 1834 年。随着对森林的开发、耕地面积的增加、各种家畜的引入、载畜量的增大，人工草地的面积迅速增加，对草种的需求量猛增。靠进口草种已不能满足草地建植的需求，加之进口种子的价格上涨，农民开始进行草种生产。到 19 世纪 80 年代，本国生产的草种除满足国内需求外，还开始出口。主要出口的是鸭茅、黑麦草和高羊茅等牧草的种子。后因种子质量及种间混杂等问题的加重，迫使官方 1929 年制定了禾本科牧草及三叶草种子认证条例。20 世纪 30 年代，国家植物育种站育成了白三叶、多年生黑麦草和红三叶 3 个新西兰品种，使草种生产进入了新的阶段。其中 1938 年草种总产量 7 300 吨，40 年代增加到年产 2 万吨。之后 50 多年中，尽管不同年份有所波动，最高的 1988 年曾上升到年产 34 590 吨，但平均保持在年产 2.2 万吨的水平，白三叶和黑麦草的比例不断增加。

近几年，多年生黑麦草种子产量占草种总产量的 45%。其中，杂种黑麦草和一年生黑麦草占 15%，白三叶占 30%，其他牧草占 10% 左右。除满足国内年平均 3%～5% 的人工草地更新以及天然草地改良的种子需要外，有 45%～50% 的草种出口到其他国家，欧洲、澳大利亚和北美是主要市场。新西兰是白三叶种子最大生产国，年平均 6 000 吨的种子产量，占世界白三叶种子总产量的 2/3。新西兰对百脉根、红三叶、苜蓿、鸭茅、高羊茅、雀麦、剪股颖、荫草、菊苣等牧草提高种子产量的技术进行了研究，使这些牧草的种子产量有很大提高，在总产量中占的比例逐年增加。草种生产中认证种子的比例逐渐增大，现已达到80％以上。专利种子的比例也在增加，现已达40％。

草种生产集中于南岛东海岸的干旱地区，包括坎特布雷、马宝罗和欧塔戈3个地区。其中，坎特布雷地区拥有草种生产田2.38万~4.56万公顷，占新西兰草种生产田的82％。

2. 草种生产的科学研究

草种生产的科学研究集中在提高种子产量和质量上。20世纪60年代开始，研究播种时间、播种量、播种方法对多年生黑麦草、白三叶、红三叶种子产量的影响。70年代，集中研究多年生黑麦草和白三叶的生殖生长和开花生理，探讨环境对成花和花芽分化的影响，如何通过管理措施满足牧草生殖生长的需要，以获得高产。如对适宜的施肥时间、施肥量、放牧采食时间、播种时间、播种量、播种行距等技术的研究。80年代后，除继续研究各种牧草的生殖生理外，还着重于田间管理综合措施和技术的研究，改善单位面积的花序数、每一花序的小花数、每一小花的结实胚珠数及平均种子重量等种子产量要素，提高草种的产量和质量。对各种草种收获的最佳时间、收获方法、收获机具、清选方法及机具进行研究，减少因收获和清选造成的种子损失。主要牧草提高种子产量的综合技术措施已基本完善，如播种、施肥、灌溉、杂草控制、病虫防治、辅助授粉、收获、清选及收获后田间管理等一套技术。近年来，特别是植物生长调节剂的研究与应用，解决了大部分牧草因倒伏造成受精合子败育和种子成熟一致性差等问题，使草种产量成倍增加。对豆科牧草传粉昆虫的研究也有很大突破，提高了白三叶、红三叶、苜蓿、百脉根等牧草的结实率，大幅度提高了种子产量。

（四）欧盟的草种生产

1. 欧洲草种生产的兴起及发展

从20世纪20年代开始，欧洲成立了很多草种育种和草种生产的公司，对主要禾本科和豆科牧草进行育种，之后对育成的牧草新品种进行种子生产。育种公司直接找可靠的个体种植者进行草种生产或找专业草种生产公司

进行草种生产。由育种公司、种子生产公司、农民组织及政府机构联合制定了各种种子质量标准，这些标准最终推动了包括种子认证法规在内的种子法的制定。目前，所有欧洲生产的草种都成为已登记专利品种的审定种子。

欧洲的草种生产是被草种育种公司带动起来的，发展规模越来越大。所有草种的生产是按照标准合同完成的，合同由种子生产公司（包括草种育种公司）与种子种植者签订。种子种植者的组织机构为欧洲种子种植者协会（ESGG），代表种子种植者的利益。种子生产公司的组织为欧洲草种生产者协会（EFSPA），代表草种生产公司或育种公司的利益。两个协会的总部都设在布鲁塞尔，受欧盟的领导。

2. 欧盟的草种生产情况

欧盟生产的草种数量与其市场需求量基本上吻合。禾本科草种的主要生产国有丹麦，草种生产田面积占欧盟禾本科草种总生产田面积的40%，德国占20%，荷兰占16%。豆科草种的主要生产国有意大利，草种生产田面积占欧盟豆科牧草总生产田面积的38%，法国占28%，西班牙占18%。

二、我国草种生产现状

我国草种生产虽然起步较晚，但发展较快，尤其是近20年，我国草种产业有了一定发展。随着国家对生态环境保护、环境建设、畜牧业和绿化景观的重视，草种生产市场潜力巨大，发展需求极为迫切。20世纪50年代，建立了20多个草籽繁殖场，但由于对草种生产地域性要求认识不足，有些草种繁殖场区域选择不合理，种子产量低，生产效益受限。20世纪80年代以来，我国草种产业有了较快发展，1989年全国年产草种2.5万吨。进入21世纪，国家各项草地建设工程相继开展，如退牧还草、天然草原改良、草原生态保护补助奖励机制等，对于种子生产水平要求更高。2000—2003年，国家先后投资9亿元，在内蒙古、新疆等地共建设草种基地76个，包括牧草原种田3 067公顷、种子生产田7.33万公顷。2000—2013年，通过国家农业综合开发草种繁育专项，中央投资3亿余元，建成草种繁育基地150余个，涉及内蒙古等26个省区。到2015年，全国草种田总面积8.84万公顷，生产种子9万吨。

（一）我国种子生产发展阶段

新中国成立以来，我国农业生产的每一次飞跃，都和种子工作的进步密切相关。草种繁育工作大致经历了 5 个历史阶段。

1. 家家种田，户户留种阶段（1949—1957 年）

新中国建立初期，我国还是小农经济的汪洋大海，家家种田、户户留种。以粮代种，种粮不分，良种繁育体系无从谈起，产量水平低下。根据当时我国农业生产的实际情况，农业部于 1950 年在华北召开农业技术会议，制定了《五年良种普及计划》，要求广泛开展群众性选种运动，并提出对优良品种和科研单位新育成的品种要就地繁育、就地推广。这对当时农业生产的发展起到了一定的促进作用。

2. "四自一辅"阶段（1958—1977 年）

1958 年前后，我国各地农村相继建立了农业生产合作社和人民公社，原有小农经济下的留种方式已无法满足生产发展的需要。在这种背景下，农业部于 1958 年 4 月在北京召开了"全国种子工作会议"，制定了当时的良种繁育方针：主要靠农业社自繁、自选、自留、自用，辅之以必要的调剂，简称"四自一辅"。为配合"四自一辅"方针的实施，全国很多地方还采取了"三有三统一"措施，即生产大队要有一个种子基地、有一支供种队伍、有一个种子仓库，统一繁殖、统一保管和统一供种，从而拉开了我国种子生产向专业化过渡的序幕。"四自一辅"和"三有三统一"的实施，有效地防止了品种退化，推动了生产发展。并通过群众性良种繁育活动，普及了农业科技知识，为以后农业科学技术的推广普及奠定了基础。

3. "四化一供"阶段（1978—1995 年）

为适应新的形势，促进农业生产发展，1978 年 4 月，国务院批转了农业部《关于加强种子工作的报告》，批准在全国建立各级种子公司，并要求健全良种繁育体系，实行"四化一供"的种子工作方针。在这一方针的指引下，中央、省、地（市）、县四级国营种子公司如雨后春笋般涌现，良种繁育体系逐步健全、完善，种子工作面貌大为改观。

"四化一供"即品种布局区域化，种子生产专业化、品种加工机械化、种子质量标准化，以县为单位组织统一供种。

品种布局区域化，指按品种的不同区域适应性，科学安排品种。使一个区域内作物既有当家品种，又有搭配品种；既要有效防止品种的"多、乱、杂"，又要避免品种单一化。

种子生产专业化，指根据作物下年需种量，确定专门单位、专用耕地、专业人员，配备专门设备，进行种子生产。具体讲就是由种子公司负责技术指导，基地农户按规定程序进行生产。种子生产专业化是实现"四化一供"的物质基础和关键措施。没有充足的良种供应，农业增产就只能是纸上谈兵。

种子加工机械化，指种子公司从基地收购上来的种子只是半成品，要经过烘干、清选、精选分级、拌药消毒、包衣等工序，才能成为标准化的商品种子。种子加工机械化就是在种子加工过程中全部实现机械化。机械加工能有效提高种子的净度和整齐度，保证苗齐苗壮，充分发挥良种的增产作用。

种子质量标准化，包括五方面内容：农作物优良品种标准；农作物种子分级标准；主要农作物原（良）种生产方法标准；种子检验方法标准和种子贮藏、包装运输标准；供应大田生用的种子必须符合国家原（良）种规定的标准，并保证定期更新。

以县为单位统一供种，就是为改变"四自一辅"阶段制种工作的散乱无序状况，有计划有组织地生产供应种子，加速优良品种推广，提高良种覆盖率。

4. "种子工程"阶段（1993—2010 年）

随着我国经济体制改革的深化，社会主义的市场经济正逐步取代传统的计划经济，并逐步同世界经济接轨。面对改革开放的大潮和科学技术日新月异的进步，以计划经济为主导、以行政区划为基础、以国有公司独家经营为特色的种子工作体制已和市场经济规律产生明显的矛盾。为此，1995 年党的十四届五中全会通过的《中共中央关于制定国民经济和社会发展"九五"计划和 2010 年远景目标的建设》中提出，从 1995 年开始实施"种子工程"，新中国农业发展史也随之掀开了新的篇章。

种子工程是为改变我国种子工作的落后状况，加速建设我国现代化种子产业，提高我国良种综合生产力、推广覆盖率和市场占有率，提高种子商品质量和科技含量，促进农业和农村经济持续健康快速发展的一个系统工程。主要内容包括：良种引育、生产繁制、加工包装、推广销售、宏观管理五大系统和种质资源搜集、育种、区试、审定、原种（亲本）繁殖、种子生产、收购、贮藏、精选、包衣、包装、标牌、检验、销售、售后服务等 15 个环节。良种繁育是整个种子工程的基本环节，目前经历着一场深刻的变革，应用多年的原有良繁体系和技术，也将与国际先进技术接轨，创造出新的有特色的模式。

5. 新一轮"种子工程"（2011 年至今）

2011 年 4 月 10 日，国务院下发《关于加快推进现代农作物种业发展的意见》（国发〔2011〕8 号），提出将实施新一轮种子工程。一是加大农作物种业基础设施投入，加强育种创新、品种测试和试验、种子检验检测等基础设施建设。二是鼓励"育繁推一体化"种子企业建设商业化育种基地，购置先进的种子生产、加工、包装、检验和仓储、运输设备，改善工程化研究、品种试验和应用推广条件。

近年来，随着市场经济的发展，牧草种子业也在发生着一些新的变化。一是各类草种公司成立较多，有的以专营国外进口草种为主，如经营草坪草种子、热带牧草种子等。它们的种子质量普遍较好，一定程度上缓解了国内某些草种缺乏的状况。二是一些专业化种子公司相继成立，有的还拥有种子生产基地。三是种子公司和一些农业企业为了自身的发展，对种子生产日益重视，除了注意从国内外引进一些适用当地的新品种外，还能投入一定的资金和人力开展育种工作，一些做法日益与国际通行的方法相衔接。这些都对发展我国草种良种繁育工作有着积极意义。另外，国外一些大的种子公司为在中国开拓市场，也在积极寻求合作，在中国境内生产本公司的一些品种，用于国内使用和出口，这些也为我国草种业的发展提供了机遇。

（二）我国商品草种生产情况

我国草种的生产，主要集中在甘肃、内蒙古、新疆、青海、四川等地。生产的多年生草种主要有紫花苜蓿、披碱草、老芒麦、早熟禾等，一年生草种主要有小黑麦、燕麦、毛苕子等。

我国草业统计近几年的数据显示，我国草种生产呈现出种子田面积逐年

减少、但草种产量稳定并略有增加的趋势。2011—2015 年，我国草种田面积逐年减少，由 12.73 万公顷减少到 8.84 万公顷。相对于草种生产面积的逐年减少，我国草种的产量基本稳定并略有增长。从发展趋势来看，2011 年以来，草种产量整体比较稳定，变动不大。2011 年的草种总产量为 8.9 万吨，2012 年下降到 7.3 万吨，2013 年开始上升到 8.14 万吨，2014 年为 8.23 万吨，2015 年达到 9 万吨。其中，多年生草种产量先减后增，一年生草种产量基本维持不变。

与美国、新西兰等其他国家相比，我国草种的总体生产水平比较低，与我国畜牧业大国的地位极不匹配。但一些草种的平均产量并不比其他国家低，如我国的披碱草、红豆草等牧草种子的平均产量比美国和加拿大还高。

与草地畜牧业发达国家相比，我国草种的质量较差。据原农业部草种质量监督检测中心抽查显示，我国草种的合格率仅为 50% 左右，一级品率不足 20%。抽检对象多为种子经营量较多、有一定清选设备、仓储条件较好的单位。个人手中及非正常渠道流通的种子质量则更差一些，这是我国草种生产尚未进入产业化生产阶段、规模上不去、技术难保障、有序经营尚未实现等原因造成的。

第三节　我国草种繁育存在的问题

一、草种业支持政策乏弱且连续性差、良繁体系建设滞后

20 世纪 80 年代初期，由政府直接投资，先后在全国各地建立了 30 多个草种繁育场，但由于经营不善，至今所剩无几。21 世纪初，国家连续几年投资，在全国建立了 76 个草种生产基地，但因建设主体大多为科研、事业单位，属于非生产和经营主体，不符合市场机制，这些基地未能发挥草种生产基地的作用。

我国农业长期以来以粮食作物生产为主要目标，在农作物种业建设方面政策支持较多，粮食和经济作物种业体系发展较为完善。而草种业支持政策明显乏力，同时，管理和法律层面的配套政策还很滞后，草种业整体处于市

场带动下的自发建设阶段，基础薄弱。近年来，受到国外草种市场的大量冲击，以苜蓿、燕麦、草坪草为主，对国外草种市场的依赖程度加深。

我国草种良种繁育体系不健全是造成草种产量和质量上不去的主要原因。育种家、生产者、经营者、使用者相互分割，支持政策缺位，管理制度和法制建设滞后，良繁推一体化体系建设进程缓慢。

二、草种管理制度不健全，种子真实性难以保障

我国目前尚未实行国际上通行的种子世代认证制度和专业化种子田认证管理制度。很大一部分种子仍然由农户分散采集、为牧草收割后的副产品，或是农牧民在野生状态下采收的草种。在生产和流通中谱系不清、世代不明，种子质量参差不齐。据内蒙古等省（区）草种质量管理部门的抽样调查，近几年，市场流通的草种合格率不到 50％。当国家生态建设等种草项目大规模上马时，存在草种短缺的难题。

种子生产的目的就是获得与种植牧草具有相同基因的繁殖体，因此草种生产中要保证草种在世代繁殖中所产生的种子基因纯度和一致性。但是我国草种生产历史较短，缺乏一套有效的管理制度和队伍体系来保障种子品种的真实性。同时，难以保障育种家、种子生产者和使用者的合法利益，造成培育新品种使用年限缩短，以致草种科研生产的整体效益缩水。由于认证体系的缺失，我国草种生产体系无法与国际接轨，无法打开国际贸易的另一扇发展窗口。

与农作物、蔬菜种子不同，草种子的遗传特性更加复杂，大多是多倍体的杂交种，依靠实验室检测手段进行品种真实性鉴定存在很大难度。我国的草种由于缺乏有效的制度管理，市场上存在"优质不优价"现象，打击了草种生产企业的积极性，使企业不再进行严格的质量控制，也就必然会降低流通中的草种质量。按照种子生产质量认证办法，质量控制重点放在种子生产、加工、贮藏等环节，通过对产前、产中、产后过程的严格控制能达到保证种子纯度和种子质量的目的。保证了所生产种子的真实性，也就保护了育种家的权利，确保了种子经营者和使用者的权益，延长了培育的新品种的使用年限。

三、草种生产区域性规划滞后

我国气候条件呈现出由南到北温度递减、由东到西降水递减的变化趋势，但降雨主要集中在夏季。气候资源的多样性为植物生长提供了条件，但并非都适宜进行规模化种子生产。国内外种子生产实践和研究均表明，在草种发育期间，气候干燥、晴朗天气条件适宜进行种子生产，同时应具有灌溉条件。在牧草开花期和种子发育期间，如果经常遇到降雨，不仅影响结实率，而且影响种子成熟，导致种子减产，且年际间产量变化剧烈，严重影响种子企业的持续生产和市场稳定。因此，需要针对不同牧草种类、各地气候资源研究制定适宜专业化种子生产的区域规划，明确适宜规模化、专业化种子生产的地域，打造草种专业化生产优势产区，从根本上解决草种产量低的问题。我国诸多产业区划中，至今没有专门的草种业区划，这也是造成草种生产布局不合理、项目支撑效益低下的重要因素。

同时，我国草种市场发育不够成熟，受国家产业政策的导向影响较大，政府投入大，建设项目多，市场需求就大。如国家开展天然草地植被恢复与保护、退耕还林还草、退牧还草等草地建设项目需要大量草种，市场旺销利润空间大，大量企业投入其中，但多在营销环节，对育种和生产投入明显不足。目前，项目用种仍是我国草种用量的重要组成部分。

四、草种培育工作基础薄弱，草种生产专业化水平低

草种育种工作难度大、周期长，培育一个优良综合品种需要 15～20 年。国家在科研立项、经费投入方面对科研人员吸引力不足。近 40 年来，我国的草种育种工作有了长足进步，建成了一批实验室和实验基地，拥有了一批包括留学回国人员、博士、硕士在内的 300 余人的科技队伍，承担了包括国家科技攻关、自然科学基金在内的研究课题，为我国草种育种事业的发展打下了良好的基础。但仍然存在技术力量比较分散、多学科协同研究配合不够、长期缺乏稳定经费支持的问题，没有形成连续性系统开展基础理论技术研究的环境，培育的牧草品种少，形成规模化种子生产的品

种更少，草坪草品种则更乏弱，远远不能满足草业需要。我国与种业发达国家水平尚有很大差距，主要栽培牧草和草坪草优良品种依赖进口的格局长期存在。

当前，我国草种供给市场呈非专业化生产占主流的生产格局。据统计，目前供给主体主要包括科研院所基地项目、草种子公司及农户采摘。其中，基地项目的政策性生产占 10%，草种子公司生产占 20%，农户生产占 70%。占较大比重的农户生产大部分属于非专业化生产，这在一定程度上制约了我国草种的产量和质量。这是因为：第一，农户生产的草种主要来自于留种草种田，草种只是牧草生产的副产品；第二，草种生产要有相当规模和较为严格的过程管理，以当前我国土地所有制形式而形成的千家万户零散种植模式难以实现产业化生产所要求的制种规模，制约了草种生产的专业化；第三，优质草种生产过程需要通过成套加工设备和辅助设备，但零散农户面临机械设备价格昂贵难以负担、小规模生产致使设备利用率低、国外先进设备不适合小规模生产而改良设备损失率高等问题。

第四节　草种繁育的思路和对策

一、指导思想

以习近平新时代中国特色社会主义思想为指导，推进草种业体制改革和机制创新，构建以产业为主导、企业为主体、基地为依托、产学研相结合、与草业资源大国和用种大国地位相适应的"育繁推一体化"现代草种业体系，以草种业科技创新、机制创新为核心，重点强化专业化种子生产区域布局、种子扩繁基地建设和种子生产龙头企业扶持等环节，全面提升草种业核心竞争力，向种子国产化大国迈进。

二、基本原则

——坚持培育确立企业的主体地位。以培育"育繁推一体化"草种企业为主体，整合草种业技术和物质资源，通过政策引导带动企业和社会资金投

入，充分发挥和培育企业在商业化育种、成果转化与应用等方面的主导作用。

——坚持产学研相结合。鼓励支持科研院所、高等院校、事业单位的种质资源、科研推广人才等要素向草种企业流动，培育形成以企业为主体、市场为导向、资本为纽带的利益共享、风险共担的草种业科技创新集团模式。

——坚持扶优扶强。加强政策引导，对优势科研院所、高等院校、事业单位等加大基础性、公益性研究投入。重点支持培育育繁推一体化种子企业，强化其生产能力，增强其创新能力。

——坚持总体规划，区划布局，分目标推进的原则。按照全国区域类型和草种繁育体系建设总体任务和市场需求，有计划、分品种、分步骤规划，科学布局，同步推进体系建设、制度建设，创新发展机制，逐步夯实草种产业发展基础。

三、工作目标

到 2020 年，建设一批标准化、规模化、集约化、机械化的优势种子生产基地，形成可推广的成熟示范模式。着手打造育种能力强、生产加工技术先进、市场营销网络体系健全、技术服务到位的"育繁推一体化"现代草种业集团，初步建立职责明确、手段先进、监管有力的草种管理体系，提高优良品种自主研发能力和覆盖率，引导社会资本投向草种生产领域，草业良种供种能力得到明显提升，打破苜蓿等主要草种主要依赖国外进口的被动局面。到 2030 年，草种业育繁推一体化格局和专业化、区域化草种繁育基地基本形成，良好的育繁推机制建立，乡土化草种为主体、进口草种为补充的现代供种体系基本实现。

四、工作任务

（一）加快建立商业化育种体系，培育种子生产集团化企业

加快"育繁推一体化"草种企业培育，利用社会资本推动草种企业兼

并重组，在草种企业注册资金、固定资产、研发能力和技术水平等方面提高市场准入门槛，通过市场机制优化和调整企业布局。支持大型草种以及农作物种业企业通过并购、参股等方式参与草种业发展；鼓励草种企业兼并重组，整合草种业资源，优化资源配置，培育具有核心竞争力和较强国际竞争力的"育繁推一体化"草种企业。同时，在真实性评价管理方面形成规范性流程，尽快提升企业生产专业化水平，也是当前急需研究和解决的主要问题。

（二）加强种子生产基地建设，强化草种供种能力

科学规划草种生产优势区域布局，加强优势草种生产基地建设，逐步建立优势草种生产保护区，建立保护制度。在总体布局上，加强西北、西南、海南等优势草种繁育基地的规划建设与用地保护。在品种类型上，兼顾国内主打草种专业化繁育制种基地、地方优良栽培草种和野生驯化栽培草种繁育基地、育成新品种繁育制种基地、专用牧草繁育制种基地建设，突出生产生态主要草种以及优势草坪草种生产能力建设。探索培育制种企业与制种合作社联合协作发展机制，培育建立相对集中、稳定的优势草种生产基地，提升供种保障能力。

（三）加大投入，完善现代草种业发展配套政策

按照现行《种子法》，修改完善《草种管理办法》，强化种业全产业链建设的法律和政策措施。推动出台支持草种业发展的优惠政策，包括信贷、融资、土地、投入、人才以及加大草种业"育繁推一体化"龙头培育支持；制定现代草种业发展规划，分品种、分区域、分阶段提出发展目标、方向和重点，明确发展任务和措施。按照新时期机构改革后的资源配置，统筹相关财政和基建项目，按照国家现代种业提升能力建设部署，积极引导社会资金进入草种业。加大对草种企业育种、种业基础公益性设施平台和体系建设、专业化制种基地等方面的投入；创新成果评价和转化机制，健全利益分配机制；鼓励科技资源向企业流动。研究建立科研单位或人员进入草种企业开展育种和关键技术支撑的常态化机制。研究实施草种企业税收优惠政策。加大高效、安全草种制种技术和先进适用制种机械的研发推广使用，将制种机械

纳入农机具购置补贴范围。

(四) 严格品种审定和保护，加强草种业监督管理

支持省级开展主要草品种品种审定和保护，进一步规范品种区域试验、生产试验、品种保护测试、真实性评价、引进品种和跨区引种安全性评价，统一鉴定标准，统筹国家级和省级品种审定，加快不适宜品种退出。完善新品种保护制度，强化品种权执法，加强新品种保护和信息服务。强化草种市场监督管理，严格草种生产、经营行政许可管理，依法纠正和查处骗取审批、违法审批等行为。坚持问题导向，以解决草种市场混乱、生产用种品种混杂、区域错乱问题为目标，加快推进草种认证、准入和推广目录制度，加大对种子基地、购销环节和生产过程的管理力度，严厉打击生产经营假劣种子等行为，切实维护公平竞争的市场秩序。加强对进出境草种的检验和风险评估。支持国内草种企业开拓国外市场。

五、保障措施

(一) 健全完善草种管理相关法律法规

健全品种审定、品种保护和品种退出制度，完善草种生产、经营行政许可审批和监督管理的相关规定，提高违法行为处罚标准，制定育种研发、科技成果转化及科研人员行为准则。明确国家和地方在草种生产、管理、推广、执法等各环节的职责。强化草种市场管理的国际化标准，加强草种管理信息化建设，突出种子企业的主体责任，营造公平市场环境。完善各类相关种子工程的招投标制度，形成符合种子这一具有生命特征的商品交易合同规范。

(二) 健全完善管理体系

强化各级农牧（畜牧）部门的草种管理职能，将草种管理纳入与农作物种子同等的地位，明确管理机构和职责，保障管理经费，加强管理队伍体系建设，在重点草牧业省区配备和任务匹配的管理队伍，确保管理措施到位，不留管理死角，加强管理设施装备和能力建设。

（三）发挥相关行业协会作用

充分发挥协会在现代草种业发展中的协调、服务、维权和自律作用。在重点省份探索建立企业为主体，科研推广共同参与、分工协作的草种业试验示范园，加强协会和草业技术创新联盟对企业的信息技术服务和平台搭建，推动建立草种业大数据平台，建立行业信息共享交流机制，为产业发展、政府管理和市场提供预测和预警，提升现代草种业信息化管理水平和国际竞争力。组织开展企业间、企业与科研单位间的交流合作，加强行业自律，规范企业行为，探索开展草种企业信用等级评价，引导帮助企业有序发展，做大做强。

第四章 推　　广

良种推广是指通过试验、示范、培训、指导以及咨询服务等，把优良草种普及应用于草业生产的过程。良种推广工作是推动现代草牧业发展的重要组成部分，是确保国家粮草安全和现代草牧业发展，保障国家陆地生态安全屏障的重要物质基础，是突破资源环境约束，实施科技强国战略的重要内容，具有显著的公共性、基础性和社会性。建立完善的科学化、规范化和系统化的草业良种推广体系，加速良种推广使用，是促进现代农业建设、实施乡村振兴战略、建设美丽中国的现实需要和战略选择。

第一节　国内外良种推广

一、国外良种推广体系

世界各国由于政治经济、社会文化背景差异以及农业生产力发展水平不同，农业推广的内容和形式各有不同，但其本质都是服务于农业和农村发展的公益性事业。经过多年实践，各国都形成了各有特色的农业推广体系和推广路径。

（一）美国的良种推广

美国农业社会化服务体系是美国现代农业经济极为重要的组成部分，由政府、私人公司和合作社构成3个层次的网络系统，即公共农业服务系统、合作社农业服务系统和私人农业服务系统。美国政府对农业社会化服务的支持主要通过农业教育、农业科研和农业推广3个方面，其中包括两套体系：一是农业部农业研究局、合作推广局等联邦农业服务机构；二是各州大学农学院及其附属机构农业试验站和合作推广站组成的农学院综合体。在美国的农业社会化服务体系中，以私人为主的中介服务公司扮演着十分重要的角色。私人服务系统包揽了产前、产中和产后的绝大部分，甚至还提供某些教育、科研和推广方面的服务。在美国的农业社会化服务体系中，合作社系统是一支十分重要的力量。据统计，平均每个农场主参加2~6个合作社，服务功能齐全，覆盖程度高，能够为农民提供销售、购买、信贷、运输、仓储、灌溉、电力、电话等各方面服务。美国通过立法，形成了一个完整的农业教育—农业科研—农业推广的公共农业服务体系。

近几年，美国草种在中国的推广表明，以育种者、生产者和经营者结为一体的"育繁推一体化"利益共同体，对种子用户从草产品营销到下一产业链的养殖场的技术信息和营销服务都是全程的、捆绑式的。其中，除资本逐利性使然外，也显示了其草种业强大的、多年形成的良种推广机制和能力。

（二）加拿大的良种推广

加拿大的良种推广体系由以下几部分组成：一是省政府专门的推广机构，这是加拿大农业推广的主体；二是高等学校的有关机构，高等学校在机构设置上一般都有推广学院；三是国家农业科研机构；四是私人企业；五是农民合作社。加拿大农业技术服务体系与美国模式类似，但其国家教育体制、科研、推广职能分工与美国有明显区别。加拿大的农业科研由中央政府负责，由农业部与食品部及其分布在全国的各个研究机构承担，这样有利于农业科研工作的宏观管理和协调。农业教育和推广则是各省政府的职责范围，也是在省农业局的领导下开展工作。这样有利于推广经费的投入和管理，有利于基层推广机构的健全和完善。另外，加拿大农业立法情况不同于美国和其他发达国家，没有专门的关于农业推广的法案。有关农业推广的法律性文件是各省的《农学会章程》。

（三）日本的良种推广

日本的良种推广体系由全国的国立和公共科研机构、大学、民间（企业等）三大系统组成。日本研究开发的骨干是直属农林水产省的29所国立研究机构，这些机构与地方和民间机构紧密结合。地方农业试验研究机构由各县政府设立，其中既有综合性研究机构，也有专门研究机构。另外，日本还

有 72 所从事农业科研的高等院校、200 多个从事农业研究的企业及 20 多个从事农业研究的民间法人机构。日本实行的是政府与农协双轨的农业技术推广体制。日本农协推广服务体系解决农户生产规模小、产品批量小、零星销售难的问题，承担服务农产品的综合业务，建立广覆盖、多元化的农业社会化服务体系，以适应日本小农户小规模农业经济的发展。

（四）澳大利亚的良种推广

澳大利亚的良种推广体系是由政府引导，形成以商业化服务机构和农业企业为主的体系。农业推广体制建立在三重架构上：一是政府机构，主要是州农业局，局内设乡村事业发展总部，统管农业技术推广工作；二是农资公司、银行和食品加工企业等私人机构，为农户提供技术服务及经营方面的咨询，实行有偿服务；三是科研和教育机构，通过推广服务的生产试验农场开展推广性的示范工作。另外，全国的各级协（学）会及行业组织也为农业发展提供各种社会化服务。

二、国内良种推广体系

（一）国内农业技术推广体系

《农业技术推广法》第十条第一款规定："农业技术推广，实行国家农业技术推广机构与农业科研单位、有关学校、农民专业合作社、涉农企业、群众性科技组织、农民技术人员等相结合的推广体系。"这就是"一主多元"的推广体系。在这个体系中，国家农业技术推广体系是"主导"，农业科研单位、有关学校、农民专业合作社、涉农企业、群众性科技组织、农民技术人员等广泛参与，体现了"多元化"。

1. 国家农业技术推广机构

法律明确了国家农业技术推广机构在农业技术推广体系中的主导地位。我国的这种国家主导模式，一是我国农业特点决定的。农业是安天下、稳人心的产业，农业生产具有先天弱质性，比较效益低，政府必须提供农业公共技术服务支持。二是我国农村实际情况决定的。我国农户经营规模小、居住分散、组织化程度低，农业新技术的推广很难形成规模效益，也难以市场化；同时，随着城镇化进程的加快，大批农村劳动力进城，真正务农的大多是年龄偏大、文化程度偏低的农民，需要政府直接提供无偿服务。三是政府公共服务目标决定的。政府的责任是保障国家粮食安全、农产品质量安全、农业生产安全和农业生态环境安全，与此相关的技术服务必须由政府提供。四是国际经验。无论是发展中国家还是发达国家，特别是经济和人口大国，都有一支国家农业技术推广队伍为农业生产经营者提供公共服务，都把提供农业公共服务作为政府的重要职责和国家支持发展农业的重要手段。此外，从农业技术推广服务主体的职能来看，国家农业技术推广机构上联农业科研教学单位、专家教授，下联广大农民，协助、推动和支持农民专业合作社、农业企业和农业专业化服务组织的发展，指导村级农业技术服务站点和农民技术人员开展工作，在整个农业技术推广体系中发挥着支柱和主导作用。

2. 农业科研单位和有关院校

农业科研单位、有关院校是农业技术开发和应用推广单位，是农业科研成果的源头、农业推广的技术依托。它们在开展农业技术推广服务方面有人才、成果、资源等诸多优势，有充分的条件、足够的能力和巨大的潜力，一直是我国农业技术推广体系的重要组成部分。同时，农业科研单位、有关院校除承担部分公益性服务、为农业劳动者和农业生产经营组织提供无偿服务外，还鼓励科技人员在企业与科研院所、高等院校之间兼职和流动，鼓励科技人才创业，通过技术转让、技术服务、技术承包、技术咨询和技术入股等形式，为农业劳动者和农业生产经营组织提供有偿技术服务。

3. 农民专业合作社和涉农企业

农民专业合作社是在农村家庭承包经营基础上，同类农产品的生产经营者或者同类农业生产经营服务的提供者、利用者，自愿联合、民主管理的互助性经济组织，通常以其成员为主要服务对象，提供农业生产资料的购买，农产品的销售、加工、运输、贮藏以及与农业生产经营有关的技术、信息等服务。

涉农企业是指从事农产品和农业生产资料的生产、加工、销售、服务等活动的企业，通常包括农资企业、农产品生产企业、农产品加工企业和农产品流通企业等。涉农企业凭借资金、网络、人员、经验等诸多优势，直接面对农户开展服务，将企业的产品优势和科研院所、推广机构的技术优势相结

合，充分实现"技物结合"，打通农业技术推广的"最后一公里"，进而达到企业增利润、农民获技术、农业提效益，推动农业科技进步的目的。

农民专业合作社、涉农企业是新型农业经营体系的重要组成部分，是我国现阶段农村改革和现代农业发展的主攻方向，也是新时期农业技术推广的重要载体。它们活跃在农业生产经营第一线，最大优势是与农民、生产、市场连接密切，掌握市场和农户的需求，引进推广的技术针对性强、对接错位率低。进行的试验示范、农资供应、标准化生产指导和技术培训、农产品市场营销等活动，满足农民个性化、市场化的服务需求，是对国家推广机构公益性服务活动的重要补充，在农业推广中起着重要的桥梁纽带作用。

4. 农场、林场、牧场、渔场和水利工程管理单位

农场是农业技术集中试验、示范基地，有较强的技术力量。水利工程管理单位在节水灌溉、供排水、防洪、水土保持等方面有着先进的经验和技术成果。其利用自身技术优势，在做好本职工作的同时，面向社会开展农业技术推广服务，协助和支持地方人民政府、国家农业技术推广机构为广大农民提供农业推广与应用服务，发挥示范作用，也是我国农业推广在基层不可或缺的力量。

5. 村级农业技术服务站点和农民技术人员

村级农业技术服务站点面向农民开展农业技术服务，是连接国家农业技术推广机构和广大农民的桥梁和纽带，是基层国家农业技术推广机构开展公益性服务的重要依托，是国家农业技术推广机构向农村延伸的重要渠道。村农业技术服务站点的主要任务是，为农民提供农业科技资料、农产品市场行情和农业政策信息，提供农用生产物资直销配送及售后服务，引进示范新品种、新技术，组织农业技术培训，发布动植物病虫害信息，指导农民科学生产，适时调整种养结构等。

农民技术人员是在农村从事技术推广服务的农村实用人才，是农业技术推广队伍的重要组成部分，是生产一线组织开展农业技术服务的得力助手，是跨越农业技术推广"最后一公里"的主要推动力。

6. 群众性科技组织和其他社会力量

供销合作社和其他企事业单位、社会团体及社会各界的科技人员也是不可忽视的农业技术推广力量，可发挥其不同领域的推广优势。近年来，供销合作社事业得到较快发展，在推动农民进入市场、发展农业产业化、农业生产资料和农副产品经营、促进农业合作经济发展等方面发挥了重要作用，成为政府与农民密切联系的桥梁和纽带，并凭借其广泛的生产、销售网络成为农业技术推广的一支重要力量。同时，一些单位、社会团体和农村专业技术协会等群众性科技组织也通过各种方式方法积极参与农业技术推广工作，取得了良好的经验和成效。

（二）国内林业技术推广体系

我国林业技术推广机构建设始于 20 世纪 50 年代，并在 80 年代以"省部共建"的方式在全国建立了林业技术推广机构。1993 年《农业技术推广法》颁布实施后，林业技术推广机构得到了较大发展。近年来，随着现代林业建设和集体林权制度改革深入推进，对林业技术的需求更为迫切，林业技术推广任务更加繁重，林业技术推广体系建设得到进一步加强。

1. 机构队伍

我国林业技术推广体系是以林业技术推广机构为主体，林业科研院校、科技企业、林业合作组织以及其他社会化科技服务机构为辅助的多元化林业技术推广体系。

2. 经费保障

林业技术推广经费主要依靠中央财政和省级财政投入。以林业科技推广项目为载体，通过建立示范林、试验示范基地、技术人员培训、技术咨询和技术服务等多种形式，加快林业先进适用技术的推广应用，促进林业科技进步。

（三）国内林木良种推广体系

林木良种推广体系由林木种子管理机构、林业科技推广机构、林业科研单位和院校以及群众性科技组织构成。省级以上林业行政主管部门根据林业发展规划和林木良种生产能力，制定并组织实施林木良种推广使用计划；县级以上林业行政主管部门负责本行政区域的林木良种推广使用管理工作，具体工作由其设置的林木种子管理机构组织实施。林业科技推广机构的主要任

务是：提供与林木良种推广使用有关的技术、信息服务；对推广使用的林木良种进行试验、示范；指导下级林业科技推广机构、群众性科技组织的林木良种推广使用工作。林业科研单位和院校根据林业发展需要，开展林木良种技术开发和推广，加快林木良种的推广使用。国有林场和苗圃则带头进行林木良种推广使用示范，并为林农提供推广使用技术服务。

（四）国内草种良种推广体系

1. 政府部门

《中华人民共和国种子法》（以下简称《种子法》）颁布实施以来，全国就建立起以省市县三级种子管理站组成的良种推广体系，承担起种子管理和良种推广公益职能。各级草业技术推广部门立足于本地资源自然条件，开展品种引种试验、对比试验、生产性能及生态适应性的测定，筛选出适宜当地种植的优良品种和相应的种植模式，进行展示示范，形成一批集区域试验、引种试种、优良品种展示推广为一体的牧草试验基地，带动推广牧草种植。国家通过不定期发布有关良种推广的项目，把部分品质表现突出、产量较高的品种列入项目投资范围，引导农户对良种的认识和接受，并进行推广，提高优良品种的覆盖率。

2. 企业

《种子法》的实施，打破了种子行业垄断经营的格局，种子企业数量迅速攀升。为了销售自己的品种，形成了以种子企业为龙头、以种子代销人员为骨干的企业良种推广体系。基层种子经营人员直接面对种植农户，一方面，他们与各级草品种推广单位和科研单位合作，开展草品种引进、选育和推广示范工作，通过示范引导，推广地方适生品种，增大种子的销量，提高效益；另一方面，他们通过具有草种进出口经营许可证的公司引进草种质资源，与牧草生产企业或养殖场合作试种并示范带动推广应用。

3. 科研院校（所）

科研院校（所）目前仍然是我国草品种育种的主体。育种者通过育成的草品种区域试验、生产性试验来开展示范性推广宣传，品种审定登记后，再通过一定的成果转化项目或者和生产企业合作开展新品种及配套技术的示范推广，建立"育繁推一体化"的推广应用模式。同时，科研院所的新品种在草原生态治理、草原保护建设项目中进行推广应用的现象也比较普遍。当前，科研院校（所）立足自主科技创新，利用先进育种技术培育优质牧草种子，与企业对接合作，转让品种，加以推广示范的机制创新模式正在探索之中。

4. 种子或者草业协会

种子或者草业协会一般由地方的草业科研、生产、经营、管理以及其他与种子工作相关的单位和个人自愿组成，是政府的参谋和补位者、市场经济的调节者，在当地农业、民政等部门指导下，依法实施行业自律管理和服务的探索。

5. 专业合作社

以专业合作社为主体，以社员为服务对象，主要任务是选择、采购品种，提供种植技术服务，草产品收获后组织销售。这种模式正在起步探索中，但发展前景良好，是我国草种业推广体系建设的重要补充力量。

第二节　我国草业良种推广现状及存在的问题

我国是草种质资源大国，草牧业在现代农业建设、生态屏障构建和乡村振兴战略中具有重要的基础性地位。同时，我国也是草牧业建设基础薄弱、欠账较多的国家，尤其草种业建设长期处在自发性、不持续、无序化状态，市场主体乏弱、发育滞后，其供种能力严重低下，和资源大国的地位极不匹配。当前，良种推广存在的主要问题是：

一、草种推广体系建设不完善，政府推广主体缺位

我国主要草牧业大省，一直未能建立公益性草种推广机构，草种推广未能引起足够的重视。我国的草业技术推广体系是在 20 世纪 80 年代以粮为纲的背景下建立的，因此，在传统农作物技术推广体系设置上，农业技术、园艺、经济作物、植保、土肥、种子等分专业设立了独立的技术推广站，而草业草原一揽子一个站，草种良种推广、草业植保等纳入草原技术的一揽子体系。即便如此，在重要的几个牧业省份，也只有省级建立了独立的草原技术

推广站，到了大多数市县，这个腿就"断"了。因此，草业良种体系的推广主导作用难以有效发挥，在当前国家"五位一体"总体战略实施和山水林田湖草生命共同体建设中，草业良种推广体系建设严重滞后的现状将影响国家总体战略建设进程。同时，现仅有的国家主渠道草业推广人员长期在"事业"编制下形成的从业素质和工作思路，新形势下难以与国外训练有素的专业推广人员相提并论。推广理念、措施、手段、技巧等方面的专业培训跟不上。省市两级推广队伍长期应付办公室业务，没有精力、没有激励机制进入推广前沿。因此，政府的推广主体作用严重缺位。

二、法规建设和政策措施不配套，行业监管缺失

2003 年修订的《草原法》一直成为草种业开展科研推广和管理的法律依据。2006 年农业部发布了《草种管理办法》，后经两次局部修订。十多年来，这个办法在推动草种业从无到有的建设历程中发挥了重要的航标性指导作用。随着十八大以来，国家"五位一体"总体战略布局迅速的推进、草牧业重要地位的凸显、草业生态建设任务的显著强化以及土地退化、农业结构调整中粮改饲、引草入田等重大工程的实施，我国草种业自发式发展状况已经不能适应当前国家重要战略实施的需求。尤其是《种子法》修订后，《草种管理办法》需要对草种业的诸多行业性规则作出明确规定。同时，面对快速发展的草产业，如何应对国外草种的倾销式涌入，急需国内从法律、政策层面出台应对措施。

按照当前的市场态势，国内草种业供种能力难以保障产业发展和生态环境建设需求。由于国内自然和农艺耕作条件有限，草种制种的成本和效益难以与国外竞争。在推广链条上，国外"育繁推一体化"的草种经营者灵活的机制体制和强大的营销能力也是国内草种推广的短板。完善国内草种管理支撑政策，激励政府推广队伍创新机制，投入草种推广的试验、示范、目录发布以及联合育繁环节开展草种真实性评价，同时对乡土草种的选育评价开发利用提上议事日程，加强对产业全程服务等，都需要明确的政策支持。另外，国内制种和良种推广面临土地、劳动力成本不断加大，机械配置不到位，投入严重不足的问题，国内良种推广举步维艰。

三、行业协会建设滞后，自律机制乏弱

根据国际种业发展经验，通过协会建设开展行业自律和诚信管理是政府管理的重要补充，在一定意义上其有效性和管理成本甚至优于政府管理。民政部在 2014 年为贯彻落实国务院《关于促进市场公平竞争维护市场正常秩序的若干意见》，发布了《关于推进行业协会商会诚信自律建设工作的意见》，要求各行业协会商会积极履行诚信自律建设，加强和改进行业协会商会管理，提高行业协会商会公信力，推进行业自律体系和社会信用体系建设，促进社会主义市场经济健康发展。目前，国内草种业尚没有专业协会，涉及行业自身的交流和民间管理由中国畜牧业协会草业分会组织。有少量几个省（区）也成立了草业协会，但都没有专门的草种业协会。各级草业协会成立时间较短，工作主要停留在普遍意义上的信息技术交流、产品展示宣传、学术报告、培训以及招商搭桥等方面，在行业自律建设、会员企业信用建设和评价、信用信息共享和评价、信用管理能力建设等方面尚未进行。而草种企业作为其中的部分会员，协会仅作为它们推广良种的重要平台。像我国这样的大国，要快速理顺草种业发展机制和营造良好发展环境，仅靠政府管理远远不够。协会建设不到位和行业自律建设滞后，是目前行业发展中诸多乱象的重要因素。

四、良种与良法不配套，良种良效不能体现

目前，国内良种推广仍然停留在推销种子的简单层面上，对良种需要的环境、配套的农艺技术措施、田间管理、收获加工等缺乏系统的配套。以致对后期的营养、应用评价以及跟踪服务更难触及，导致不能正确反映良种的真实成效。同时，品种的适应区域很难在国内巨大差异的区域条件下普遍推广，而相关的配套技术研究和关键区域技术、机械配套差距不一，也影响了良种效益。许多高校院所的技术研究区域局限性明显，成果目标突出标新立异，以发表高难度论文为出发点，能解决实际问题的研究由于耗时耗物，仍然存在成果与生产需求脱节严重的问题。另外，盲目引进国外的生产模式和

技术标准，追求国外的饲草应用理念，使得国内良种推广亦步亦趋、舍本求末，目标效益仍然不能如愿。尤其是在养殖环节追求国外专家的高标准配方，一方面加大国内养殖成本，另一方面饲草单一化倾向十分明显，在一定程度上限制了国内丰富而大量的饲草资源的开发利用。

第三节　草业良种推广的思路和对策

一、指导思想

以习近平新时代中国特色社会主义新思想为指导，认真贯彻落实《中华人民共和国种子法》、《中华人民共和国农业技术推广法》及原农业部《草种管理办法》，以"稳定面积、提高单产、优化结构、改善品质"为目标，按照"全面覆盖、整体推进、因地制宜、区域布局、支持基地、突出重点"的原则，实施草业良种提升工程，强化良种全产业链建设，创新推广机制，驱动社会力量，推动实施良种推广系统工程，全面提高良种覆盖率，实现由草牧业种质资源大国向草业种业强国迈步。

二、基本原则

——坚持因地制宜，区域布局。按照行业总体规划和市场需求，科学布局，分区分品种分规模有序推进。

——坚持整体推进，突出重点。草种推广是一项系统工程，既要"育繁推"整体推动，系统施策，又要集中力量抓关键。加强良种制种基地建设投入支持和良种认证管理是政府层面推动强化良种推广机制创新的重点环节。

——坚持建设与管理并重。理顺管理机制，强化有序公平竞争环境，提升投资成效，有效吸引社会资本投入，撬动行业发展的内在活力。

——坚持政府推广的主体地位，支持鼓励加强行业自律建设。积极推动草种行业协会建设，支持协会开展行业诚信评价体系构建，开展诚信成果共享和惩罚机制创建工作。

——坚持尊重自然规律，培育、评价、试验、示范、推广一以贯之。建立科学严谨的良种推广制度，以生态安全，降低风险，生态、经济、社会效益兼顾为目标，建立科学有序的良种推广机制。

三、工作目标

尽快完善相关政策法规，各级政府要研究编制草种区划，制定推广目标，配套推广政策，完善推广体系，强化推广队伍，发挥政府推广主体作用；加强区试站、信息化公益性平台建设；积极开展草品种真实性评价、引种风险性评估、适宜性推广目录发布等机制和操作流程探索；加强草种业协会和行业自律建设；加大投入，大力发展专业化制种基地建设，打造国家级制种产业优势区域，全面提升良种供种能力和覆盖度，为推进现代农业建设、美丽中国建设和乡村振兴提供良种支撑。

四、工作任务

（一）课题研究

1. 草种区划布局

根据自然条件、草种生产利用现状、市场需求，结合主要草种生物学、生态学和经济学特性，组织编制草种区划。积极总结近些年推广成果，研判未来一段时期良种推广方向，强化乡土品种和国内育成良种的调控布局和引导作用。

2. 良种良法配套技术研究

组织一批由良种生产企业和合作社等生产者参与的良种生产关键配套技术、关键机械配套的研发项目，突出问题导向，结合实践需求，进行系统研究。

3. 良种补贴政策研究

实行草种良种补贴政策是支持国内草种业持续发展的必须环节。补贴标准、补贴环节、补贴监管、补贴机制等具体办法，面临诸多不确定因素，为了发挥政策成效，需要认真调研和研究，为政府决策提供科学依据。

4. 配套政策研究

良种推广是一个系统工程，监管和激励政策涉及市场准入、真实性评价、标准建设、推广目录以及控制性评价等方方面面。政策的介入如何兼顾效率与公平、开放与有序发展，需要认真研究并提出符合我国实际情况和产业发展阶段的政策措施。

（二）草种良种良法配套技术试验示范基地建设

根据气候类型不同，把我国草地资源分为 7 个区：东北温带半湿润草甸草原和草甸区；蒙宁甘温带半干旱草原和荒漠草原区；西北温带暖温带干旱荒漠和山地草原区；华北暖温带半湿润、半干旱暖性灌草丛区；东南亚热带、热带湿润热性灌草丛区；西南亚热带湿润热性灌草丛区；青藏草原高寒草甸和高寒草原区。其中包含 74 个小区，立足各小区条件和基础，建设专业性或者综合性区域试验、引种试种、品种展示、种植资源圃、育种站等公益性基础研究试验平台，为良种推广提供支撑。

（三）推动协会和行业自律诚信系统建设

在条件成熟的重要省（区），充分支持草业协会先行试点，探索会员自律诚信系统建设，从建立健全会员企业信用档案，开展会员企业信用评价，研究会员企业信用信息共享和应用，把激励与惩戒措施配套使用，引导会员企业提高信用管理能力和综合竞争力。同时，发挥协会对行业有序化发展的主观能动作用，有效提高政府管理成效，加快行业发展，形成有效的信用风险防范机制。

五、保障措施

（一）加强组织领导和宣传力度

各级政府要切实加强组织领导，把草种业建设提到事关国家经济生态社会可持续发展战略的高度，提高认识，抓在手中，认真组织落实相关政策工程。要完善草种业推广机构，稳定和加强队伍建设，研究配套相关政策，积极夯实良种推广的基础。落实《种子法》关于种质资源、品种培育、良种推广和行业管理的相关要求，加大宣传培训，创新推广机制，提高推广效率，加快推进良种覆盖。

（二）完善草种良种推广体系，创新推广机制

按照"育繁推一体化"思路，完善县级草品种推广体系，用新时期生态优先理念，转变重粮重林轻草弱草观念，利用好农业科技支撑体系，整合好农业科研院所、高校及推广部门、企业的人才，创新管理机制和运作模式，形成草品种推广产业联合体，有效连接科研、引种、繁育、销售、推广等各个环节，形成分工合作、功能齐全，运转高效的推广机制。

（三）加大投入，设立良种推广专项资金

通过财政设立专项或者整合相关资金，引导社会力量参与，建立草业良种推广专项资金，实施草业良种推广项目。明确国家草业良种推广主体机构的公益性，建立第三方考核评价机制，将实施主体纳入监管系统，配套开展良种真实性评价、标签制度和诚信体系建设，同时纳入"育繁推一体化"龙头培育机制，有机统一责权利，统筹良种基地建设、行业秩序建设和行业龙头培育，全面撬动草种业步入规范化建设历程。

（四）加强行业结构建设，建立健全行业自律机制

推动协会健全行业自律机制，积极规范会员企业生产经营行为，引导本行业会员依法竞争，自觉维护市场竞争秩序，充分发挥市场监管中的自律作用。支持行业协会开展标准化工作，积极参与制定国家标准、行业规划和政策法规；支持协会代表会员企业开展反倾销、反补贴、保障措施的调查、申诉、应诉工作，参与协调贸易争议。

第五章 监 管

　　草种监管贯穿于草种生产全流程和全产业链，是草产业生产体系持续、健康发展的重要保障。世界各国在法律规范、品种审定登记、区域试验、VCU测试、DUS测试、种子认证和种子检验等方面均制定了一套完整的监管体系，并在此基础上建立了相应的机构，制定完善了具体管理制度和技术标准。随着我国草业作为新兴产业的兴起，草种管理体系得到了重视和完善，但在一些领域与国际先进水平相比还存在一定差距。本章在总结国内外草种管理现状的基础上，借鉴国际发展先进经验，有针对性地提出我国草种监管方面的改革发展建议，为我国草种产业发展保驾护航。

第一节 草种管理法律规范

　　草种管理是运用法律、法规及部门规章等规范性文件，对草种选育、生产、流通、利用等环节进行监督管理和规范实施，为草种产业营造科学、公正、公平的发展环境，确保草种产业的良好有序和健康持续发展。草种业发达国家大都依据本国种子生产情况制定和完善了相关的法律、法规，依法加强草种的监督和管理，从而促进种子产业的健康发展。

　　我国现行草种管理法律体系是以《中华人民共和国草原法》和《中华人民共和国种子法》为基准、包括原农业部《草种管理办法》、《草品种审定管理规定》等在内的行政法规和部门规章及部分地方性法规组成的有机体。随着国内外草种产业的快速发展，我国草种管理体系也在逐步健全和完善，在推动草种产业发展和新品种保护等方面起到至关重要的作用。

一、国内外种子管理法律体系建设

（一）国外种子管理法律体系建设

各国种子立法的根本任务，是保障和促进国家种子建设的各个环节顺利进行，特别是对栽培品种的审定登记、种子生产经营、检验储藏以及使用等环节进行有效控制；向种植者提供足够数量的高产、合格的优质种子；使种子的选育者、生产者、经营者和使用者在法律上受到信任与保护；使各种良种能够持久地促进种植业的丰产增收。随着农作物种子市场的多元化，农作物新品种选育及更新速度加快，种子经营单位和从业人数越来越多，种子管理工作越来越重要。没有种子管理方面的法律法规，任何国家都无法实现成熟且高效的种子行业管理目标。

世界发达国家从 19 世纪 50 年代就开始重视种子管理工作，较早地颁布了种子管理法律和法规，并以此为基础，建立起了规范的种子管理体制。

1. 美国种子法律体系

作为世界种业第一大国，美国种子管理的法律制度较为完备，但作为一个联邦制国家，其法律制度又有其特殊性，即联邦法与州法共存，还有具有指南性质的州统一种子法。在对种子的规范和调整方面，联邦层面的法律、法规，主要包括《联邦种子法》和美国农业部根据《联邦种子法》制定的《联邦种子法实施条例》。

美国的种子立法可追溯到 1905 年，针对当时种子质量差、市场混乱等情况，美国国会通过年度进口法案授权农业部对市场上销售的种子进行检测，以检查其是否掺假或验证其标签真实性，并将检测结果公之于众。当时检测结果表明，约 20% 的种子存在质量与标签不符现象。为此，1912 年国会通过了《联邦种子进口法》，该法规定了进口饲料种子的最低纯度标准和最高杂草种子含量标准，以限制劣质种子的进口。1939 年 8 月，国会通过了第一部完整的《联邦种子法》，以后又对其进行了 5 次修订。《联邦种子法》主要是规范种子的州间贸易和国际贸易行为。在进行州间贸易时，要求种子标签必须真实可靠，不得虚假宣传；在进行国际贸易时，要求进口种子

必须满足一定的质量标准。依据《联邦种子法》，1982 年 1 月又制定了《联邦种子法条例》，详细规定了条例的执行机构、种子交易的档案和样品保存方法、各类作物种子的标签内容和标注方法、种子质量检验程序和方法、种子认证的程序和方法、认证种子的生产和加工等。此外，美国农业部还颁布了《联邦种子法标签条款的执行办法》《对农用种子的解释》《对蔬菜种子的解释》《发芽率测试的最新要求》《工作样本的重量标准》《品种的命名和标签标注的执行规定》《化学处理种子的标签标注规定》《合格农用种子和蔬菜种子的检查及认证细则》《种子子公司记录保存规定》等。2010 年重新规定了《州有毒有害杂草种子标准》。各州根据联邦宪法规定的"保留权力"制定各州种子法。《联邦种子法》规定的目的是："管理种子的州间贸易和国际贸易，对州间贸易中的种子标签进行规定和防止虚假说明，规定某些进口种子的标准"。其调整范围仅限于种子的州间贸易和对外贸易，各州种子法无疑调整的是州内贸易，对本地有关种子的事务增加了管理规定，如种子销售许可、种子纠纷仲裁等，并且各州种子法在市场管理、质量管理、品种管理、经销许可等方面比联邦种子法更具体更严厉。为统一各州种子法的规定、便于管理和国际贸易，实现各州与联邦之间种子执法力量的优化整合，美国农业部的种子控制官员协会出台了州统一种子法（RUSSL）。RUSSL 是一个推荐性指南，为各州提供州种子法的范例，它虽无法律上的强制性，但实际上促进了各州种子法的统一性，目前已被大多数州采纳或采用大部分条款。

此外，为了鼓励创新和发明，美国十分重视对知识产权的保护。早在 1930 年，美国就颁布实施了《植物专利法》，对无性繁殖的植物品种提供保护，保护期为 17 年。1952 年，国会对 1790 年颁布实施的《植物专利法》进行了修订，将"一切新颖的、有用的改良"均视为专利加以保护，对保护生物技术和基因工程领域的创新与发明提供了法律依据，为生物技术和基因工程在植物育种上的应用创造了条件。1970 年又颁布实施了《植物品种保护法》，规定为育种者培育的新品种授予品种保护证书，并赋予育种者以排他性权利在市场上销售的权力，授予育种者种权并给予 18 年保护期。1995 年美国加入国际植物新品种保护公约（UPOV）1991 年文本。上述三部法律为美国种业构建了完备的知识产权保护制度，保护了育种者和企业的合法权益，调动了投资育种研发的积极性。立法细致、执行有力，以流通促生产，重视第三方独立监管力量等是美国种子法律的主要特点。

2. 俄罗斯《联邦种子法》

俄罗斯《联邦种子法》于 1993 年颁布，之后经过数次修改。其主要规定了俄罗斯联邦对粮食、饲料等农作物种用种子生产的要求；推动种子生产的私有化，提高种子生产者与国家的经济效益。主要内容包括 7 章 271 条，分别为总则、种子繁育组织、种子生产、种子的品种和种植质量鉴定、商品种子流通、种子检验和法律责任。《联邦种子法》在"种子繁育组织"一章中规定，农作物种子繁育系统由原种、原始良种、繁育种子、杂交种子以及一般种子、改良种子的生产组成。对种子繁育领域实施国家管理的是由被授予行政权力的种子繁育管理机构承担，并具体列出该机构 14 条职责，包括起草法令、制订计划、统一政策、调节供需、完善质量标准、组织专业化生产、实施种子进出口检验、培训繁育人才以及研究种子市场、执行国际合作等。这个机构与我国的种子管理站很近似。在种子生产的章节中，规定了原始种只能由育种者进行生产，原始种和杂交种生产必须持有许可证。种子生产要符合国家标准，品种必须经过审定，生产技术应遵守有关规定并接受监督。国家对不同农作物确定了最适宜生产高质量种子和植物防疫的专业区，在专业区内实行特殊的种子种植制度。同时，国家对种子繁育在法令上和通过优惠投资、财政补贴、税收政策等方面给予支持。种子储备由政府确定储备量，划拨必要的财政资金，并确定相关的法律程序。该法规定，用于种植的种子必须对其品种和种植质量通过田间、温室和实验室进行鉴定。计划出售的种子应取得公证，由销售者向公证机关提出申请。进出口种子的质量鉴定在抽样和标准上必须符合国际规则。对品种和种子质量进行监督的执法机构为国家种子检察局，其成员为种子监督检验员。国家种子监督检验员的职责包括：抽取样品，制止销售不符合法规的种子，提出取消许可证的意见，整理触犯法律追究行政责任的材料直至采取行政措施等。该法规定进入商品流通环节的种子必须具有质量和检疫证明。种子包装应有标签，标注名称、来源、质量、进行过何种化学或生物药剂处理等。不允许散布虚假广告宣传。受品种保护的种子应附享有品种专利权的证明。破坏俄罗斯《联邦种子

《法》的行为将承担法律责任和行政责任。在行政责任中的处罚是以最低工资额为罚款尺度，并对公民、负责人和法人分别处以不同的罚款额度，这在其他国家种子法规中是没有的。

3. 日本《种苗法》

日本是亚洲最早实行植物品种保护制度的国家，从 1947 年的《农产种苗法》算起，到现在已经整整走过了 70 年，经过 10 多次修订。日本《种苗法》由两部分组成：种苗生产和品种管理。1987 年修订时明确："种苗法的目的是，通过制订种苗制度和品种注册制度来促进种苗流通的合理化，振兴育种业。"根据《种苗法》规定，从事种苗生产必须向农林水产大臣提出申请，注明生产者的姓名及地址，生产的种苗应符合所规定的种类。种苗包装上除了标明生产者的姓名、住址、品种名称、类别、产地及质量外，还应标明该品种的适宜栽培地区、用途及在栽培利用上的特点。作出这些规定的理由是，主要农作物是农业生产上的主要作物，保证其稳定生产是至关重要的。而且主要农作物品种数量多，每个品种的适宜地区又比较窄，耕作类型限定为一年一作。所以，农业者如果不能选择适合某种自然条件和经济条件的指定种苗，对其生产会造成重大影响。日本对品种管理执行注册制度。育种者提出申请，农林水产大臣责成有关职员赴现场调查或进行栽培试验，也可委托行政机关、学校或其他合适人选执行，也可在认为不必要时免予审查。不管审查与否，申请注册的品种都应记录在案，并由农林水产省发布公告。同时，对注册品种名称、有效年限、享有的权利、使用限制和注册费用等均作出了具体规定。

在"惩罚条款"中，对以诈骗行为获得品种注册者，将处以一年以下徒刑或 30 万日元以下罚款；对种苗生产时在应标明的项目上弄虚作假者，将处以 20 万日元以下罚款；还有对其他违法行为的处罚。为配合种苗法的实施，农林水产省先后发布告示，对品种注册规则、申请书的格式、各类作物重要性状所包含的项目、适宜栽培地区和品种利用特点的划分、种子质量标准以及种子委托检验规程，都作出详细、具体的规定，便于从业人员了解和遵守。这也是日本《种苗法》鲜明的特点。

4. 印度种子法律体系

根据国际植物新品种保护联盟（UPOV）的规定，1993 年，印度农业部起草了《植物品种和农民权益保护法》（PPVFR），经过多次修改后，2003 年 9 月予以公布实施。该法案试图对农民和育种者提供平等的保护，保护农民储存、使用、交换和买卖受保护的品种，即对农民种植的作物进行保护。2005 年建立了植物品种与农民权益保护机构；2006 年颁布《植物品种和农民权益保护法实施条例》，并开始产生实际效果。该法的立法目的十分明确，旨在建立完善的植物品种保护制度。其内容主要包括，植物品种权保护对象的范围、植物新品种的授权条件、权利主体及权利内容、公共利益的例外和强制许可等内容。除对 UPOV 公约和 TRIPS 规定的对植物品种这一客体予以保护之外，该法还界定了实质性派生品种、农民品种、现存品种和转基因品种的权利客体。与 UPOV 公约不同的是，该法中农民权利不再处于附属地位，而是获得了与植物育种者同等的地位，甚至得到了更为完善的保护。相较于国际公约对农民的传统知识、植物品种的收益分享权与参与决策权等方面的保护，印度的保护法案给予了最低保护，允许农民对耕作所获得的种子进行存储、使用、交换和销售。同时，为保护本国的生物资源不受非法侵犯，印度议会于 2002 年通过了《生物多样性法》。为了切实履行该法，环境与森林部于 2004 年颁布了《生物多样性条例》，其中规定了遗传资源获取和惠益分享的使用主体、行为和获取目的。该法案规定，外国公民，印度境外成立的公司、协会和其他组织，印度境内设立但具有任何外资成分的公司、协会和其他组织，为研究、商业化应用、生物监测而获取印度境内的任何生物资源，都需要向国家生物多样性管理机构提交申请，获得事先审批并与国家生物多样性管理机构签署惠益分享协议。

（二）我国种子管理法律体系建设

我国作为历史悠久的农业大国，几千年前先辈们在农业生产中就认识到了种子的重要性。《诗经 大雅·生民》《吕氏春秋》《氾胜之书》等古籍中记载了选种留种执法并被后人沿袭采用。新中国成立 60 多年来，种子管理工作经历了 3 个阶段，每个阶段都标志着种业的发展：新中国成立后到 20 世纪 80 年代初的"计划性阶段"，在计划经济体制下，科研、繁种、推广和经营 4 个环节完全割裂，不利于种子行业的发展。20 世纪 80 年代到 90 年代末

期的"双轨制阶段"，农作物种子完全由国家主管部口控制的模式被取消，国家开始实施"种子工程"，种子行业市场发展加快，但仍然不够规范。改革开放后，国务院于1989年颁布实施了《中华人民共和国种子管理条例》，对保障种子事业的发展起到了重要作用。但是，随着市场经济的发展，种子管理"政事企"不分，地方保护等计划经济的做法已越来越不能适应种子产业化的发展要求。随着我国加入WTO，种业管理改革迫在眉睫。2000年，国家颁布实施了中国种业的第一部法律《种子法》，为种子市场的发展营造了公平竞争、有效监管的市场环境，管理体制上开始实行"政、事、企分开"；政策上打破了地区封锁，逐步形成了统一、开放的全国性种子市场体系，进入了"市场化加速发展阶段"，有力地推动种子行业进入快速整合、整体提升阶段。我国现行涉及草种管理的法律体系，由法律、行政法规、地方性法规、部门规章、地方政府规章组成。此外，还包括法律解释、其他规范性文件、国家发布的有关种子的强制性、推荐性标准等，国际上与我国缔结的有关种子的国际公约等。

1. 法律

《中华人民共和国种子法》是在原来《中华人民共和国种子管理条例》基础上，适应新形势的需要，规范中国种子产业发展的第一部法律。2000年7月，全国人大常委会颁布实施《种子法》，标志着我国种子产业发展进入了一个有法可依、规范发展的新阶段。实施《种子法》对保护和合理利用品种资源，规范品种选育者和种子生产、经营、使用和管理行为，维护品种选育者、种子生产者、经营者和使用者的合法权益，提高种子质量水平，促进种子产业化发展，起到关键作用。为跟上我国经济、社会的发展步伐，适应种业发展改革的不断深化，分别于2004年、2013年和2015年对《种子法》进行了三次修订。其中，前两次修订幅度较小，第三次修订幅度较大。新修订的《种子法》共10章94条，对种质资源保护，品种选育、审定与登记，新品种保护，种子的生产经营，种子监督管理，种子进出口和合作，扶持措施及法律责任作了规定。《种子法》作为特别法，把种子管理工作提到了法律的高度，并且法律效力优于其他相关普通法，为规范种子产业发展提供了强有力的法律依据。现行《种子法》的内容全面，几乎涵盖了种子产业的各个环节，对育种者、种子生产者、种子经营者、种子使用者、种子管理人员的权利义务都作了明确的规定。

2016 年以前的《种子法》主要是取消了政府指定经营和行政分割，把行政管理与生产经营彻底分开，改变了过去"政事企"合一的局面。新修订的《种子法》是发展现代种业在制度上的顶层设计，它将党中央、国务院关于我国种业发展的方针政策，以及被实践证明行之有效的做法转化为法律依据，涉及种质资源保护、种业科技创新、植物新品种权保护、主要农作物品种审定和非主要农作物品种登记、种子生产经营许可和质量监管、种业安全审查、转基因品种监管、种子执法体制、种业发展扶持保护和法律责任等 10 个方面的内容。在新品种保护方面，增设"新品种保护"章节，强化了植物新品种保护的关键性制度。提升了立法层次，完善了知识产权保护制度，加强了农业知识产权法律保护，使测试流程、测试机构、执法主体都在一个部门，有利于统一执法和管理。在审定登记方面，新《种子法》将审定农作物品种由 28 种减为 5 种（稻、小麦、玉米、棉花、大豆），将品种的特异性、一致性、稳定性测试（DUS 测试）作为品种审定的重要依据；对经认定的"育繁推一体化"种子企业，允许其对自主研发品种自行完成试验，达到审定标准的，由审定委员会颁发审定证书；对属于同一生态区其他省份的引种，改审批制为备案制，简化了程序；对非主要农作物建立了强制登记制度。它的实施为中国种子工作的开展和种子产业的健康发展提供了基本的法律依据。

我国其他一些相关法律也从不同方面对种子管理进行了规范和约束。1985 年颁布实施的《草原法》（2002、2013 年分别进行了修订）规定，县级以上人民政府应鼓励选育、引进、推广优良草品种；新草品种必须经全国草品种审定委员会审定，由国务院草原行政主管部门公布后方可推广；从境外引进草种必须依法进行审批。1993 年颁布实施的《农业法》对种子的选育、生产、经营、新品种保护和质量责任进行了约束，虽经三次修订，但依然保留了国家扶持动植物品种的选育、生产、更新和良种的推广使用等内容；对种子的生产经营实行登记或者许可制度，并规定使用者因生产资料质量问题遭受损失的，出售该生产资料的经营者应当予以赔偿；明确提出国家保护植物新品种知识产权，保护生物多样性，规定从境外引进生物物种资源应当依法进行登记或者审批，并采取相应安全控制措施。1993 年通过的《农业技

术推广法》将良种繁育技术列入农业技术范畴。2012 年进行修正后，明确提出科研成果可以通过有关农业技术推广单位进行推广或者直接向农业劳动者和农业生产经营组织推广。农业技术推广机构应当认真履行关键农业技术的引进、试验、示范规定的公益性职责，同时提出保护植物新品种知识产权。1992 年实行的《进出境动植物检疫法》规定，输入、携带、邮寄植物种子、种苗及其他繁殖材料的，必须事先提出申请，办理检疫审批手续。2000 年修订的《专利法》规定，对动物和植物品种不授予专利权，但动物和植物产品的生产方法可以依照本法规定授予专利权，这一条款在 2008 年修正后依旧保留。1993 年颁布实施的《消费者权益保护法》规定，农民购买、使用直接用于农业生产的生产资料（包括种子），参照本法执行。在 2009、2014 年两次修正后都保留了这一条。2000 年修订的《产品质量法》规定，在中国境内从事产品生产、销售活动，必须遵守该法，种子作为特殊的产品也适用于该法规定。1997 年修订的《刑法》中规定，销售明知是假的或者失去使用效能的种子，或者生产者、经营者以不合格的种子冒充合格的种子，使生产遭受不同程度损失的，将承担不同的法律责任。该项条款在 2015 年第八次修订后依然保留，有效规范了种子销售行为。以上法律涉及的种子部分内容在新的《种子法》中基本得到了体现，在《种子法》的制定和完善过程中起到了积极的指导和完善作用，在种子法未出台前和逐步完善过程中从不同角度对新品种的选育、种子的生产和销售等方面提供了法律保障。

2. 行政法规

在配套法律未出台之前，为开展相关的管理工作以及法律出台后对法律的补充和细化工作，国务院颁布的涉及种子方面的行政法规主要有以下几项：

《中华人民共和国植物检疫条例》：为了防止为害植物的危险性病、虫、杂草传播蔓延，保护农业、林业生产安全，国务院 1983 年发布《植物检疫条例》，取代了农业部 1957 年颁布实施的《国内植物检疫试行办法》，将植物检疫工作由部门行为提高到国家行为。为适应社会发展需求，1992 年对《植物检疫条例》进行了修订，明确了对植物及其产品的检疫要求：凡植物种子、苗木和其他繁殖材料，在调运之前，都必须经过检疫；种子、苗木和其他繁殖材料的繁育单位，必须有计划地建立无植物检疫对象的种苗繁育基地、母树林基地；试验、推广的种子、苗木和其他繁殖材料，不得带有植物检疫对象；植物检疫机构应实施产地检疫。

从国外引进种子、苗木，引进单位应当向所在地的省、自治区、直辖市植物检疫机构提出申请，办理检疫审批手续。但是，国务院有关部门所属的在京单位从国外引进种子、苗木，应当向国务院农业主管部门、林业主管部门所属的植物检疫机构提出申请，办理检疫审批手续。从国外引进、可能潜伏有危险性病、虫的种子、苗木和其他繁殖材料，必须隔离试种，植物检疫机构应进行调查、观察和检疫，证明确实不带危险性病、虫的，方可分散种植。2017 年新修订的《植物检疫条例》将教学、科研确需在非疫区进行检疫对象研究的审批权限提高到农业和林业主管部门。该条例的实施，对病、虫害和杂草的入侵、蔓延起到了有效的控制作用。

《中华人民共和国植物新品种保护条例》：为了保护植物新品种权，鼓励培育和使用植物新品种，促进农业、林业的发展，国务院 1997 年公布、2013 年修订的《中华人民共和国植物新品种保护条例》，对品种权的内容和归属、授予品种权的条件、品种权的申请和受理、品种权的审查与批准，及有关罚则作了规定。其中，第六条明确提出，完成育种的单位或者个人，对其授权品种享有排他的独占权，填补了《专利法》不对植物新品种授予专利的空白。第三十四条规定，牧草品种权的保护期限为 15 年，这也是对《种子法》第二十五条的有效补充。1999 年 4 月 23 日，我国加入了《国际植物新品种保护公约》。植物新品种保护制度在我国的建立和实施，标志着我国知识产权保护事业进入了一个新的发展阶段，迈上了一个新台阶。

《中华人民共和国野生植物保护条例》：为了保护、发展和合理利用野生植物资源，保护生物多样性，维护生态平衡，1997 年开始实施的《中华人民共和国野生植物保护条例》专门对野生植物资源，尤其是一、二级植物保护资源的采集、保护、利用和出口作了详细规定。

《农业转基因生物安全管理条例》：为了加强农业转基因生物安全管理，保障人体健康和动植物、微生物安全，保护生态环境，促进农业转基因生物技术研究，2001 年颁布的《农业转基因生物安全管理条例》对含有转基因的种子的研究试验、生产与加工、经营、进口与出口等环节作了具体规定。其中明确规定，转基因植物种子或者含有农业转基因生物成分的种子在进行

审定、登记或者评价、审批前，应当取得农业转基因生物安全证书。生产转基因植物种子应当取得国务院农业行政主管部门颁发的种子生产许可证，还应当符合取得农业转基因生物安全证书并通过品种审定，在指定的区域种植或者养殖，有相应的安全管理、防范措施，还应建立生产档案，载明生产地点、基因及其来源、转基因的方法以及种子流向等内容。

经营转基因植物种子应当取得国务院农业行政主管部门颁发的种子经营许可证，同时要求有专门的管理人员和经营档案，有相应的安全管理、防范措施。从国境外引进农业转基因生物用于研究、试验的，引进单位应当向国务院农业行政主管部门提出申请；具有国务院农业行政主管部门规定的申请资格；引进的农业转基因生物在国（境）外已经进行了相应的研究、试验；有相应的安全管理、防范措施条件的，国务院农业行政主管部门方可批准。

3. 部门规章

根据《中华人民共和国立法法》，国务院各部委可以根据法律和国务院的行政法规、决定、命令，在本部门的权限范围内制定部门规章。农业、林业部门制定了规范种子管理及涉及种子管理的一些部门规章。

（1）农作物种子工作方面的部门规章。由农业部颁布的关于农作物种子管理工作的部门规章，可以划分为两类：一类是以条例为基础制定的农业方面的实施细则及相关规定；另一类是以《种子法》为法律依据制定的具体的、与种子生产各环节相关的管理办法或者实施办法。

以条例为基础制定的农业方面的实施细则及相关规定：

根据《植物检疫条例》，1993 年发布了主要针对从国外引种的《国外引种检疫审批管理办法》，旨在加强和规范从国外引进种子和种苗的管理。在引进种子、苗木检疫方面，从国外引种检疫审批制度是 1980 年建立的。1980 年农业部印发了《关于印发〈引进种子、苗木检疫审批单〉的函》，对于加强国外引进种子、苗木的管理，严防危险性病虫草害的传入，确保国内农业生产安全发展，起到了重要的积极的作用。但随着国内科研、生产迅速发展，对外交往和贸易不断扩大，国外引种发生了深刻变化，检疫审批遇到许多新情况和新问题，直接影响到农业生产的安全发展。为此，1990 年 8 月 13 日，农业部印发《关于国外引种检疫审批工作的补充规定（试行）》，国外引种检疫审批工作得以改进和完善。1993 年《国外引种检疫审批管理办法》

颁布实施后，加强和规范了国外引进种子、种苗的管理，引种检疫工作体制得以进一步完善。1980年农业部《关于印发〈引进种子、苗木检疫审批单〉的函》和1990年农业部《关于国外引种检疫审批工作的补充规定（试行）》同时废止。1995年根据《植物检疫条例》第二十三条制定了《植物检疫条例实施细则（农业部分）》，分别于1997年、2004年和2007年进行了3次修订，该《实施细则》明确规定了各级植物检疫机构的职责、检疫范围、产地检疫和进出口检疫等工作的具体内容。

为配合《中华人民共和国植物新品种保护条例》和《国际植物新品种保护公约》的实施，农业部于1999年制定了《植物新品种保护条例实施细则（农业部分）》，2007年再次颁布，同时废止了1999年的版本，并于2011年和2014年进行了两次修订，内容更加具体、全面，是植物保护条例向农作物新品种的具体延伸；2001年发布了《农业部植物新品种复审委员会审理规定》，2002年出台了《农业植物新品种权侵权案件处理规定》《农业植物新品种权代理规定》等规章制度，组建了植物新品种保护办公室和复审委员会、农业部植物新品种繁殖材料保藏中心；在植物新品种保护办公室内部还制定有《审查指南》等，从而使品种权审批、品种权案件的查处以及品种权中介服务等工作更具操作性。2006年最高人民法院审判委员会发布了《最高人民法院关于审理侵犯植物新品种权纠纷案件具体应用法律问题的若干规定》，为加强植物新品种的司法保护、促进农业科技创新起到了重要作用。

自《植物新品种保护条例实施细则（农业部分）》实施以来，农业部已陆续公布了10批农业植物新品种保护名录，种类已达138个属（种）。在农业部已经公布的10批新品种保护名录中，大田35个，果树25个，蔬菜32个，花卉30个，其他12个。其中，牧草和草坪草共有7个，紫花苜蓿和草地早熟禾列入1999年第 批目录，酸模属列入2000年第二批目录，柱花草列入2005年第六批目录，燕麦列入2013年第九批目录，菊芋和结缕草列入2014年第十批目录。

依据《中华人民共和国野生植物保护条例》的规定，为保护和合理利用珍稀、濒危野生植物资源，保护生物多样性，加强野生植物管理，2002年制定了《农业野生植物保护办法》，并在2004年和2013年进行了两次修订，对农业野生植物资源的保护和管理作了具体规定。

　　根据《农业转基因生物安全管理条例》规定，为了加强农业转基因生物安全评价管理，保障人类健康和动植物、微生物安全，保护生态环境，2002年颁布了《农业转基因生物安全评价管理办法》，并于2004年和2016年进行了两次修订；为了加强对农业转基因生物进口的安全管理，颁布了《农业转基因生物进口安全管理办法》；为了加强对农业转基因生物的标识管理，规范农业转基因生物的销售行为，引导农业转基因生物的生产和消费，保护消费者的知情权，颁布了《农业转基因生物标识管理办法》，并于2004年进行了修订。这些办法的出台，对于做好农业转基因生物安全监管，确保我国农业转基因生物技术研究、试验、生产、经营和加工等活动规范有序地开展，起到了重要作用。

　　以《中华人民共和国种子法》为依据制定的部门规章包括，种质资源管理、品种审定登记、生产加工、质量检验、行政管理等几个方面。

　　在种质资源管理方面，1997年公布了《进出口农作物种子（苗）管理暂行办法》；为了加强农作物种质资源的保护，促进农作物种质资源的交流和利用，2003年公布了《农作物种质资源管理办法》，进一步明确和规范了农作物种质资源的保护和利用，同时废止了《进出口农作物种子（苗）管理暂行办法》。

　　在农作物品种审定登记方面，早在2001年就公布了《主要农作物品种审定办法》和《主要农作物范围规定》；2016年，依据新颁布的《种子法》，公布了新的《主要农作物品种审定办法》；为了规范非主要农作物品种管理，科学、公正、及时地登记非主要农作物品种，2017年公布了《非主要农作物品种登记办法》。针对特殊的作物种类，2006年公布了《草种管理办法》，1984年10月25日农牧渔业部颁发的《牧草种子暂行管理办法（试行）》同时废止。该办法分别于2013、2014和2015年进行了3次修订；2006年发布的《食用菌菌种管理办法》取代了1996年发布的《全国食用菌菌种暂行管理办法》。

　　在种子生产经营方面，早在2001年就颁布了《农作物种子生产经营许可证管理办法》，为加强农作物种子生产、经营许可管理，规范农作物种子生产、经营秩序，2011年发布了《农作物种子生产经营许可管理办法》，并于2015年进行了修订，同时废止了2001年发布、2004年修订的《农作物种子生产经营许可证管理办法》；为了规范农作物种子标签和使用说明的管理，维护种子生产经营者、使用者的合法权益，保障种子质量和农业生产安全，2001 年颁布了《农作物种子标签管理办法》和《农作物商品种子加工包装规定》。2016 年发布的《农作物种子标签和使用说明管理办法》，取代了之前的《农作物种子标签管理办法》；为适应对外开放的需要，规范外商投资农作物种子企业管理，促进我国种业健康发展，1997 年，农业部、国家计划委员会、对外贸易经济合作部、国家工商行政管理局发布了《关于设立外商投资农作物种子企业审批和登记管理的规定》。

在质量监管方面，为规范农作物种子质量纠纷、田间现场鉴定程序和方法，合理解决农作物种子质量纠纷，维护种子使用者和经营者的合法权益，2003 年公布了《农作物种子质量纠纷田间现场鉴定办法》；为加强种子检验和种子质量控制，2005 年公布了《农作物种子检验员考核管理办法》和《农作物种子质量监督抽查管理办法》；为加强农作物种子质量检验机构管理，规范检验机构考核工作，保证检验能力，2008 年发布了《农作物种子质量检验机构考核管理办法》，并于 2013 年进行了修订；为加强草种检验员管理，规范草种检验员考核工作，2009 年制定公布了《草种检验员考核办法》；为规范农业植物品种命名，加强品种名称管理，保护育种者和种子生产者、经营者、使用者的合法权益，2012 年公布了《农业植物品种命名规定》，规定申请农作物品种审定、农业植物新品种权和农业转基因生物安全评价的农业植物品种及其直接应用的亲本的命名，应当遵守该规定，同时规定其他农业植物品种的命名，参照该规定执行。

（2）林木种子工作方面的部门规章。由原国家林业局颁布的关于林木种子工作方面的部门规章，主要包括以下几个方面：

种质资源管理方面，为加强林木种质资源保护和管理，根据《中华人民共和国种子法》相关规定，2007 年制定了《林木种质资源管理办法》。根据《种子法》第九十二条"主要林木由国务院林业主管部门确定并公布"的规定，国家林业局分别于 2001 年和 2016 年公布了两批主要林木目录，总计涉及 94 科 365 种。

品种审定方面，为规范主要林木品种审定工作，公正、公开、科学、及时地审定林木品种，根据《种子法》相关规定，2003 年发布了《主要林木

品种审定办法》。

　　林木种苗管理方面，为防止外来林业有害生物传入国境，规范普及型国外引种试种苗圃资格认定活动，根据《中华人民共和国行政许可法》和《国务院对确需保留的行政审批项目设定行政许可的决定》有关规定，2005 年制定发布了《普及型国外引种试种苗圃资格认定管理办法》，规定实施普及型国外引种试种苗圃资格认定的行政许可应当遵守本办法。为规范林木种子生产经营许可证的管理，根据《中华人民共和国种子法》、《中华人民共和国行政许可法》等有关规定，2016 年颁布了《林木种子生产经营许可证管理办法》，规范了境内从事林木种子生产经营许可证的申请、审核、核发和管理等活动，同时废止了国家林业局于 2002 年发布、2011 年和 2015 年修改的《林木种子生产、经营许可证管理办法》。为加强林木种子质量管理，根据《种子法》第四十三条的规定，2006 年发布了《林木种子质量管理办法》，用以规范管理从事林木种子的生产、加工、包装、检验、贮藏等质量管理活动。为规范林木转基因工程活动审批行为，根据《中华人民共和国行政许可法》、《国务院对确需保留的行政审批项目设定行政许可的决定》等有关规定，2006 年发布实施了《开展林木转基因工程活动审批管理办法》，规范了包括转基因林木的研究、试验、生产、经营和进出口等在内的林木转基因工程活动的行政许可行为。

　　植物检疫方面，根据《中华人民共和国植物检疫条例》的规定，1994 年发布了《植物检疫条例实施细则（林业部分）》，对森检人员在执行森检任务时有权行使的职权、应施检疫的森林植物及其产品、确定森检对象及补充森检对象、检疫不合格处理措施、疫情发生处理预案作了明确规定。

　　新品种保护方面，根据《中华人民共和国植物新品种保护条例》，1999 年发布了《中华人民共和国植物新品种保护条例实施细则（林业部分）》，用以规范受理、审查植物新品种权的申请并授予植物新品种权行政职能，并明确规定植物品种保护名录由国家林业局确定和公布。

二、我国草种管理规范

（一）法律

　　《中华人民共和国草原法》第二条规定，在中华人民共和国领域内从事草原规划、保护、建设、利用和管理活动，应遵守该法。第二十九条明确了，县级以上人民政府应当按照草原保护、建设、利用规划加强草种基地建设，鼓励选育、引进、推广优良草品种。新草品种必须经全国草品种审定委员会审定，由国务院草原行政主管部门公告后方可推广。从境外引进草种必须依法进行审批。县级以上人民政府草原行政主管部门应当依法加强对草种生产、加工、检疫、检验的监督管理，保证草种质量。同时，草种作为大农业种子范畴的一个特殊部分，在相关法律中得以体现。根据 2016 年新修订的《种子法》第九十三条规定："草种、烟草种、中药材种、食用菌菌种的种质资源管理和选育、生产经营、管理等活动，参照本法执行。"《农业法》通过第二条："本法所称农业，是指种植业、林业、畜牧业和渔业等产业，包括与其直接相关的产前、产中、产后服务。"将草种纳入到了第十八条："国家扶持动植物品种的选育、生产、更新和良种的推广使用，鼓励品种选育和生产、经营相结合，实施种子工程和畜禽良种工程。国务院和省、自治区、直辖市人民政府设立专项资金，用于扶持动植物良种的选育和推广工作"的范围。《中华人民共和国农业技术推广法》也通过第二条："本法所称农业技术，是指应用于种植业、林业、畜牧业、渔业的科研成果和实用技术，包括良种繁育、栽培、肥料施用和养殖技术"，将牧草种子繁育囊括其中。《中华人民共和国进出境动植物检疫法》规定进境植物种子必须事先提出申请，办理检疫审批手续，并明确指出"植物"是指栽培植物、野生植物及其种子、种苗及其他繁殖材料等。《中华人民共和国刑法》第一百四十七条规定，销售明知是假的或者失去使用效能的种子，或者生产者、经营者以不合格的种子冒充合格的种子，使生产遭受不同程度损失的将承担不同的法律责任。《中华人民共和国产品质量法》规定在中国境内从事产品生产、销售活动，必须遵守该法，种子作为特殊的产品也适用该法规定。《刑法》和《产品质量法》中虽仅提到种子，但草种也包括其中。

（二）行政法规

为贯彻落实《种子法》，国务院根据《种子法》的有关规定，对于《种子法》规定的一些原则性问题作了具体规定。在《种子法》颁布之前，于1983 年 1 月 3 日发布、1992 年 5 月 13 日修订的《植物检疫条例》等行政法

规，已经被《种子法》确立为我国种子管理的重要制度组成。1997 年 3 月 20 日国务院颁布的《中华人民共和国植物新品种保护条例》、1999 年 6 月 16 日发布的《中华人民共和国植物新品种保护条例实施细则》（农业部分）和《中华人民共和国植物新品种保护目录》（第一批），这些行政法规中均以野生植物资源或植物种子形式提出涵盖范围，但未涵盖所有牧草种子。

（三）部门规章

《种子法》颁布后，原农业部及时制定和颁布了一系列部门规章，对于《种子法》中的一些专业性、技术性很强的原则性规定，明确了具体要求，形成了具体规范。目前，实施的有 2006 年颁布的《草种管理办法》、2009 年颁布的《草种检验员考核办法》、2011 年颁布的《草品种审定管理规定》等。

（四）地方性条例和规范

各地为完善草种管理，结合地方实际情况，制定了一系列地方性法律法规，对草种管理法律体系进行了完善和补充。尤其是《种子法》颁布实施以来，多个省、自治区、直辖市已经颁布实施了《种子法》实施办法或者种子条例，出台了多部关于草种工作相关环节的具体规定。

河北省于 2015 年印发了《河北省草种检验员认定管理办法》，规范了牧草种子检验人员从业资格和应具备的专业知识。丰宁县在《丰宁县草地管理条例》和《丰宁满族自治县生态保护条例》中，对牧草种子的保护列出专项条款，对牧草种子的法制化管理起到了很好的促进作用。西藏自治区 2015 年制定了《西藏自治区实施〈中华人民共和国草原法〉办法》，其中第二十五条规定，县级以上人民政府农牧行政主管部门应当建设牧草种子繁育基地，因地制宜地选育、引进、推广优良牧草品种，对种子的生产、加工、检验、检疫应当按照国家有关法律、法规的规定进行。《新疆维吾尔自治区农作物种子管理条例》《北京市草种生产、经营许可证的审核标准、工作规范和办事指南》《四川省草种管理办法》《黑龙江省草原条例》《甘肃省甘南藏族自治州草原管理办法》等都将牧草种子生产、经营和管理纳入其中，对完善牧草种子管理起到了积极的补充作用。

三、草种管理规范建设和执行中存在的问题

(一)法律规范体系尚不健全

在农业种子管理方面，依据《种子法》，原农业部先后颁布了《农业转基因生物安全评价管理办法》《农业转基因生物进口安全管理办法》《农业转基因生物标识管理办法》《农作物种质资源管理办法》《农作物种子标签和使用说明管理办法》《关于设立外商投资农作物种子企业审批和登记管理的规定》《农作物种子质量纠纷田间现场鉴定办法》《农作物种子质量监督抽查管理办法》《农作物种子质量检验机构考核管理办法》《农业植物品种命名规定》《主要农作物品种审定办法》等；在林业种子管理方面，林业管理部门先后颁布了《林木种质资源管理办法》《主要林木品种审定办法》《普及型国外引种试种苗圃资格认定管理办法》《林木种子生产经营许可证管理办法》《林木种子质量管理办法》《开展林木转基因工程活动审批管理办法》等规章制度。涉及体现"草种"字眼的法规仅有《草种管理办法》《草品种审定管理规定》和《草种检验员考核办法》，《草品种命名规定》只是一项行业推荐性标准。在转基因草品种的选育、试验、推广、生产、加工、经营和进出口活动的管理方面，《草种管理办法》中只规定按照《农业转基因生物安全管理条例》规定执行。与农作物和林木种子相比，草种管理的法律规范体系建设还存在不少短板。

(二)涉及草种的法律法规体系缺乏一致性和互补性

草种管理涉及的法律规范间衔接不够紧密，与新颁布的法律在管理权限上存在不一致等问题，在执法过程中容易出现法律空白，存在虽有法但不可依现象。如《中华人民共和国野生植物保护条例》规定，采集珍贵野生树木或者林区内、草原上的野生植物的，依照《森林法》《草原法》的规定办理。但是《草原法》仅规定："县级以上人民政府应当依法加强对草原珍稀濒危野生植物和种质资源的保护、管理"，没有细化管理办法，无法起到互相补充的作用。《草原法》第二十九条规定："县级以上人民政府应当按照草原保护、建设、利用规划加强草种基地建设，鼓励选育、引进、推广优良草品

种。新草品种必须经全国草品种审定委员会审定，由国务院草原行政主管部门公告后方可推广"。但《种子法》规定省级可以审定登记植物新品种。现行的《草种管理办法》《草品种审定管理规定》是依据《草原法》制定的，与新修订《种子法》在管理内容和权限等方面也存在不一致的现象。

（三）行政执法体系职责不清、市场监管不到位

种子是一种特殊商品，在我国既要遵照《种子法》及其配套法规，同时种子又适用《消费者权益保护法》和《产品质量法》，而《消费者权益保护法》和《产品质量法》的执法主体是工商部门，《种子法》的执法主体是农业和林业部门。农林基层执法工作的兼职化、职能职责缺位现象十分突出，尤其是种子管理和农业综合执法职能交叉、权责不清问题严重，协调困难、效率低下的现象严重。农林基层管理部门对《种子法》中的相关内容还没做到全面理解，没有真正树立起服务观念，再加上传统管理体制的影响颇深，重视种子的经营管理，忽略了种子行政管理，在思考和解决问题的时候，依然采用计划经济的思维模式，种子管理工作人员没有充分认识自身的任务和地位，难以有效开展种子行政执法管理工作。此外，新《种子法》将品种权行政执法拓展到县级以上农业、林业主管部门，但市县级基层执法人员大多没有开展过品种权执法专业知识和实践培训，也缺乏相关工作经验，调查取证装备和品种真实性检测设备不能满足工作需要，不具备品种权执法的能力。

市场监管主要涉及品种审定和虚假广告监管与管理两个方面。品种审定方面，存在"无责审定"和未形成有效的品种"退市机制"问题。《种子法》仅规定"审定通过的农作物品种和林木良种出现不可克服的严重缺陷等情形不宜继续推广、销售的，经原审定委员会审核确认后，撤销审定，由原公告部门发布公告，停止推广、销售"，但在监督查证等方面基本处于空白，对于"一名多品""旧种新装"等问题，种子市场管理中很难确定种子品种，没有明确的品种退出市场的规定。种子虚假广告监督与管理方面，《种子法》虽然规定："种子广告的内容应当符合本法和有关广告的法律法规的规定，对种子的主要性状描述等应当与审定公告一致"，但种子广告发布前和广告发布后的监管都是空白，虚假种子广告无法得到有效的监管，农民因假冒伪

劣种子遭受损失的情况时有发生。

（四）种子市场赔偿制度的具体法律责任不明确

赔偿制度主要表现在民事责任方面，主要通过赔偿金来解决。其计算方式主要有两种：一是农业法中规定的种子购买价款、有关费用、可得利益损失等费用相加；二是我国消费者权益保护法中规定的"消费者购买商品的价款或者接受服务的费用的一倍"。至于何种赔偿方式能最大限度地保护农民的合法权益，则由当事人自己选择，多数时候责任是无法落实的。从保障权益的角度来讲，这种法律责任不明确的可操作性并不大，对于一般的农民而言，不太清楚何种选择更有利；种子纠纷案件的诉讼救济制度，也存在难以追究法律责任的问题，相关的法律依据并不十分明确。

四、我国草种管理法律体系建设的思路和对策

（一）指导思想

牢固树立新发展理念，以服务草业生产者为根本，保障和促进国家草种建设的各环节顺利进行，加强对野生植物资源、新品种的保护，对栽培品种的审定登记、草种生产加工、检验、储藏、经营以及使用等进行有效管控，以推进农业供给侧结构性改革为主线，为草种产业健康发展保驾护航为目标，使草种选育者、生产者、经营者和使用者均能得到合法保护，确保草业良种有效、持续支撑草产业发展。

（二）基本原则

坚持简政放权放管结合，发挥市场作用；坚持维护各方正当权益，保障生产安全；坚持法律规范完备齐全，实现全程监管；坚持鼓励改革创新发展，完善体制机制。

（三）工作目标

制定完善草种管理相关法律规范，实现品种审定、新品种保护、DUS测试、认证、种子生产经营许可等各个环节有法可依。建立配套办法，规范

标签信息代码制作和使用，建立种子全程可追溯信息系统，为品种权保护和打假服务。健全完善牧草种子市场监管执法体系。

（四）发展建议及保障措施

1. 健全草种管理法律法规体系

从我国草种产业发展对草种管理的实际需求出发，在修订和完善《草原法》《草种管理办法》《草品种审定管理规定》等现有法律法规基础上，参照《农作物种质资源管理办法》等配套法规，加快研究、制定并出台《草种质资源管理办法》《草种标签管理办法》《草种质量监督检验机构考核办法》等细化草种管理各环节的规章制度，完善和细化《种子法》的具体要求。修订和完善《草原法》《草种管理办法》《草品种审定管理规定》，明确草种管理法律法规与新修订《种子法》中提到的"参照执行"的关系，落实品种审定制度，使其符合草种的发展需求。同时，制订详细和明确的法律条文，将引用其他法律的具体条文直接详细阐述。

2. 明确草种管理执法体系，提升执行能力

包括美国在内的多数种业发达国家，草种管理与其他植物种子管理是整合在一起的。因此，涉及草种管理的基层执法体系完备，执法队伍配置与市场监管需求匹配程度高。在我国，《草原法》和《种子法》虽然明确了行政执法主体，但基层执法体系建设不健全，执法意识薄弱，导致草种监管存在盲区。因此，需要加强基层执法体系建设，根据法律赋予的行政职能建立健全执法队伍、完善执法装备和技术支撑平台，提升行政执法能力。

3. 出台草种标签管理办法，提高社会监督能力

标签一直是各国种子管理的一项重要内容，应高度重视种子标签的制作和使用，按照种子法规要求认真标注内容。尤其对种子质量指标的标注，要与种子实际质量指标相一致或者低于实际种子质量指标，不要盲目进行质量指标承诺，避免与种子标签标注的内容不符或高于种子实际质量指标而判定为假种子或劣种子。美国《联邦种子法》中最重要的制度是真实标签制度，要求在销售种子时必须对种子进行标签，并且对种子如何标签，标签违法如何执行，执行程序、手段和方法进行了规定。俄罗斯《联邦种子法》规定，有关种子进入商品流通环节，必须具有质量和检疫证明。种子包装上应有标

签，随同附有名称、来源、质量、进行过何种化学或生物药剂处理等说明。在包装上除了标明生产者的姓名、住址、品种名称、类别、产地及质量外，还应标明该品种的适宜栽培地区、用途及栽培利用特点。标签也是各国对种子品种真实性和质量进行检查的依据。我国《种子法》第四十一条规定："销售的种子应当符合国家或者行业标准，附有标签和使用说明。标签和使用说明标注的内容应当与销售的种子相符。种子生产经营者对标注内容的真实性和种子质量负责。"农作物种子标签管理是通过《农作物种子标签和使用说明管理办法》来实施的，草种方面应明确是参照执行还是另行制定。同时，各级种子管理部门要把种子标签作为种子执法的重点，督促种子生产、种子经营企业重视标签标注工作，坚决消除标签内容不全、标签标注内容与实际不符等现象，并向农民宣传种子和种子标签知识，减少虚假宣传造成的不良影响。

4. 建立种子案件便捷有效的执法体系

在对农业种子市场进行规制的时候，需要建立起相关的配套制度。在规范了生产经营者与管理者的法律责任后，也需要有配套的救济措施。而法律救济措施是事后的一种规制行为，但是因为种子案件纠纷的受害者往往都是农民这一类弱势群体，一般的普通程序对于他们来说，法律救济的成本太大，所以更需要一种高效便捷、低成本的权利救济途径。美国处理种子纠纷的程序：纠纷→农业部门→法院。即种子出现纠纷时，首先向农业部门提出申诉，然后由农业部门的种子管理机构依据专业，查明原因，分清责任，提出处理意见，一般以调解为主，能够及时高效地解决此类案件的诉讼纠纷问题，节约司法成本，从根本上维护农民的合法权益。如纠纷当事人对处理结果不服，可再向法院提起诉讼。这种制度，路径清晰，简明快捷，重视专业，讲究效率。因为种子纠纷的季节性强、成因复杂，没有专业技术很难厘清。另外，一旦走司法程序，往往旷日持久，甚至久拖不决，劳民伤财，易起民怨。因此，在确定由农业部门建立一支强有力的执法队伍时，首先负责处理是十分明智的。

第二节 草品种审定

新品种是发展先进科技农业的前提和保障，是实现现代农业产业化的基

础，是提高农产品质量的核心要素。品种审定是指特定审批机关根据申请人的申请，对新品种按照法定程序进行审查，决定该品种能否推广并确定其推广范围的行政管理制度。在我国，新的草品种必须经全国草品种审定委员会审定，由农业农村部公告后方可推广和经营。品种管理是草种管理的重要内容，其核心是品种审定。它既是一项管理制度，又是一个评价体系。品种审定制度的建立实施，有利于加强品种管理，因地制宜推广良种，促进品种布局区域化，保护品种选育者、生产者、合作者的合法权益。

一、品种审定发展历程

（一）国外植物品种审定登记情况

1. 美国品种审定登记情况

20世纪初，美国用户从市场和国外购买种子时，种子质量问题比较突出。为此，美国国会在1905年度进口法中，授权农业部对市场流通的种子进行测试并公布测试结果。1912年，国会又通过《种子进口法》，重点是防止劣质种子进入美国市场。1939年，为把种子的管理工作纳入法制化轨道，国会通过了第一部《联邦种子法》，农业部制定了《联邦种子法实施条例》。随后，于1956年和1960年对《联邦种子法》进行两次修改，增加了对违法行为起诉等内容，形成了现行的《联邦种子法》。

美国的品种管理主要针对经注册后受保护的新品种，对进入市场的品种实行自愿登记注册制度，是否将手中的品种申请登记注册完全由育种家、育种公司自行决定。育种者在申请品种注册时，只需向注册机构提交相关文字材料，例如证明申请品种栽培价值和适宜种植区的试验报告等。材料审查完成后，即可登记注册。种子企业在品种上市之前都会自主进行严格的推广价值评定试验，通过类似于我国的区域试验等技术手段对拟推向市场的品种特征特性进行评估。

美国的种子管理体制由政府管理与行业管理两部分构成。政府管理方面，分为联邦、州、县三级。联邦农业部设局级种子管理机构，主要职能是负责种子进出口和州际贸易的质量检验、品种保护、种子认证等；州农业厅设种子管理机构，主要职能是负责本州的市场管理、经销许可、违法处罚、质量检验、纠纷处理等；县级农业技术部门设种子专员（农业专员）岗位，主要职能是协助州种子管理机构对县域内的市场进行管理。行业管理方面，以美国种子贸易协会、美国官方种子认证机构协会、美国作物改良协会、美国种子控制官方协会等为代表的各类协会为主体，在技术信息服务、行业自律、沟通游说政府与议会、国际交流与合作等方面发挥了重要作用。

2. 日本品种审定登记情况

1947 年，由于战后粮食紧缺，为了稳定农业生产并提高产量，取缔不良种苗，奖励优良新品种培育，日本政府公布施行了《农业种苗法》。由于认识到《农业种苗法》在品种保护内容和类别上与国外的制度相比存在较大的不足，并为加入植物新品种保护国际同盟做前期准备，农林省自 1968 年开始对新品种保护制度开展研究，参考各国制度并结合自身的情况，于 1978 年对《农业种苗法》进行了部分修改，形成了《种苗法》。1998 年，日本政府对《种苗法》进行了全面的修改，加入了育成者权利保护等内容，对应最新的国际植物新品种保护规则 UPOV 条约。为扩大育成权的范围和提高侵权罚金，日本政府又分别在 2003 年、2005 年、2007 年对该法进行了修订。日本农林水产省负责执行植物品种保护制度，具体工作由食料产业局下属的知识财产课种苗审查室负责，主要任务是审查申请保护的植物新品种的名称、特异性、一致性、稳定性及新颖性。申请保护的植物新品种的认定工作由日本种苗管理中心负责。日本种苗管理中心是"国立研究开发法人农业·食品产业技术综合研究机构"的下属部门，主要职责是开展申请品种的栽培试验、品种资源保存与扩繁、原原种的生产与调配、种苗检查及相关技术调研等工作。日本新品种登记的基本程序是：申请人向农林水产省递交品种登记申请。申请材料里一般应包括记录品种特性等的说明书和植物照片，还可能会要求申请人提供种子或者其他证明资料等。经农林水产省初审合格者，进入临时保护期并进行试验认定，不合格者驳回，同时缴纳申请费。农林水产省对初审合格者进行 DUS（特异性、一致性和稳定性）试验认定，其中 DUS 审查方法有栽培试验、现场调查和资料审查三种方式。栽培试验由日本种苗管理中心承担。该中心在收到农林水产省的通知后，将申请品种和对照品种（从已登记品种中选择与申请品种最相似的品种）在户外或者温

室中的相同条件下进行栽培，测试申请品种的特异性、一致性和稳定性。测试过程中除了记录申请品种株高、颜色和外观等形态特征外，还会进行抗病性、营养价值等的测定，最后形成测试报告反馈给农林水产省。目前，开展DUS测试的机构包括种苗管理中心本所、八岳农场、西日本农场、云仙农场等。现场调查由农林水产大臣或者审查官委托当地的调查员，对申报者栽植的申报品种和对照品种的品种特性等进行实地调查。文件审查是，当能够通过同盟国（相关国家）提供的品种登记文件和申请者提供的详细的品种调查报告书等资料，可以完成品种特性审查时，不再进行栽培试验和现场调查，而直接通过 DUS 审查。通过 DUS 审查后，还需要通过品种名称审查和未转让审查才能进行品种登记。品种保护期为草本植物 25 年、木本植物30 年。

目前，日本植物新品种登记的相关法律有《种苗法》（2015 年修订）、《种苗法施行规则》（2017 年修订）和《品种登记规则》（2011 年修订）。

自 1978 年至 2017 年 3 月，农林水产省共收到植物新品种登记申请32 213 件，登记品种 25 949 个，登记通过率 80.6%，其中还处于有效登记期内的品种 8 871 个。饲料作物共收到申请 443 件，登记品种 384 个，其中还处于有效登记期内的品种 221 个。来自国外的登记申请 10 644 件，登记品种8 119 个，登记通过率 76.3%。

3. 加拿大品种审定登记情况

加拿大要求主要农作物品种必须登记后才能出售或进行销售。品种登记手续由加拿大食品检验署的品种登记处（VRO）负责办理。申请品种登记注册，要填写申请表、缴纳注册费、提交种子样品，要有推荐委员会（由育种专家、农学家和病理学家等组成）的推荐意见和推荐委员会认可的品种试验结果，由推荐委员会决定是否可以登记。品种登记表包含的信息主要有：申请登记品种的名称，所属的种类名称，对品种家族、起源、发展历史等信息的描述，由推荐委员会出具的是否登记该品种的推荐信，种子测试结果等。如果品种登记申请人不是育种家或品种所有者本人，还需要有一份育种家或品种所有人的授权证明。符合条件，登记注册后将发放登记证书。登记管理处每年将组织一支 16~20 人的专家团队（不包含品种登记管理工作人员），对是否拒绝、吊销或取消有关品种登记给出建议。

加拿大种业管理法律主要有《种子法》、《种子管理条例》和《植物育种者产权法》。1923 年，加拿大在对《种子法》进行修订时，将强制实行品种许可证制度写入了法案，确立了品种注册制度。为便于操作，加拿大于 1986 年成立了品种注册咨询委员会（ACVR），为品种注册办公室就注册制度的运行提供指导，包括监督检查推荐委员会的所有试验和推荐程序，回顾委员会的工作方针和工作程序及每隔 5 年进行重新评估。此外，ACVR 还帮助品种注册办公室建立"植物育种家及合作者伦理准则"，这个准则包括注册试验中的种质安全问题。1986 年，加拿大政府对《种子法》第三章进行了修订，要求品种须得到部长认可的一个推荐委员会的推荐；制定了临时性的、区域性的、临时区域性注册的规则，包括拒绝延缓或取消注册的理由。后来依据《种子法》制定的《种子条例》中，又详细规定了品种注册的程序和方法，并逐步建立起一套完善的农作物品种注册体系。

加拿大食品检验署品种注册办公室具体负责品种注册工作。由食品检验署认可的品种注册推荐委员会负责协调品种注册试验、审核试验结果、评价品种，并推荐品种注册。加拿大共有 3 个地区品种注册推荐委员会，即西部草原推荐委员会、安大略湖谷物推荐委员会和魁北克省推荐委员会，分别代表不同区域。西部草原推荐委员会是其中最重要的一个。推荐委员会由政府部门、科研机构、种子公司和农场等方面的代表组成，委员会有详细的推荐程序和章程。育种者育成品种后向推荐委员会申请品种试验，推荐委员会根据品种试验结果评价品种是否达到注册标准，对于达到标准的品种推荐注册。被推荐品种的育种者再向品种注册办公室申请注册，只有达到标准并被注册的品种才能进行推广销售。

加拿大注册品种根据适用区域分为两种：国家注册（一般性注册）和区域注册（限制性注册）。通过国家注册的品种可以在所有区域推广，通过区域注册的品种只能在特定区域内推广。

4. 德国品种审定登记情况

德国的品种审定工作由欧盟统一组织实施，一般一个品种需经过 2 年区域试验，合格后即可通过审定。品种通过欧盟审定后，便可进入市场销售。但是在德国一般还要参加州一级政府的引种试验，试验结果表明，适宜在当地种植的品种由州政府发布公告进行推荐。引种试验是非强制性的，但持有

审定品种的公司都会积极参加，因为引种试验结果的权威性和信誉度，对新品种在当地的推广很有帮助。凡未经引种试验或试验不过关的品种，在当地一般很难获得较大的推广。

德国联邦品种局（BSA）负责德国的植物新品种审查测试和保护工作。BSA 下设行政管理、农业植物和园艺植物三个大的部门。包括 3 个委员会，负责新品种授权审查、国家品种名录和品种权及品种名录申诉方面的事务。除总部外，BSA 在全国设置了 15 个测试站，其中 10 个测试站负责农业植物测试，5 个测试站负责园艺植物测试。BSA 约有雇员 430 人，其人员工资和运转经费由联邦财政支付。根据德国《种子与品种法》，新品种必须通过 DUS 测试，才能进行品种登记和授权。育种者除可以申请在德国境内的品种权保护外，还可以申请欧盟国家范围内的品种权保护，但两类申请分别由 BSA 和欧洲植物新品种保护办公室（CPVO）组织测试授权。在正常情况下，德国每年测试的申请品种在 170～370 个（不包括申请欧盟保护的品种）。植物新品种测试委员会根据申请品种的生态类型特点分发给相应的测试站进行测试。不同植物品种 DUS 测试依据的测试指南均以国际植物新品种保护联盟（UPOV）指南为基础，并结合了本国的具体情况加以修订。德国目前加入的是"国际植物新品种保护公约"1991 年文本，因此保护对象包括了主要的大田作物、蔬菜、花卉、牧草、草坪草及苔藓等各类植物。

德国的《种子法》提供了国家目录的法律框架，它起到保护消费者的作用，确保种子企业提供高质量的种子或播种材料及高性能的品种给农民。一个品种要列入国家目录，需要通过 DUS 测定并拥有符合规定的品种名称。DUS 测定在田间或在温室进行，特殊情况下补充实验室测定。农业种类的品种还要增加 VCU 测定。国家品种目录登记的有效期一般是 10 年（蔓生植物是 20 年），可以延长。

5. 法国品种审定登记情况

法国农业部在 20 世纪 60 年代初开始制定各种规章制度，用以规范解决种子质量、品种注册和育种者权益等问题。

在法国，只有注册品种才可以进入官方品种目录，进入该目录后才可以进行商业销售。进入欧盟的官方品种目录将自动获得在法国上市销售的资格

（欧盟官方品种目录制度起始于 1972 年，任何一个品种进入该目录，则可以在欧盟成员内合法销售）。一个新品种要想在法国获得注册，必须通过由 GEVES 负责进行的 DUS 和 VCU 测试。法国现有注册品种 5 350 个，每年通过注册的新品种为 300 个左右，约占当年申请注册品种总数的 25%。

（二）我国植物品种审定情况

1. 农作物品种审定

新中国成立初期，因一度忽视良种的区域性审定，在未充分考虑各区域生态环境差异的情况下，便大量调种、跨区推广，不可避免地导致了农业生产在不同区域和不同程度上的减产。1954 年，国家制定了《推广农作物优良品种管理试行办法》和《粮食、棉花、油料作物品种改良办法》，要求普及良种工作坚持"四个就地"，即"就地遗留、就地串换、就地繁殖、就地推广"。同年召开的全国种子工作会议提出了"认真进行品种区域性审定"的要求。1956 年，农业部成立种子局，明确其职能为"评定良种，布置区域试验，审定品种适应性及其栽培方法"。同年，农业部开始组织全国性农作物品种联合试验，一些省份也纷纷跟进，国家和省两级区域试验体系逐渐形成。

20 世纪 60 年代，随着育种进步和引种需要，各省区市、各大区开始有计划地组织水稻等农作物品种区域试验及生产试验，黑龙江、辽宁、河北、广东、贵州、陕西等省份陆续开展了水稻等农作物品种审定工作。之后，受三年自然灾害及"十年动乱"的影响，我国农作物品种试验及审定工作一度中断，直到 70 年代后期才逐步恢复。

1982 年，农牧渔业部颁布了《全国农作物品种审定试行条例》，其中第二条规定，"国家和省、市、自治区分别设农作物品种审定委员会。地、县可根据需要设农作物品种审查小组"。该条例的颁布意味着我国两级品种审定制度得到了明确。此后，一批与农作物品种审定相关的规定陆续出台，如《种子管理条例》（1989 年）、《全国农作物品种审定办法（试行）》（1989 年）、《全国农作物品种审定委员会章程（试行）》（1989 年）、《种子管理条例农作物种子实施细则》（1991 年）、《植物新品种保护条例》（1997 年）、《全国农作物品种审定办法》（1997 年）。与此同时，一些省份结合本地区实际，先后制定了

本地区的细化规定，如《湖南省农作物品种审定实施办法》（1985 年）、《贵州省农作物品种审定办法》（1991 年）等。

2000 年，《种子法》的颁布标志着我国主要农作物品种审定制度正式迈入法制化、科学化、规范化轨道。该法第十五条规定："主要农作物品种和主要林木品种在推广应用前应当通过国家级或者省级审定"。为配合《种子法》实施，2001 年，农业部颁布了《主要农作物品种审定办法》，并分别于2007 年、2014 年和 2016 年对其进行了修订，对品种试验、审定和公告、品种退出、监督管理等方面作了进一步规范。相应的，各省与《种子法》配套的实施条例和品种审定办法也陆续出台或修订完成。这些法律法规的制定共同推动着我国两级品种审定制度的完善和发展。

2. 林木种苗审定与认定

为了加强林木良种管理，做到及时审定、推广林木良种，促进造林良种化，推动高产优质高效持续林业的发展，根据《中华人民共和国种子管理条例》规定，林业部于 1994 年 10 月成立全国林木良种审定委员会，下设针叶树、阔叶树、经济林专业委员会，第一届委员会共有 27 人组成，办公室设在林业部国有林场和林木种苗工作总站。2003 年 9 月，《主要林木品种审定办法》正式施行。该办法规定国家对主要林木实行品种审定制度。主要林木品种在推广前应当通过国家级或者省级审定。国家林业局设立国家级林木品种审定委员会，承担在全国适宜生态区域推广的林木品种审定工作；省、自治区、直辖市人民政府林业主管部门设立省级林木品种审定委员会，承担在本行政区内适宜生态区域推广的林木品种审定工作。林木品种审定委员会由科研、教学、生产、推广、管理和使用等方面的专业人员组成，每届任期 5 年。林木品种审定委员会秘书处设在国家林业局国有林场和林木种苗工作总站，负责林木品种审定委员会的日常工作。2003 年，召开了首次林木品种审定会，根据国家标准《林木良种审定规范》（GB/T 14071—1993）的要求，对全国的林木良种进行了评审，审定通过了首批林木良种 49 个（审定 16 个、认定 33 个）。

申请审定未通过但生产确需使用的林木品种，可以经省级以上人民政府林业行政主管部门审核，报同级林木品种审定委员会进行认定。相比于没有失效期限的审定品种，认定品种有从公告之日起不超过 5 年的认定期限。且同一品种只能认定一次，认定期满后，该品种不能再作为良种继续推广，应重新申请林木良种审定。

二、我国草品种审定概况

（一）国家草品种审定机构建设与人员组成

我国草品种审定机构组建于 20 世纪 80 年代。1984 年，农牧渔业部畜牧局组织成立了全国牧草品种审定委员会筹备组。1987 年 7 月，农牧渔业部发文正式成立了第一届全国牧草品种审定委员会，负责新草品种审定工作，任期 5 年，委员会由顾问 4 人和委员 23 人组成，秘书处设在吉林省农业科学院。1992 年 2 月委员会换届，成立第二届全国牧草品种审定委员会，委员会由名誉主任和名誉副主任各 1 人、委员 21 人组成，秘书处设在中国农业科学院畜牧研究所（现为中国农业科学院北京畜牧兽医研究所）。1996年 6 月，成立第三届全国牧草品种审定委员会，委员会由名誉主任 2 人、委员 24 人组成。2001 年 9 月，成立第四届全国牧草品种审定委员会，委员会由名誉主任 1 人、委员 23 人组成。

2006 年 9 月，农业部发文成立第五届委员会，并将全国牧草品种审定委员会更名为全国草品种审定委员会，有名誉主任和主任各 1 人、副主任 3人、成员 25 人，秘书处更名为办公室，设在全国畜牧总站。2010 年 11 月，农业部成立第六届全国草品种审定委员会，有名誉主任、主任和常务副主任各 1 人、副主任 3 人、委员 21 人。2015 年 10 月，成立第七届全国草品种审定委员会，有主任和常务副主任各 1 人、副主任 5 人、委员 23 人。

（二）国家草品种审定标准

1984 年，农牧渔业部颁布实施《牧草种子暂行管理办法（试行）》，从牧草种子管理机构、生产、检验、流通等四方面加强牧草种子管理。2004年颁布实施的《种子法》，对品种选育与审定提出了明确要求，但仅提到了农作物和林木，并未将草品种单独列出。草品种审定在参照执行《种子法》相关规定的同时，按照《草原法》要求实行草品种审定制度。2006 年，农业部颁布的《草种管理办法》进一步明确国家实行新草品种审定制度，规定新草品种未经审定通过，不得发布广告，不得经营、推广。

同年，农业行业标准《草品种审定技术规程》（NY/T1091—2006）实施，内容涉及牧草及草坪草品种审定的术语定义、内容、依据、品种试验、申报条件（或标准）、审定程序等。为适应草品种审定工作发展需要，规范观赏草审定工作，2008年，全国草品种审定委员会发布了《观赏草品种审定标准（试行）》。2011年，农业部印发《草品种审定管理规定》，进一步从管理层面对草品种审定工作程序提出了明确要求。2013年，《草品种审定技术规程》从行业标准升格为国家标准，进一步突显草品种审定工作的重要性。

同年，国家标准《草品种命名原则》（GB/T30394—2013）和农业行业标准《区域试验技术规程禾本科牧草》（NY/T2322—2013）相继颁布实施，进一步健全了草品种审定技术规范体系。上述法律法规、标准的颁布实施，为我国草品种审定工作的规范开展提供了重要的法律依据和技术支撑。

（三）国家级草品种审定情况

1987年以来，全国草品种审定委员会共召开30次审定会议，评审申报材料916份，审定登记533个新草品种，其中育成品种197个，引进品种163个，野生栽培品种116个，地方品种57个。涉及禾本科、豆科等14个科97个属183个种，其中禾本科和豆科共审定登记483个品种，占审定登记品种总数的90.62%。禾本科牧草典型代表黑麦草属共审定登记31个品种，其中引进品种24个，育成品种6个，地方品种1个；豆科牧草典型代表苜蓿属共审定登记92个品种，其中育成品种44个，引进品种23个，地方品种20个，野生栽培驯化品种5个。

育成品种主要集中在苜蓿属、高粱属、玉蜀黍属、黄芪属、木薯属、野豌豆属、赖草属、狼尾草属、小黑麦属，占63.45%，其余35个属种占36.55%；引进品种主要是黑麦草属、苜蓿属、柱花草属、鸭茅属、燕麦属、羊茅属、苋属，占53.99%，其余36个属品种占46.01%；野生栽培品种主要是披碱草属、狗牙根属、雀麦属、苜蓿属、胡枝子属，占30.17%，其余分布在49个属内；地方品种主要是苜蓿属，占33.33%，其余分布在27个属内。

（四）各省草品种审定机构及审定情况

近年来，随着草食畜牧业快速发展和国家重大草原建设工程实施，各省

（区）对优良草种需求增多。为筛选出适宜当地种植栽培的优良牧草品种，内蒙古、甘肃、山东等省（区）相继成立省（区）级草品种审定专业机构，开展省级草品种审定工作。省级草品种审定标准参照国家草品种审定标准，要求略低于国家草品种审定标准。

山东省于 2007 年成立山东省草品种审定委员会，并颁布实施《山东省草品种审定办法》。2012 年，山东省参照农业部印发的《草品种审定管理规定》，结合本省近几年草种审定工作开展情况，对原有的《山东省草品种审定办法》进行修订完善。现山东省草品种审定委员会为山东省畜牧兽医局设立的负责全省草品种审定的工作机构，具体承担该省草品种的审定工作。委员会成员由科研、教学、生产、推广、管理、使用等方面的在职专家与负责人组成。委员具有高级专业技术职称或副处级以上职务。委员采取聘任制，每届任期 5 年，可以连任。委员会办公室设在山东省畜牧兽医局饲料处，负责全省草品种审定委员会的组织和日常管理工作。委员会设办公室主任 1名、副主任 2～3 名。

甘肃省于 2011 年 12 月 6 日成立甘肃省草品种审定委员会。2013 年 4 月1 日召开第一次审定会议，修订了《甘肃省草品种审定办法》，制定了《甘肃省草品种审定细则（初稿）》。委员会的主要任务是，组织甘肃省内草品种审定，建立甘肃省草类种子准入制度，认定生产上急需的主要草品种，提出推广的优良草类品种目录，对全省草品种选育、良种繁殖、示范、推广等工作提出建议。委员会设主任 1 名、副主任 2 名、委员 8 名。

内蒙古自治区于 2011 年成立自治区草品种审定委员会，办公室设在内蒙古自治区草原工作站。内蒙古自治区草品种审定委员会第一届委员由科研、教学、生产、管理等方面的专业人员组成。委员会设名誉主任 1 名、主任 1 名、常务副主任 1 名，副主任 3 名，委员 11 名。2016 年 1 月召开了第二届内蒙古自治区草品种审定委员会，通过换届选举，由 19 位学者专家组成了第二届评审委员会。自评审委员会成立以来，制定了《内蒙古自治区草品种审定办法》《内蒙古自治区草品种审定委员会章程》。草品种审定委员会的任务是组织草品种的审定、认定；对通过审定的草品种进行登记、编号、命名、颁发草品种证书，提请内蒙古自治区农牧业厅予以公告；认定生产上急需的主要品种；对全区草品种选育和良种繁育、示范、推广工作提出建议等。

三、我国草品种审定存在的问题

（一）审定标准亟待完善

随着现代农业生产对品种要求的不断提高和育种技术的不断进步，已出现现行审定标准不适应品种审定现实需求的问题。如品种审定标准对牧草而言，主要是以产草量为基本评价标准，而对其抗性、品质和适合机械采收等特性没有具体可操作的标准。近年来，随着草类植物的开发利用不断深入，能源草、饲料用木本植物等一批新用途草品种如雨后春笋般被利用或引入我国。但由于缺少相应的审定标准，审定工作的科学性、规范性有待加强。

（二）国家和省区分级审定尚无法律依据

农作物和林木品种审定经验证明，国家级和省级审定是相辅相成的，这种体系设置十分必要。育种者可根据申报品种的适应区域或审定后的主推区域来决定申请哪一级审定。这种分级审定体系可以充分调动各省开展品种管理的积极性，发挥其对本省自然条件和生产需求了解的优势，加快品种供应。现行《草原法》和《草种管理办法》均给予了全国草品种审定委员会开展草品种审定工作的法律地位，省级草品种审定委员会的设立和相关工作开展仍缺少法律依据。

（三）尚未建立审定草品种退出机制

新《种子法》进一步完善了农作物审定登记品种退出制度。当通过审定登记的农作物品种出现不可克服的严重缺陷等情形不宜继续推广、销售时，经原审定登记机构审核确认后，撤销审定登记，停止推广、销售。目前，审定草品种退出制度建设仍停留在研究阶段。

（四）草品种审定工作规范水平还有提升空间

我国草品种审定已经历30年的发展历程，但作为具有行政审批特点的工作，在制度建设方面仍存在一些短板需要补齐。目前，涉及草品种审定的管理制度仅有原农业部2011年印发的《草品种审定管理规定》。该规定虽然对工作原则、全国草品种审定委员会设立、审定申请和受理、审定和公告、监督管理等方面进行了规范，但对审定申报材料编制、审定结果争议处理、审定通过品种标准样品管理等细节没有作出明确规定。

四、草品种审定的思路和对策

（一）指导思想

深入贯彻实施《中华人民共和国种子法》和原农业部《草种管理办法》的要求，积极开展草品种审定工作，保障草品种种类和数量，着力提高草品种审定能力，筑牢种业安全根基。

（二）基本原则

坚持科学性、公正性、成本效率原则。品种审定试验属于科学实验，自然具有科学性；品种审定是一项法定工作，应当具有公正性；品种审定需要几个生产周期、多个试点的试验作依据，需要考虑成本效率。

（三）工作目标

到 2020 年，基本健全草品种审定法律、配套规章和技术标准体系，基本建成国家级和省级两级草品种审定体系，进一步满足公众对草品种审定工作效率和质量的需求。

（四）区域布局

全国草品种审定委员会指导各省建立省级草品种审定委员会，开展省级草品种区域试验和审定工作。

（五）工作任务

1. 开展课题研究

（1）能源草等新兴用途草品种的品种审定标准研究。通过消化吸收国内外相关用途草品种的评价经验和开展相关技术试验，研究制定各类新兴用途草品种的审定评价标准。

（2）现有审定相关技术标准修订依据研究。围绕近年来审定实际中遇到的技术问题开展相关研究，依据科学的测试结果修订现行审定技术标准。

（3）审定品种退出机制研究。立足草品种自身特点，通过消化吸收国外植物品种和国内农作物、林木审定品种退出经验，研究制定审定草品种退出的科学标准。

2. 建立健全相关法律法规和技术标准体系

推动完成相关法律修订，为分级开展国家级和省级草品种审定提供法律依据。在此基础上，修订《草品种审定管理规定》，制定审定品种退出等其他相关配套规章制度，制修订《草品种审定技术规程》等相关技术标准。

（六）发展建议及保障措施

1. 健全两级审定体系

国家级和省级两级审定已经被实践证明是科学高效的。应积极推动法律法规修订工作，赋予省级草品种审定的合法地位，构建符合公众期盼的两级草品种审定制度体系。在此基础上，全国草品种审定委员会及其办公室指导各省成立省级草品种审定机构，协助制定符合各省实际的审定工作管理办法和审定标准，组织省级审定工作从业人员专业培训。

各省级草品种主管部门提高对省级审定工作的重视程度，在法律框架内加快组建权威、高效的省级审定机构，出台相关管理办法和审定标准，支持省级审定工作的开展。建立全国统一的审定品种管理信息平台，实现国家与省区、省区间品种区域试验数据和审定数据信息资源共享。建立定期沟通机制，每年召开至少1次国家和省级草品种审定机构负责人联席会议，加强沟通协调，解决需顶层设计或跨省解决的管理或技术问题，共同提高草品种审定管理水平和技术水平。

2. 建立审定品种退出机制

通过制度和政策引导新老品种适时适度更替，不仅可以发挥优势品种的生产潜力，提高单位生产收益，还有助于激发或倒逼出育种家的创新积极性，培育出更多优势品种。全国草品种审定委员会牵头组织有关单位及专家，认真开展审定草品种退出机制研究，将建立健全切实可行、符合国情的草品种退出制度，强制已经没有生产优势的品种尽快退出市场，引导优势品种加快推广使用。

3. 加强草品种审定制度建设

全国草品种审定委员会及其办公室结合工作需要，梳理制度规范制修订的相关制度规范清单，确定各项制度规范的制修订目的、原则，组织有关单位和专家分头完成相关制度规范的制修订。收集、分析制度执行过程中遇到的问题，抓紧时间再完善。指导省级草品种管理部门和审定机构加强省级草品种审定制度建设。

4. 加强公众宣传引导

涉及草品种审定的规章制度不仅是对草品种审定机构开展相关工作的约束，也是对育种者申报和推广行为的规范。各级草品种审定机构应秉持服务申报者的宗旨，充分利用新媒体渠道向公众宣讲草品种审定工作的重要意义，解读制度规范，解答广泛关注的问题，帮助申报者提高申请材料编制质量，降低申报者付出的时间成本，营造规范申报、依法推广的良好社会氛围。

第三节 草品种区域试验

区域试验是在一定生态区域范围内和生产条件下，按照统一的试验方案和技术规程安排的多点连续多年比较试验。其作用是，鉴定新品种的丰产性、稳定性、适应性、抗性、品质及其他重要性状，并根据其在区域试验中的表现进行客观、公平、综合的评价，明确参试品种的适应范围和推广价值，为新品种的审定利用提供准确、科学的依据。

评价种子的优劣首先要看品种是否优良，而优良的品种必须经过区域试验，按照严格的科学试验程序来筛选。因此，区域试验是新品种选育和繁育推广中不可缺少的环节，是联系科研与生产的桥梁，更是客观评价新品种优劣的最好办法。《中华人民共和国草原法》第二十九条明确规定："新草品种必须经全国草品种审定委员会审定，由国务院草原行政主管部门公告后方可推广"。同时，按照《草品种审定技术规程》要求，新品种审定所涉及的内容以草品种审定机构认可的区域试验结果为主要依据。这些均充分表明品种

区域试验工作的重要性。

一、品种区域试验发展历程

在世界各国，政府和种子公司都非常重视新品种的选育鉴定和登记工作。如美国和澳大利亚新品种均采用自愿登记制度，虽然政府对新品种试验和示范没有采取强制要求，但加强了立法、知识产权保护工作。我国从20世纪50年代起，开始正式开展农作物品种区域试验工作，实施了"种子工程"，在全国大规模开展新品种区域试验、生产试验和跨省示范推广工作。

（一）国外区域试验开展情况

1. 美国区域试验开展情况

早在1960年，美国农业部的贝尔斯威尔农业研究所在各产棉州就组织了全国棉花区域试验，并设立全国棉花育种政策委员会和全国棉花品种试验委员会来领导这项工作。棉花育种政策委员会成员为农业研究中心棉花和绳索纤维研究室主任以及全国各主要棉花研究与育种单位的主持人员，棉花品种试验委员会的成员均为育种家。再如美国大豆区域试验，其分为北部和南部两大部分，前者由普度大学组织协调，后者由密西西比州农业试验站主持；而私立大豆育种机构自成体系，不参加美国农业部和州立农业实验站联合主持的区域试验，育成品种的好坏完全由市场竞争力和经济效益来决定。大豆的区域试验分为预备试验和正规试验两个阶段，每个阶段各1年。预备试验要求在几个州的8个或8个以上的点同时进行，重复2次，去边行。正规试验要求在更多点进行，2次或4次重复。没有去除边行和头行的测产数据无效，没有变异系数的数据不能参加总平均，变异系数大于15％的数据要说明原因，否则也不能参加总平均。

美国区域试验组织形式基本分为两类：一是各种子公司自己进行品种试验示范工作，但为了掌握本公司品种与其他公司品种相互比较的试验结果，也都会将品种送到州种子检验站，由州检验站负责安排各公司品种比较试验，试验承试单位一般为州立大学。二是美国农业部和州立农业实验站联合主持公立育种机构育种者培育品种的区域试验。

另外，美国的国家草坪草评价体系（NTEP）是国际上影响较大的草坪草区域试验项目，是由美国农业部贝尔斯威尔农业研究所和美国草坪联合公司共同提出的一种非盈利性质的评价体系，主要用于评价草坪草在美国不同地区的适应性及其特性。NTEP 评价体系的制定和完善由专门的政策委员会执行，主要由 4 名来自美国 4 个不同地区的草坪委员会成员、1 名美国种子贸易协会草坪草种子处成员、1 名美国草皮生产商协会成员、1 名美国高尔夫协会绿色处成员、1 名草坪草育种家协会成员、1 名主席和 1 名协调员组成。经 NTEP 评价所得到的试验结果可供种子公司、植物育种家和消费者概括了解某一草坪草品种的适应性并以此确定该品种最适宜种植区与养护水平。评价体系本身并不作任何品种的介绍，不过可以利用该评价体系的结果说明某一品种的特性。

2. 欧盟区域试验开展情况

欧盟各成员没有区域试验这一环节。在英国，新品种认定必须经过 DUS 测试，如欲推广利用，则需进行 VCU 测试。在德国和法国，新品种登记和保护授权前需同时进行 DUS 和 VCU 测试。

3. 日本区域试验开展情况

日本不同地方进行的品种试验相当于我国区域试验。比如北海道水稻品种试验，分为新品系基本调查和实地调查两个阶段，前者须经 3 年以上，后者经 2 年以上，两者可交错进行。新品系基本调查又分为预备试验和正式试验，各育种单位提供的新品系首先要参加预备试验，第 2 年选择表现优异的品系参加正式试验。新品系实地调查在北海道有 44 个试点，种植方式按各地常规方法进行，2 次重复。

（二）国内区域试验开展情况

1. 我国区域试验发展概况

20 世纪 30 年代，我国就有较为规范的品种试验。但在新中国成立初期，农业生产用种主要实行"就地选留、就地互换、就地繁殖、就地推广"的种子管理制度。之后，随着农民对良种数量需求的逐步增加，一些地方开始出现盲目调种现象，甚至把不符合良种标准的商品粮作为种子调入，造成种子混杂和粮食减产，从而引起国家对农作物品种区域试验的重视。1954

年全国种子工作会议提出"认真进行品种区域性审定",要求"中央、省、市三级种子管理机构,邀请有关部门代表组成品种审定委员会,审查区域试验结果,供作批准推广的依据"。1955年农业部启动"种子工程",全国开展新品种区域试验。到70年代初,我国建立了主要农作物品种区域试验和审定组织,形成了国家和省两级品种区域试验体系和品种审定委员会。但之后因试验经费不足、试验点人员不稳定,导致试验规模缩小,试验质量下降。另外,由于组织管理不明确、评价体系单一等一系列问题,影响了区域试验工作的顺利开展。直到"七五"期间,国家投入大量资金先后建成水稻、小麦、玉米、大豆、棉花5种作物共168个国家区域试验基地,才使我国农作物品种区域试验再次走上正轨。1982年《农作物品种审定试行条例》首次颁布,1989年又颁布《全国农作物品种审定办法》(试行),其中明确要求申报品种必须参加2~3年的区域试验。1995年以前,农作物品种区域试验由科研单位和种子部门共同管理。1997年农业部修订了《全国农作物品种审定办法》,不但改进了区域试验的方法,还正式授权全国农业技术推广服务中心组织和管理国家农作物品种区域试验和生产试验。

全国农业技术推广服务中心从1997年逐步修改了水稻、小麦、玉米、棉花4大作物的区域试验管理办法和实施细则,之后又规范了油菜,大豆、大宗蔬菜等植物的国家区域试验,同时对薯类、杂粮等10多种作物品种的区域试验进行了调整和规范。2000年国家颁布《种子法》。2001年农业部颁布《国家农作物品种审定办法》。随后,各作物区域试验技术规范陆续制定。如《农作物品种区域试验技术规范 水稻》《农作物品种区域试验技术规范 小麦》《农作物品种区域试验技术规程 玉米》《农作物品种区域试验技术规范 大豆》《农作物品种区域试验技术规范 棉花》等,这些标准的实施为农作物更好地开展区域试验提供了依据。据统计,仅在1995—1997年3年期间,全国20多个省(区、市)布点300~500个,每年安排水稻、小麦、玉米、棉花约200个新品种。其中,23个品种通过国家级审定,另有一大批品种通过省级审定。

2. 主要农作物区域试验开展情况

(1)水稻。水稻作为我国最主要的农作物之一。20世纪50年代初,农业部就拟定了《中央农业部水稻区域试验办法》。1956年开始组织全国性水稻区域试验，后因"文革"中断。1973 年在原农林部的组织下得以恢复，至今未间断。水稻国家区域试验分为南方稻区和北方稻区。南方稻区之前根据行政区划分为华南和长江流域 2 个片区，后来根据水稻生态和生产实际，调整为华南、长江上游、长江中下游和武陵山区 4 个片区，同时增加了抗性鉴定、米质检测。1997 年又实现了常规稻区试、杂交稻区试与新品种筛选试验的并轨，这标志着南方稻区国家水稻品种区域试验工作进入了一个新时期。1997—2000 年，南方稻区每年开展 7～14 个类型熟组的区域试验，平均参试品种数量达 86 个，平均试验点次达 132 个，基本覆盖了南方稻区主要品种类型和水稻产区。北方稻区国家水稻品种区域试验目前分为 5 个熟期组，分别为黄淮粳稻组、京津唐粳稻组、中早粳晚熟组、中早粳中熟组和中早粳早熟组。1999—2008 年，每年每组参试品种 8～13 个，每组试点 6～13 个，试验为滚动式进行。

北方稻区由中国农业科学院作物科学研究所主持，南方稻区主持单位有中国水稻研究所和湖北省恩施州种子管理局，米质测定由中国水稻研究所米质检测中心负责，DNA 指纹鉴定在中国水稻改良中心进行。抗性鉴定分别由吉林省农业科学院植物保护研究所、黑龙江省农业科学院耕作栽培研究所和吉林省通化市农业科学院等单位承担，负责各区域不同病害的鉴定工作。

（2）小麦。新中国成立以来，小麦品种区域试验工作有了很大发展，在全国建立了比较完整的区试体系。尤其是 1980 年以后，全国恢复了大区级良种区域试验，同时省级区域试验进一步健全。目前，国家小麦试验按作物生态区划分为长江上游冬麦组、长江中下游冬麦组、黄淮冬麦区南片冬水组和春水组、黄淮冬麦区北片水地组、黄淮冬麦区旱地组、北部冬麦区水地组、北部冬麦区旱地组等 8 组。长江上游组的试验从 1997 年秋开始与全国品种筛选试验合并，试点由以前的云、贵、川 3 省 7 点扩增为云、贵、川、渝、陕、鄂、豫 7 省市 20 点以上。黄淮南片小麦品种区域试验共 22 组，冬水 15 组，春水 7 组，2009—2015 年，该区域参加试验品种的育种单位达 86 个，育出品种（系）数量 208 个，通过国家审定品种 60 个，育种单位数、参试品种数和通过国家审定品种数均居全国各麦区之首。2012 年之后，育种单位供种数量超过科研单位供种数量，每年供种数量所占比例从 2009 年的 20％上升到 60.71％，成为小麦育种的主要力量。

国家小麦品种区域试验由四川省农业科学院作物研究所、河南省农业科学院小麦研究所、洛阳农林科学院和北京市种子管理站4家单位主持。抗病性鉴定由中国农业科学院植物保护研究所负责，抗旱性由河南省农业科学院承担，抗寒性由河北遵化国家作物品种区域试验站和北京市延庆县种子管理站负责。品质分析由农业部谷物品质监督检验测试中心（北京）和农业部谷物及制品质量监督检验测试中心（北京）负责，DNA指纹检测由北京杂交小麦工程技术研究中心、农业部谷物及制品质量监督检验测试中心（北京）和农业部谷物及制品质量监督检验测试中心（哈尔滨）共同承担，冬春性鉴定由河南省洛阳农业科学院进行。

（3）玉米。我国玉米区域试验工作始于20世纪60年代前后，当时仅在东北、华北等少数省（区）进行，试点相对较少。1973年建立玉米分区区域试验制度，根据地理位置、生态条件及栽培耕作制度等把全国划分5个协作区。"文革"期间，部分大区区域试验工作中断，"六五"之后全面恢复。1984年国家计委和农业部将品种区域试验基地建设列入国家重点工业性试验项目，32个玉米区试站点设备和条件得以改善。

目前，玉米区域试验分为国家级和省级两个级别，分别为国家级和省级玉米品种审定提供科学依据。国家级和省级玉米区域试验均包括预备试验、区域试验、生产试验3个类别。其中，玉米区域试验和生产试验是品种审定办法规定必须参加的试验；预备试验是对育种单位选育的、准备参加各级区试的品种进行初步筛选的试验，它不是品种审定必须参加的试验，但它起着为各级区域试验推荐参试品种的作用。国家玉米区域试验和生产试验按生态类型分组进行，目前设有东北早熟春玉米组、华北春玉米组、西北春玉米组、武陵山区玉米组、西南玉米组、京津唐夏玉米组、黄淮海夏玉米组、极早熟玉米组和东南玉米组。普通玉米主持单位8个，分别是：河北省承德市农业科学研究所、黑龙江种子管理局、辽宁省种子管理局、吉林省种子管理总站、河北省种子管理总站、内蒙古自治区种子管理站、湖北省种子管理局和安徽省种子管理总站。抗病鉴定由中国农业科学院作物科学研究所负责、河北省农业科学院植物保护研究所协助，品质检测由中国农业科学院农业部谷物品质监督检验测试中心（北京）和农业部谷物及制品质量监督检验测试中心（哈尔滨）负责，DNA指纹检测由北京市农林科学院玉米研究中心承担。

　　随着青贮玉米生产需求和科研育种发展，全国农业技术推广服务中心品种管理处开始进行国家青贮玉米品种区域试验，设置北方春播青贮玉米组、黄淮海夏播青贮玉米组和南方青贮玉米组 3 个组别。当年共设 19 个点（分布在 14 个省、市）有 17 个参试品种，到 2007 年增加到 31 个试点（分布在 20 个省市）共有 43 个参试品种，之后基本保持稳定。试验点主要根据我国青贮玉米的重点布局和生产需要，分布在黑龙江、内蒙古、吉林、河北、京津唐、四川、河南、山东、陕西等区域。青贮玉米区域试验由北京农学院植物科技学院主持，抗病鉴定由中国农业科学院作物研究所负责，品质检测由北京农学院承担，DNA 指纹鉴定由北京市农林科学院玉米研究中心负责。

　　（4）棉花。我国棉花品种区域试验最早可追溯到 1892 年，张之洞从美国引进陆地棉种植在湖北 15 个产棉州县，但因对美棉品种生育特性不了解及战争爆发而中断。1914 年，农商部长张謇批示在河北正定、上海、武昌、北京等地设立 4 个直属农商部的棉业试验场，以试验、驯化、选择美国棉种为主要任务。1919 年，上海华商纱厂联合会成立"植棉改良委员会"，先后在宝山、南京、武进、滦县、丰润、沅江等地建立试验场，以找出适合我国不同地区播种的优良品种和种植方法。1933 年，应中央农业实验所邀请来华指导的美国康乃尔大学教授 H. H. 洛夫，征集了 31 个中、美棉花品种在南北棉区进行区域试验，但进行了 4 年后，因抗日战争爆发而停止。

　　自 1956 年开始，国家棉花品种区域试验由农业部和中国农业科学院直接领导，中国农业科学院棉花研究所第一任所长冯泽芳亲自主持工作，按棉花生态区设黄河流域、长江流域、特早熟和西北内陆棉区，试点 57 处。次年，增加华南棉区和特早熟棉区的早熟区域试验，试点增加到 69 处，但华南棉区因发展其他经济作物导致棉田面积逐步缩小，最后在 1964 年取消。到 1965 年，国家棉花品种区域试验全面布置试验，但在 1968—1972 年因"文化大革命"影响全部试验中断，直至 1973 年才恢复了黄河流域、长江流域及北部特早熟 3 个棉区的区试，1978 年恢复了西北内陆棉区品种区域试验。

　　随着生产发展的需要，国家棉花区域试验又增设了抗病品种区试、夏播棉品种区试和麦套棉品种区试，1995 年又开展了抗虫棉国家级品种区域试验。到 1999 年，国家棉花品种区域试验改由农业部直接领导，并于 2004 年

和 2006 年开展了杂交棉品种区域试验和超早熟棉品种区域试验。2012 年恢复了早熟棉区域试验，同时取消了黄河流域棉区中早熟组的区域试验。2015 年增设中熟常规棉区试，2017 年增加早熟组组数。

国家棉花品种区域试验由中国农业科学院棉花研究所统一负责，分区汇总。辽宁省棉麻科学研究所汇总特早熟棉花品种区域试验，中国农业科学院棉花研究所汇总黄河流域棉区和特早熟棉区早熟棉花品种区域试验，新疆维吾尔自治区农林牧科学研究所汇总西北内陆棉区棉花品种区域试验，中国农业科学院江苏分院汇总长江流域棉花品种区域试验，广东省农业科学院汇总华南区棉花品种区域试验。品质检测由农业部棉花品质监督检验测试中心承担，SSR 检测由中国农业科学院棉花研究所负责，抗病和抗虫性由各区委托相关单位完成。

（5）大豆。我国大豆品种区域试验工作开展较早。新中国成立后，东北地区就率先开始了大规模的品种区域试验。之后，江苏、山东、河南等省也陆续开展，全国大豆品种区域试验网初步形成。到 20 世纪 60 年代初，全国大豆品种试验网被划分为东北、北方、南方三大协作区，试验点 100 余个。"文革"期间，国家大豆区域试验工作处于停滞状态。到 1983 年恢复，但因经费有限，工作开展相对艰难。20 世纪 90 年代，作为全国大豆区域试验先驱的东北地区也因经费原因不得不停止工作。直到"九五"期间我国种子工程的实施，才从根本上解决了经费问题，全国大豆品种区域试验网很快得到恢复，并明确由全国农业技术推广服务中心良繁区试处领导。截至 2002 年，我国大豆品种区域试验网发展到 115 个试验点，主要分为 4 个大区 9 个试验组，其中黄淮海夏大豆区 3 个组（北组、中组和南组）42 个区试点；西北春大豆区 1 个组 7 个区试点，北方春大豆区 4 个组（早熟组、中早熟组、中熟组和晚熟组）39 个区试点，南方春大豆区 1 个组 14 个区试点。

国家大豆区域试验主持单位有吉林省农业科学院大豆研究中心、中国农业科学院作物科学研究所、中国农业科学院油料作物研究所和华南农业大学。抗病性鉴定由吉林省农业科学院大豆研究中心、南京农业大学国家大豆改良中心和福建省农业科学院植物保护研究所负责，品种纯度 DNA 指纹检测由中国农业科学院作物科学研究所承担，品质分析由农业部谷物品质监督检验测试中心统一进行，鲜食大豆品质鉴定由中国农业科学院油料作物研究所组织开展。

3. 非主要农作物品种区域试验开展情况

（1）油菜。1960 年农业部组建国家级油菜品种区域试验（分为春油菜区和冬油菜区），1968 年后因历史原因一度中断，1972 年重新启动并逐步走向正轨。

根据生态适应性，全国冬油菜产区分为 4 个大区，即长江上游区（四川、云南、贵州、重庆、陕西勉县 5 省市 12 个试点）、长江中游区（湖北、湖南、江西 3 省 10 个试点）、长江下游区（安徽、江苏、浙江、上海等 4 省市 9 个试点）和黄淮区（陕西、河南、安徽宿松、江苏淮阴 4 省 8 个试点）。春油菜根据适宜种植区域和春种秋收的特点，试验点均选择在有代表性的生态区且相对固定，主要在新疆（昭苏县、农四师 75 团），甘肃省（民乐县、临夏州、山丹县、甘南州），内蒙古呼伦贝尔盟（牙克石、上库力、拉布大林、特泥河），青海省（互助县、湟中县、大通县）4 省（区），共设 20 个试点。近年来，云南丽江春油菜种植面积逐年增加，2013 年在该地区设置国家区域试验点。

与其他农作物品种区域试验一样，油菜品种区域试验在 20 世纪 90 年代之前由科研单位和种子部门共同管理，1995 年以后由全国农业技术推广服务中心管理组织全国冬油菜品种区域试验，1998 年又对春油菜品种区域试验统一管理。中国农业科学院油料作物研究所主持全国冬油菜品种区域试验日常工作，青海省农林科学院春油菜研究所主持全国春油菜品种区域试验日常工作，主要任务是制订统一试验实施方案和试验结果汇总。

（2）烟草。全国烤烟良种区域试验于 1986 年组建。根据烟草区划和适宜种植区域的自然条件、生产条件和耕作制度，初期只设置了黄淮含黑龙江（河南、山东、安徽、陕西和黑龙江）和西南华中（云南、贵州和湖南）2 个生态区。到 1987 年，变为三大片区，包括 13 个省共 56 个试点。之后设西南、华中、黄淮、东北 4 个大区，另增设福建 1 个小区。1996 年以后，全国烟草区域试验统分为南方烟区及北方烟区，参试点数逐步压缩。随着国家烟草良种繁育基地的相继建成，区域试验相对固定于烟草种子良种繁育基地内，常年设 15 个点左右。全国区域试验品种（系）采取滚动周期试验，一个周期 2～3 年。对照品种全国统一确定，南方烟区以 K326 为对照，北

方烟区以 Nc89 为对照。

国家烟草区域试验由全国烟草品种审定委员会组织并委托指定单位主持实施，青州烟草所主持全国烤烟良种区域试验日常工作，负责制订统一的试验方案和试验结果汇总。产、质结果统一分析、外观品质鉴定、评吸由郑州烟草研究院负责，化学成分分析由青州烟草研究所负责。

（3）甜菜。20 世纪 50 年代中期，我国开始组织甜菜品种区域试验，但没有正式定名，只是进行一些农家品种和引进品种的鉴定工作。随着我国甜菜育种工作的开展，自育甜菜品种不断出现。为了适应这一新形式的要求，1962 年国家甜菜品种区域试验正式定名，并开始第一轮试验。后因"文革"中断了 12 年，到 1982 年得以恢复，到现在一直保持良好的运行状态。

甜菜品种区域试验点多年来一直以农业自然区划为基础，结合行政区划和糖厂布局来设置。在东北、华北、西北 3 大甜菜主产区共设 12 个点，参试品种可选择某一大区进行试验，也可参加全部点的试验。甜菜品种区域试验每个周期 2~3 年，以当地种植面积最大的品种为主对照和一个统一对照。另外，在数据处理方面，自第三轮国家甜菜区域试验开始，由简单的百分数统计上升为对原始数据进行方差分析，并开始尝试用稳定性参数来分析参试材料的稳定性和适应性。

（4）番茄。番茄是首批开展全国区域试验品种审定工作的六大蔬菜种类之一，1983 年正式启动品种区域试验，到 2000 年共开展了四轮番茄品种全国区域试验工作。区试点选择有代表性的齐齐哈尔、哈尔滨、北京、太原、西安、兰州、乌鲁木齐、武汉、南昌、郑州、成都、上海、昆明等 16 个地区，参试品种根据熟性分为 A、B 两组，前者为早熟类，后者为中晚熟类。

自《中华人民共和国种子法》颁布后，番茄不再组织国家级品种审定。全国农业技术推广服务中心从科研和生产实际出发，根据《中华人民共和国农业技术推广法》，在自愿的基础上组织开展全国番茄品种的区域试验和鉴定工作，到 2013 年又进行了 5 轮品种区域试验，由中国农业科学院蔬菜花卉研究所和北京市种子管理总站主持。从第 5 轮区域试验开始，A、B 组分别改为保护地品种和露地品种，到第 8 轮区域试验两组又变为红果组和粉果组，同时增加了微型番茄组。截至 2012 年，番茄国家区域试验累计参试品种 140 个。

番茄区域试验由中国农业科学院科技局和全国种子管理总站共同管理，中国农业科学院蔬菜花卉研究所、北京市种子管理总站、江苏省农业科学院蔬菜研究所和江苏省种子管理总站 4 家单位共同主持。

二、我国草品种区域试验进展情况

（一）国家草品种区域试验

1987 年农牧渔业部正式成立第一届全国牧草品种审定委员会，负责新草品种审定工作，但截至 2008 年，申报新品种的品种比较试验、区域试验和生产试验均由育种者自行组织安排，品种的试验区域、试验标准和对照品种选择等缺乏统一标准，试验结果在很大程度上存在主观性。由于没有权威的第三方测试体系对申报品种进行统一测试，草品种审定委员会的委员们只能借助积累的专业知识和经验对试验数据的真实性进行判别。2008 年正式启动国家农作物区域试验草品种区域试验项目，为在全国范围内布点开展国家级草品种区域试验提供了资金保障。当年全国草品种审定委员会依据中国多年生栽培草区划布设试验点，在华北、东北、西北、西南、华中 20 个省（区、市）建立国家级草品种区域试验点 28 个。获得参试资格的品种试验周期根据其特性而定，一年生草种不少于 2 个生产周期，多年生草种不少于 3 个生产周年，灌木类则不少于 4 个生产周年。试验点安排和对照品种选择由草品种审定委员会讨论决定，一般每份材料在适宜区域安排 5～7 个点，设置对照种 2 个，试验过程采取双盲制度，试验材料只有统一编号，最大限度地保证了试验结果的客观、公平、公正。

国家草品种区域试验从无到有，试验范围从小到大，严格规范的多年多点试验在新品种客观评价审定方面发生了质的飞跃。实施的第一个五年期间（2008—2012 年），建立国家级草品种区域试验站（点）48 个，基本覆盖了我国主要牧草栽培区域。试验站依托单位主要由两部分组成：草原技术推广单位、科研院所或高校。随着国家草品种区域试验被更多人认知和接受，申请区试材料呈逐年增加趋势，项目启动当年仅 13 份；第二年达 47 份；到 2011 年达最高数 89 份，五年期间申报国家草品种区域试验材料共 277 份，除 2009 年和 2010 年通过率不足 30% 外，其余年份均超过 50%。为规范国

家草品种区域试验工作，在此期间，制定了《国家草品种区域试验管理规范》和 93 个草品种区域试验技术方案。另外，依据《国家草品种区域试验承试单位考核方法及标准（试行）》，2011 年启动试验站考核机制，对承担国家草品种区域试验任务满 3 年的区试点采取"实地考察＋评分"的方式进行考核，21 个试验站通过了草品种审定委员会和全国畜牧总站联合考评，成为第一批被命名并授牌的"国家草品种区域试验站"。截至 2012 年，国家草品种区域试验累计完成 288 份参试材料种子净度、发芽率的检测和 329 份区域试验材料营养品质分析，完成 38 个参试品种的区域试验。其中，"甘农 7 号"紫花苜蓿、"冀草 2 号"高粱—苏丹草杂交种、"苏植 1 号"杂交狗牙根等 20 个品种表现优异，通过了国家审定。同年，"国家草品种区域试验参试在线申请"网上申报开通，实现了年度参试品种申请、评审工作网络化，国家草品种区域试验工作信息化水平得到进一步提升。

截至 2017 年，试验点分布于除上海、浙江、台湾外的 29 个省（区、市），覆盖了我国 40 个牧草栽培亚区中的 30 个，初步构建了国家级草品种区域试验网络体系，基本满足现阶段工作需求。为提升国家草品种区域试验工作质量，按照《草品种审定管理规定》中相关要求，2013 年全国草品种审定委员会决定，改变之前由少数专家评审参试材料的局限性，将区域试验参试资格评审工作纳入年度品种审定会议议程，由全体审定委员集体评审，然后通过无记名投票方式决定参试资格，票数超过到会委员总数 2/3 以上予以通过。2015 年，为完善以无性繁殖为播种方式参试和对照品种的真实、一致和种茎邮寄缺失混杂等现象，委员会实施集中扩繁、统一邮寄模式，为客观评价各材料奠定了基础。2017 年，为实现对试验站（点）数据管理工作精准指导，切实提高试验质量，成立了区域试验数据审核处理小组。在国家草品种区域试验实施的第二个五年期间，申报国家草品种区域试验材料 224 份，通过 118 份；累计完成 166 个参试品种的区域试验。其中，"鄂牧 2 号"白三叶、"中苜 8 号"紫花苜蓿、"川西"猫尾草等 80 个品种通过国家草品种审定；完成 270 份参试材料种子检测和 419 份区域试验材料营养价值分析。

在国家草品种区域试验实施的 10 年间，为提高参与人员的素质，全国畜牧总站先后举办技术培训 8 次，内容涵盖实施方案解读，数据观测记载、填报和分析，病虫害防治，项目预决算编制等，培训人数累计 859 人次，培训方式除室内授课讲解外，还配以田间实习操作。2012 年在北京试验站进行田间小区设计、播种、观测评分等技术实践集中培训；2016 年在郑州和广州区试站组织项目技术人员按照活动技术方案逐项完成播种、记载、测产、打分等试验要求内容，同行专家在田间地头进行跟踪点评，对不规范、不合理环节及时纠正。

国家草品种区域试验项目自实施以来，已累计完成区试品种 251 份。其中，育成品种 93 个，引进品种 83 个，野生栽培品种 56 个，地方品种 19 个。从历年国家草品种区域试验参试品种类别来看，育成品种参试比例相比其他类别较高，且基本呈现逐年增加的趋势，从最低的 18.2%（2013 年）增加到最高的 62.5%（2016 年）。地方野生栽培驯化品种比例除在 2014 年和 2016 年较低外，其余年份基本维持在 18%～30%，2011 年最高达 35.7%。引进品种比例在 2012 年和 2013 年表现出激增现象，但之后稳步下降，到 2017 年仅为 20%。地方品种相对其他 3 个类型较低，所占比例最高不超过 10%。申报区试品种结构的变化说明我国现阶段育种家对自主研发品种越来越重视，而利用当地乡土资源培育丰产、优质、抗性强的品种更是一个不可忽视的方向。

（二）各省区草品种区域试验

随着国家相关政策的扶持和草牧业的快速发展，各省对优良草种的需求也越来越大，为筛选符合本省不同区域推广利用的优良品种，四川、云南、甘肃等省份也先后启动了省级草品种区域试验。早在 20 世纪 90 年代末，四川就在省内设立了 6 个不同区域试验点，主要开展新品种引进、生产性能及生态适应性观测，对表现好的品种通过草原建设项目扩大种植面积。目前，红原、广元、达州、新津、西昌 5 个试验点均已被纳入国家草品种区域试验网，道孚点于 2013 年设立，目前需要考核和评估。云南和陕西也是较早启动省级区域试验工作的省份，2003 年，云南依托农田种草项目在洱源等 12 个县开展优质牧草品种引种栽培试验，通过区域试验，筛选出一批适合本省不同地区种植推广的优良品种；同年，陕西在榆阳设点启动区域试验工作，之后逐步增加了甘泉、杨凌和石泉 3 个试验点。山西 2011 年开始建设牧草

区域试验，目前在晋西北、晋中和晋南布设了 3 个试验点开展优良牧草评价展示工作。甘肃和宁夏 2013 年启动省级区试，其中甘肃在兰州、高台、合作、庆阳 4 个国家级草品种区域试验站的基础上，又建成天水、定西、会宁、和政、夏河、永昌、天祝、通渭、山丹、红古等 10 个省级区域试验点，初步构建了甘肃省草品种区域试验网络平台。宁夏在盐池、泾源、甘城子和西夏 4 个地方设置了区域试验点，对开展优良品种筛选和性能展示发挥了重要的作用。在国家草品种区域试验项目的带动下，山东省 2014 年也在不同区域建立了省级区试点 5 处，以开展国家和省级牧草新品种区域试验和引进品种的筛选工作。2015 年，辽宁省正式启动省级草品种区试工作，在辽西、辽北、辽南和辽东各建立 1 个试验点。省级草品种区域试验点的建立，已成为国家区域试验网的重要补充。

（三）草品种区域试验技术标准

为科学、规范地开展草品种区域试验工作，2006 年颁布中华人民共和国农业行业标准《草品种审定技术规程》，规程明确了草品种区域试验的试验点数、面积、参试材料数目、试验年限等，且要求申报新品种必须有完整的区域试验资料。随着草牧业的发展，我国草种管理体系和品种审定程序、内容和技术要求发生了较大变化。为此，2009 年全国畜牧总站和全国草品种审定委员会组织修订《草品种审定技术规程》，并于 2013 年发布为中华人民共和国国家标准。与此同时，2011 年印发了《国家草品种区域试验规范》并于 2014 年进行了修订，其中对国家草品种区域试验的组织管理、申请程序、试验技术方案、试验数据和报告等条例进一步细化，同时增加了区试点考核方法和标准。为更好地配合《草品种审定技术规程》实施，2013 年和 2015 年全国畜牧总站又分别发布农业行业标准《草品种区域试验技术规程—禾本科牧草》和《草品种区域试验技术规程—豆本科牧草》，并启动了《草品种区域试验技术规程—草坪草》和《国家草品种试验站建设标准》的编制工作。

除此之外，参与国家草品种区域试验的各省（区、市）也编制了符合本地区实际情况的《国家草品种区域试验细化管理办法》《国家草品种区域试验材料安全管理制度》和《区域试验突发情况应急预案》等，四川省还在 2007 年发布了地方标准《牧草区域试验技术规程》。

三、我国草品种区域试验工作存在的问题

(一)区域试验网络不完善

虽然国家草品种区域试验站已达 53 个,覆盖了我国 40 个牧草栽培亚区中的 30 个,但还有如辽西低山丘陵沙打旺苜蓿羊草亚区、内蒙古中北部披碱草沙打旺柠条亚区、南疆苜蓿沙枣亚区等 10 个亚区内没有设置试验点。而单个亚区内试验点数也相对不足,根据工作需要,每个亚区至少应设 2 个试验点才能满足草种区域试验。另外,现有国家草品种区域试验专项资金属于试验补助经费,其按照试验站承担任务量进行资金分配,不能用于基本设施建设。因此,各试验站需要自筹资金进行基础设施建设、维护和维持技术队伍,这就导致一些急需布点的区域无法建点。草品种区域试验和其他的国家区域试验一样属公益性事业,需要利用中央财政投资建设国家级试验站,在科学规划的基础上,从根本上解决整体试验网中必需试验点不足、现有点维持困难等问题,以加快国家级草品种区域试验网络建设。

(二)试验站承担能力不足

随着越来越多的单位投入到草种新品种培育工作中来,每年申报进入国家草品种区域试验材料的数量也逐年增加,这就导致各试验站(点)工作量增加,且所需试验地、临时用工、试验耗材等成本也急剧提高。同时,项目之初采购的试验设备如小型旋耕机、剪草机、电脑等装备逐渐老化,需陆续重新购置。而目前国家草品种区域试验经费只可用于承担新品种测试任务补助,结果导致大多数试验站(点)表现出承担任务能力不足的现象。

(三)人员队伍稳定性不强

品种区域试验工作既重要又特殊,不但需要业务能力强,而且更需要勇于奉献、有高度责任心的人才队伍。依据《国家草品种区域试验规范》,试验点具备条件必须要求有大专以上(含)学历,或中等以上(含)技术职称的专职技术人员负责品种区域试验工作,且相对稳定。目前,各试验站(点)基本可满足这一要求。但随着引进人才学历的提高和单位对在岗职工

成果绩效的考核制度，区域试验存在着工作环境艰苦、任务繁杂、重复性工作多、试验质量要求高，且科技产出低、不与绩效挂钩等问题，导致参与人员积极性不高，人员频繁变动，队伍不稳定，从而直接影响试验结果的准确性和可靠性。

四、草品种区域试验的思路和对策

（一）指导思想

以《中华人民共和国种子法》《草种管理办法》和《草品种审定管理规定》等相关法律法规为指导，坚持公平、公正、科学原则，以客观评价新品种为目标，建立全覆盖的国家草品种区域网，推进良种培育，提升草种管理水平，增强草牧业服务能力。

（二）基本原则

1. 科学性

国家草品种区域试验点增设或参试品种试验点选择，均要依据生态区域特征和我国牧草栽培区域原则，合理安排，避免重复。另外，对照品种选择、试验方案制定、数据获取和分析方法等均要求科学无误。

2. 公平性

承担草品种区域试验的单位和技术人员对待所有参试品种要一视同仁，杜绝任何私心和特殊照顾。参与人员应具有较高的职业道德和责任感，保证区域试验的权威性。

3. 客观性

真实观测草品种区域试验中要求的各项指标，客观提交原始数据和资料报表，如实填报实施中出现的各种问题，不弄虚作假，不篡改数据，客观真实地做好第三方工作。

（三）工作目标

1. 总体目标

在北京建设1个国家草品种区域试验信息管理平台，实现试验方案形成、试验任务下达、试验管理、试验数据采集、汇总、分析等环节的全程信息化管理；由中央投资建成覆盖全国 74 个草原小区的草品种区域试验网。

2. 分阶段目标

到 2020 年，在北京建立国家草品种区域试验信息管理平台 1 个，建设国家草品种区域试验站 4 个。

到 2025 年，依托草原技术推广部门、科研院所或高校建设国家草品种区域试验站 35 个。

到 2030 年，依托草原推广部门、科研院所或高校建设国家草品种区域试验站 35 个。

（四）区域布局

2020 年前，在北京建立国家草品种区域试验信息管理平台 1 个，内蒙古、黑龙江、甘肃、四川 4 省区建设 4 个国家草品种区域试验站。

2021—2025 年，在北京、天津、河北、辽宁、吉林、黑龙江、山东、山西、陕西、河南、湖北、湖南、江西、江苏、重庆、安徽、广西、四川、内蒙古、云南、贵州、福建、海南、广东、青海、宁夏、新疆、西藏等 28 个省（区、市）建设 35 个国家草品种区域试验站。

2026—2030 年，在黑龙江、吉林、河北、内蒙古、山东、安徽、江苏、云南、四川、贵州、云南、广东、海南、甘肃、湖北、青海、宁夏、新疆、西藏 19 个省（区）建设 35 个国家草品种区域试验站。

（五）工作任务

1. 课题研究

（1）对照品种适宜性的研究。区域试验对照品种是所有参试品种优劣的参照物，为评价优良品种提供参考和标准，其优劣直接关系到区域试验的质量和价值，更关系到审定品种在农业生产上的生存长短、贡献大小及整个行业的育种和发展方向。目前，草品种区域试验有的草种对照品种过于老旧，而根据《草品种审定技术规程》要求，对照品种应是近年审定通过或当地生产上应用最广泛的品种。为减少审定品种仅停留在登记成果层面，过后几无推广利用，甚至连种子都无法提供的现象，促进育种家选育突破性品种，首

先开展紫花苜蓿、一年生黑麦草、三叶草、鸭茅4个草种对照品种适宜性研究工作，以更好地衡量参试品种在适宜生态区域的适应性与稳定性。

（2）技术方案优化措施的研究。区域试验在实施过程中不可避免地会受到来自气候、土壤肥力、边际效应和植物生长竞争等多方面因素差异的影响产生试验误差，而合理的试验设计，如增加小区面积、重复次数、随机排列等措施可使试验误差降到最低，从而提高试验精准度。目前草品种区域试验技术方案中，矮秆牧草小区面积均为15平方米，除柱花草、广布野豌豆、罗顿豆行距用60厘米外，大多草种行距都采用30厘米；高秆牧草面积都为28.8平方米，行距采用30厘米或40厘米。但随着机械化快速发展，有些在生产上大面积应用的牧草，其种植方法已有较大改变，如苜蓿，为追求最大化生产潜力播种行距多采用20厘米。再如高丹草，实际中采用机械穴播较多，但区试实施方案中仍多以行距30厘米条播为主。因此，为符合大田生产实际，选择紫花苜蓿、高丹草、一年生黑麦草三个材料进行播种密度等栽培技术研究，更好地服务生产需要。

（3）抗性鉴定方法的研究。抗性育种已成为全世界牧草新品种选育的热点，但目前我国抗性评价还没有统一的鉴定方法。《草品种审定管理规定》和《草品种审定技术规程》明确要求，以某种抗性为选育目标的申报品种，必须经过全国草品种审定委员会指定的专业机构对申报品种进行抗性鉴定。尽管国家草品种区域试验项目主管单位委托相关科研院所陆续开展耐盐性、抗旱性及苜蓿秋眠级鉴定等方面的工作，但我国牧草种类繁多，主要牧草就有24种，为此，"分种类、分抗性"研制科学检测方法，形成行业或国家标准，可从根本上提高品种抗性鉴定能力，为抗性品种选育者搭建一个科学、客观、公平的测试平台。

2. 完善区域试验平台体系建设

在北京建立国家草品种区域试验信息管理平台，通过平台发放试验技术方案和试验点承担任务，实现数据上报、汇总、分析的全程电子信息化管理，从而使国家草品种区域试验成果及时公开，以利于新品种的推广。在综合评价基础设施、人员配备和专业水准的前提下，加强区域试验站点建设，进一步完善基本的试验用地、农机库、晒场、灌溉设施、设备仪器烘箱、电子天平等，以便更好地服务区试和育种工作需要。

（六）发展建议及保障措施

1. 完善测试技术体系

随着参试材料种类的增多，制定符合不同草种特性的实施方案；根据已完成区域试验的草品种，完善现有草种技术方案；依据育种目标，增加特定性能测定标准；在植物生长期间定期或不定期对各试验点进行实地检查或测定数据抽查；建立草品种区域试验网络数据填报平台，实时填报和监控；加强对测定数据的深入分析，包括品种再生性、品质和抗逆性等。

2. 提升人才队伍素质

建立健全草品种区域试验人员培训制度，定期对从事区试工作的技术人员进行业务素质提升，确保培训常态化，保持培训形式多样化，尤其是针对实际问题进行有目的的培训；做好相关知识考核，逐步实施资格上岗制；鼓励各试验点人员走出去、多交流；开展表彰和奖励，提高试验单位和个人的积极性、主动性。

3. 加大资金投入力度

国家品种区域试验属于非营利性社会公益性工作，具有长期性特点。近年来，草品种区域试验经费大幅增加，但仅够各区试点完成承担的新品种测试及基本的试验地维持工作。随着试验参试品种数量的增多、鉴定项目的增加、农资劳务等价格的快速上涨及国家级标准化草品种区域试验站的建设，资金缺口增大，亟须长期、稳定的资金支持，以保证草品种区域试验的正常开展。

第四节　草品种 VCU 测试

VCU（Value for Cultivation and Use）测试在欧美农业发展中扮演了重要的角色，它保证了进入市场的农作物品种始终是最有竞争力的新品种，从而有效地避免了农户种植性状低劣的品种。DUS 和 VCU 测试共同构成了完整的作物新品种评价技术体系。经过 VCU 测试，能为农场主或农户提供新品种的农艺性状、适应性、抗病虫性、加工品质特性、利用途径及适宜的栽培技术和方法。通过 VCU 测试的品种，在增加产量、提高抗逆性、改善品

质等方面优势显著，对于推广良种、提高经济效益具有重要意义。

一、植物新品种 VCU 测试发展历程

（一）国外 VCU 测试进展概况

1. 国外 VCU 测试机构及进展

（1）英国。英国育种者培育的品种若要得到保护，必须首先对品种进行测试，通过测试达到新品种所具备条件的，再履行有关的法律程序（如命名、提供新颖性的证明等），即可被确认为新品种，获得植物新品种权利（PBR）并受到保护，才能进入市场。作物（除蔬菜作物外，还包括谷类作物、豆科作物、饲料作物和马铃薯等）新品种要想进入市场，就必须事先进行 VCU 测试。反过来说，没有通过 VCU 测试的品种是不允许进入市场的。这在欧盟是法定的，也就是强制性的。

VCU 测试目的是评价一个品种在生产上的利用价值，测试结果可以使农场主或农户了解品种的农艺性状、适宜栽培区域、最佳栽培方法、加工利用特性等，帮助他们获得更高的经济效益。欧盟 VCU 测试的主要内容有：产量、对有害生物的抗性（即抗病虫性）、对生长自然环境的适应性、品质性状等。

英国国家植物研究所作为 VCU 测试机构，定期邀请农场主或农户、农学家、有关的企业（如制粉业、食品行业、面包商等）代表、种子销售商组成一个委员会，对 VCU 测试的资料进行全面、系统的评价。英国牧草品种 VCU 测试分为国家级和地区级两个级别。通过 DUS 测试和国家级 VCU 测试的品种才能登上英国国家目录，进行合法销售。在此基础上，育种者还可自愿选择参加英格兰、苏格兰、威尔士、北爱尔兰等不同地区的地区级 VCU 测试。通过地区级测试后，可以登上当地的推荐目录，成为地区内的主推品种。

目前，英国国家目录有 7 个 VCU 测定点。其中，苏格兰 2 个、英格兰 3 个、威尔士 1 个、北爱尔兰 1 个。地方推荐目录的测定点由各州确定，也可委托国家目录测定点测定。根据各试验点数据，由国家目录种子委员会（National List Seeds Committee）组织有关专家研究决定，通过 VCU 测定

的品种进入国家目录。国家目录（National List，NL），由英国农业部植物新品种保护办公室编印，是英国政府公布的植物新品种的汇编和说明。推荐目录（Recommendation List，RL）由英国的植物新品种保护测试机构编印（主要由英国国家植物研究所完成），是非官方的新品种农艺特征汇编。

近年来，英国每年有 250～350 个新品种（主要是大田作物）通过 DUS 测试，并申请了 PBR，这些新品种再经过 VCU 测试，约有 300 个进入了国家目录。英国的农场主和农户为了挑选适宜的新品种，委托测试机构（即英国国家植物研究所）对进入国家目录的新品种进一步进行全面系统的 VCU 测试，以获得新品种更为详细的农艺性状、抗性和品质的资料。这部分 VCU 测试属于非法律要求，其费用由农场主和农户承担，其测试结果进入推荐目录。一般说来，进入推荐目录的新品种仅占进入国家目录新品种的 10%，但推荐目录中的新品种在全英国的种植面积却占 90%，可见进入推荐目录的新品种效益之好。

（2）美国。美国新品种展示类似于英国的 VCU 测试，但是美国主要依靠企业的品种试验和农场的新品种示范，农民首先看企业试验现场和品种试验结果，从中选择品种到自己农场进行展示，再根据展示结果选择最适合的新品种。因此，品种选择目标性强、更新换代速度快。

（3）韩国。韩国品种管理的核心目的是提高产量，主要手段是 VCU 测试和种子认证。VCU 测试的目的是为农场主或农户提供植物新品种的农艺性状适应性、抗病性、加工品质特性、利用途径及适宜的栽培方法与技术，使新品种的使用者得到较高的经济效益。VCU 测试选出遗传特性优良的品种进入国家名录。种子认证是通过严格的质量控制生产出生物特性和物理特性优良的种子。韩国《种子产业法》规定，对水稻、大麦、大豆、马铃薯、玉米 5 种主要农作物开展 VCU 测试，试验进行 2 个生长周期，不少于 3 个测试地点。评价指标包括产量、品质、生物抗性、非生物抗性、重要农艺性状以及符合品种定义等六方面。一般来说，产量、品质或抗性必须相似或高于标准对照品种才能通过 VCU 测试进入国家名录，给予登记后进入市场生产和销售。

2. 国外 VCU 测试标准与技术

（1）VCU 测试的制定。

① VCU 测试必须每年进行修订，以符合最新的政策。

② 测试手段、程序或试验处理、实验设计等的修订必须要充分论证、科学可靠。任何的修订变化必须要保证整个测试程序的完整性。

③ VCU 测试所涉及的试验必须经过独立检查。检查时，要评判是否符合议定书和相关文件，以及是否符合试验目的。试验报告结果必须与 VCU 试验检验和技术验证程序相一致。

④ VCU 测试的试验和测试数据要进行准确的分析，以确保结果为评估品种性能提供可靠的依据。在分析 VCU 数据时，必须遵循相关的 VCU 标准。

⑤ 申请人可以在申请时对额外的牧草性状进行评估。这些附加的牧草性状评价必须遵循相关的 VCU 的程序。

（2）VCU 测试技术。

① 性状。在欧盟进行 VCU 测试的主要性状为：产量性状（籽实或其他部位的生物产量、肥料转化利用率等），抗病虫性（测试该作物在当地的主要病虫害危害程度），植物学和生物学特征特性（成熟期，穗密度，株高，叶柄长度，冠丛密度，分蘖、耐瘠薄、耐旱、耐涝、耐耕作扰动、返青生长速率、越冬或越夏率、抗倒伏等能力），品质性状（蛋白质含量、加工或其他用途目的的相关品质特性，如牧草的消化率等）。英国环境、食品和农业部下属管理的国家品种和种子委员会在 2008 年还专门制定了黑麦草、梯牧草及羊茅黑麦草等的 VCU 测试指南。

② 地点。在英国进行 DUS 测试的机构，同时也可以进行 VCU 测试。VCU 测试由田间试验和实验室测试两部分完成，是对新品种的栽培和利用价值的综合评价，一般试验地点不能少于 3 个不同生态区。其中：有用产品的产量、农艺性状在田间测试，外观质量、内在品质在实验室内测试，品种的抗病性则是田间测试与室内测试相结合。

③ 对照品种。试验组中通常包含至少 1 个对照品种，对照品种一般列入英国国家目录或共同目录。VCU 测试的对照品种从英国目前种植面积较大的品种中筛选，不建立专门的对照品种库。试验组织者负责对照品种的供应。

④ 时间。VCU 测试在英国不同类生态区多点进行，以便对适应性有全面的了解。进入国家目录的新品种的 VCU 测试时间为 2 年，进入推荐目录

的新品种的 VCU 测试时间一般为 3 年。

⑤ 试验设计和数据处理。试验设计必须科学，通常设置 3 个重复，以最大限度地提高精度，减少偏差。数据处理机构人员负责试验随机化设计、相关的 VCU 试验设计和数据处理程序。

⑥ 测试数据记录。实验员严格按照试验设计的数据记录格式进行试验记录。该格式必须在网站和运营商之间保持足够的一致性，以便能够有效地进行品种比较。任何可能影响候选品种表现的其他因素都应记录下来。

（二）国内 VCU 测试进展概况

我国农作物新品种展示示范类似于国外 VCU 测试，是通过展示示范，对审定品种进行应用评价，并编制新品种使用指南，简要介绍该品种的突出特性、田间管理技术及种植风险提示等，与现有的主导品种目录相结合，创新品种宣传推广方式，如按照抗病品种、高产品种、优质品种等进行全新分类整理介绍，帮助广大农民和种植大户科学选种用种。

20 世纪 50—60 年代，VCU 测试就已经引入我国，VCU 测试判断农作物的栽培适应性和利用价值，评价品种的生产性、适应性、商业价值、安全性等。"九五"种子工程实施以来，先后建设了 198 个国家级农作物品种区域试验站，改善了试验条件，提升了试验装备水平，促进了试验质量的提高。国家农作物品种试验网已经在行业内形成了优秀的品牌，在推进试验审定改革、加强自身建设、引导育种目标、推进信息公开、促进社会监督等方面，一直在前进中探索、规范和完善。如率先大规模启动农作物品种展示、示范工作，率先实施试验地封闭管理和参试品种密码编号，率先提出了审定品种实施"精品制"战略，对规范全国品种管理也起到了积极的引导作用。

新品种展示是企业展示其科研实力的擂台，也是农民选择良种的平台。在当前情况下，农业行政主管部门逐步重视新品种的展示工作，已启动在粮、棉、油生产大县建立新品种展示园的项目建设，以园带点，以点带户，推进新品种展示工作。在重点地区，同类作物每万亩建立一个新品种展示点，让农民能在家门口"眼见为实"地选择到最新、最适应当地气候、最适合本地农产品产业化开发需求的农作物新品种。

近年来，随着国家每年主导品种和主推技术公布，促进了以国家、省、

市、县农技推广机构为主的示范展示工作的快速发展,基本上每个区县都开展新品种展示观摩会。如,原国家林业局印发《全国油茶主推品种目录》,原农业部发布《主要农作物主推品种推介名录》等。通过组织示范展示,可以为这些推荐目录提供科学依据。

二、我国草品种 VCU 测试进展情况

我国 VCU 测试主要通过"国家草品种区域试验"完成。2017 年,我国草品种启动 VCU 测试工作,编写了《紫花苜蓿区域试验对照品种筛选暨品比试验技术方案》和《多花黑麦草区域试验对照品种筛选暨品比试验技术方案》,有针对性地在北方地区内蒙古、甘肃、黑龙江和西藏的 4 个站(点)开展紫花苜蓿 VCU 评价,紫花苜蓿试验播种已经完成,评价按照方案正在进行中。在南方地区的四川新津和江西南昌等 2 个站开展多花黑麦草品种 VCU 评价,该评价也正在按照方案顺利开展中。

三、我国草品种 VCU 测试存在的问题

现有的国家草品种区域试验 53 个测试站(点)建设年限不同,其装备水平、机械化程度、统一操作能力参差不齐,难以保证试验结果的准确性和可比性,需要因地制宜填平补齐。另外,区域试验主要是针对新品系审定前的多年多点试验,而草品种 VCU 测试是针对已审定登记后新品种在推广利用前对其价值进行评价。草品种 VCU 测试工作刚刚起步,评价方案、方法有待在实践中不断改进和完善。

四、草品种 VCU 测试的思路和对策

(一)指导思想

坚持创新、协调、绿色、开放和共享的理念,合理科学地评价新草品种在不同生态型下的抗病性、品质、产量等特性,建立高产优质的适生性栽培模式和最佳利用途径,为种植者提供种植利用指南。同时,为编制主推品种

和主推技术提供科学依据。

（二）基本原则

坚持科学规划、合理布局的原则。根据我国草业区划和生态区分布，合理设置 VCU 测试站点，科学制定试验方案，加强人才培养和技术服务，提高试验数据的准确性和指导性。

（三）工作目标

由中央投资建成覆盖全国 74 个草原小区的 VCU 测试网，每个草原小区建设 1～2 个 VCU 测试站，到 2020 年建成 75 个 VCU 测试站；北方地区完成对审定登记的苜蓿品种收集评价测试，南方地区完成对审定登记的多花黑麦草品种收集评价测试。到 2030 年完成 149 个 VCU 试验站，并根据生态适应性完成一些主要审定登记品种的收集和评价，完善主要品种的实用技术编写和当家品种的推广技术，从而提升草品种测试评价工作的信息化水平和科技含量，为良种评价推广和主推品种与配套利用技术推广提供科学依据。

（四）区域布局

在现有植物新品种测试体系基础上，支持农业农村部有关单位遴选确定草品种 VCU 测试单位，在 7 个草原区 29 个亚区 74 个草原小区各建成 1～2 个草品种 VCU 测试站，在北京建设一个测试中心，承担测试任务的分解、安排和信息发布，省市县级草原站（畜牧站）承担本区域内草品种 VCU 测试任务。

（五）工作任务

1. 课题研究

根据我国实际情况制定出适合我国国情的 VCU 测试指南，开展 VCU 测试试验小区设置方法、试验结果汇总评价方法、VCU 测试管护水平等级标准化、多年生草品种持久性、牧草丰产栽培技术等研究工作。

2. 体系建设

逐步完善测试体系，测试中心设在北京，负责全国 VCU 测试信息、数

据收集、发布、任务分解等工作。测试站设在相关的草原小区或亚区，由省市县级的草原（畜牧）站承担，负责本区内测试的品种室内外试验数据收集、整理、分析等工作。

3. 品种测试

对经过国家草品种审定和 DUS 测试的品种进行 VCU 测试，进入国家目录的新品种的 VCU 测试时间一般为 2 年，进入推荐目录的新品种的 VCU 测试时间一般为 3 年。

（六）发展建议及保障措施

1. 加强对 VCU 测试重要性的宣传

VCU 测试能够评价展示饲草品种在不同生态条件下的具体表现，对于牧草种植者具有重要的指导意义。要加强宣传，提高管理部门和草种用户的重视程度，支持我国草种 VCU 测试工作发展。

2. 加快草种 VCU 测试技术的研制

VCU 测试技术是指导测试机构开展 VCU 测试工作的技术手册。我国可借鉴其他国家已经使用的测试技术，选取必选项目和有关指标，再结合我国草种生产实际，适当增减测试内容，形成具有特色、真正适合我国草品种的 VCU 测试指南，从而为新品种的有效推广应用提供技术指导。

3. 开展草种 VCU 测试试点示范

对已经研制了测试指南，选取基础条件好、科技力量强、积极性高的草品种区域试验站（点）或具有草种指南编制基础的科研单位进行 VCU 测试试点，审查参试品种农艺性状适应性、抗病性、加工品质特性、利用途径、适宜的栽培方法与技术，分析解决试验过程中遇到的困难和问题，为下一步所有具备条件和有基础的区域试验站（点）开展 VCU 测试提供借鉴参考。

4. 积极开展国际合作与交流

VCU 测试需要不断研究和借鉴发达国家的成功经验。通过积极开展国际交流，特别是参加相关技术交流会，掌握国际上最新的 VCU 测试技术手段，以便确定相关对策，提高我国 VCU 测试技术水平。同时，组织召开相关的专家研讨会议，加强试验人员培训，让测试人员、区域试验人员了解 VCU 测试的基本概念和基本要求，掌握 VCU 测试技术方法。

5. 加强试验管理

主要是对试验网点进行合理规划，优化试验网点布局；加快国家和省级试验站建设，改善试验网点基础设施条件，提高试验的装备水平；规范试验程序，完善试验规则，强化试验管理，提升试验质量；积极推进承担单位和人员的资格准入，加强对试验网点的监督检查，积极开展经常性的试验技术培训，提升从业人员的素质；积极推进参试品种的密码编号、机械收获和试验的封闭运行，努力提高试验管理和服务水平。

第五节　草种 DUS 测试

培育一个新草品种不仅需要 8～10 年甚至更长的时间，还需要育种者投入大量的资金和劳动。因此，育种者的劳动成果——新草品种，应该受到法律的保护。植物新品种测试是植物新品种保护审批机关委托指定的测试机构运用相应的技术和标准，对申请保护的植物新品种进行特异性（Distinctness）、一致性（Uniformity）和稳定性（Stability）的栽培鉴定试验或室内分析测试的过程，并根据试验或测试结果，判定该植物品种是否属于新品种，为植物新品种审定和保护提供可靠的判定依据，又称植物新品种 DUS 测试。特异性是指新品种与已知品种在遗传表现型性状上有明显的差异。一致性是指新品种群体在形态特征、生理特性等方面的一致性、整齐性。稳定性是指经反复繁殖后的性状仍与原品种保持一致的特性。DUS 测试指南是以国际植物新品种保护联盟（UPOV）的指南为框架，按植物分类学的概念对作物的性状进行测定方法和分级标准的规定。它能充分而准确地描述作物的各种性状特征，已成为各国植物新品种管理机构控制品种质量、调控育种动向、监管授权品种、处理品种权纠纷的重要标准，同时还是国际贸易规则的重要组成部分。因此，建立和完善草种 DUS 测试技术是保障和推进草种新品种审定和知识产权保护健康有序发展的关键措施。

一、植物新品种 DUS 测试发展历程

为适应农业贸易的国际化发展，1957—1961 年期间，在比利时、法国、

德国、意大利和荷兰等国家的努力下，旨在促进植物新品种在他国也能得到保护的《国际植物新品种保护公约》（简称 UPOV 公约）起草完毕，该公约经保护植物新品种第二次外交大会修改，于 1968 年 8 月 10 日正式生效。之后又在 1972 年，1978 年和 1991 年分别进行了 3 次修订，即 1972 年、1978 年和 1991 年文本。UPOV 公约逐渐成为世界上最主要的植物新品种保护制度，在国际植物新品种保护中处于主导地位。世界许多国家纷纷加入国际植物新品种保护联盟（简称 UPOV），并开展经济作物、粮食作物、园艺作物等多种植物新品种权的保护。1961—1991 年的 30 年间，UPOV 成员只有 22 个，1991 年至今的 17 年间，有 43 个国家加入 UPOV，到 2016 年发展为 74 个成员或政府组织，其影响力日益深远。

（一）国外 DUS 测试机构及工作进展

1. 国际植物新品种保护联盟（UPOV）

国际植物新品种保护联盟是根据 UPOV 公约建立的政府间的组织，内设秘书处（又称"联盟办公室"）和委员会。秘书处由秘书长领导，负责处理日常理事会工作。UPOV 总部设在日内瓦，现有成员 74 个。UPOV 的职责主要是协调和促进成员之间在行政和技术领域的合作，特别是在制定基本的法律和技术准则、交流信息、促进国际合作等方面发挥着重大作用。UPOV 设有由联盟各成员代表组成的理事会。理事会下设顾问委员会、行政管理和法律委员会及技术委员会 3 个委员会。技术委员会包括大田农作物技术工作组、蔬菜作物技术工作组、果树作物技术工作组、观赏植物和林木技术工作组、自动化与计算机程序技术工作组、生物化学和分子生物学技术工作组等 6 个 DUS 测试工作组。理事会的责任是维护联盟的利益、鼓励联盟的发展并负责批准其计划和预算。

根据 UPOV 公约规定，除新颖性需具备适当的命名外，植物新品种必须同时具有特异性、一致性和稳定性才能获得授权。特异性、一致性和稳定性是最重要的授权条件，也是实质审查的主要内容。为了规范品种特异性、一致性和稳定性测试，UPOV 制定了《品种特异性、一致性和稳定性测试指南》，由 UPOV 的大田农作物技术工作组（TWA）、果树作物技术工作组（TWF）、观赏植物和林木技术工作组（TWO）、蔬菜作物技术工作组

（TWV）和自动化与计算机程序技术工作组（TWC）等 5 个技术委员会负责出版发行。

目前，UPOV 公布测试指南 318 个。其中，观赏植物测试指南所占的比重最大，其次是蔬菜和果树，然后是牧草和大田粮食作物。牧草中主要包括黑麦草、红三叶、紫花苜蓿、鸭茅、早熟禾、猫尾草、白三叶、高羊茅、紫羊茅、扁穗雀麦、苜蓿、羊茅黑麦草属等 12 个属种。

UPOV 不断地修订这些测试指南，并陆续制定出涉及更多植物属和种的测试指南。其中，2017 年 UPOV 春季理事会会议通过了 5 个新的 DUS 测试指南、修订了 9 个测试指南，部分修订了 4 个测试指南。UPOV 成员中已有 DUS 测试的植物种属从 2016 年的 3 462 个上升到了 2017 年的 3 561 个，增长了 2.9%，该信息可在 GENIE 数据库查询。2017 年植物分类名单包括了 3416 个不同的植物种属。

UPOV 最初规定植物新品种授权前必须进行官方测试，直到 1979 年接受新西兰成为成员后才明确育种人测试也要符合 UPOV 公约要求。官方测试，又称为集中测试，是在控制品种和环境之间的交互作用的前提下，对品种性状进行描述。专门的测试机构由测试员按测试指南要求在植物发芽期、幼苗期、生长期、开花期、果期等对形态性状及抗病性、品质等做出观察，一般要经过 2～3 年的重复观察，并与近似品种进行比较，最后才能得出结论。

2. 欧盟与法国

1954 年，欧盟在法国昂热设立了植物品种局（CPVO），是评估并登记欧盟成员所有具备规范开展 DUS 测定工作能力的机构，实行委托测定，还对新品种命名给予指导。截至 2014 年年底，已有 20 个欧盟成员的 25 个机构被 CPVO 委托开展植物品种 DUS 测定，法国是主要成员之一。

法国农业部设有种子办公室，负责植物新品种保护工作。该办公室下设品种保护委员会、品种注册委员会和种子质量证明处。植物新品种测试工作由品种审定与种子检测中心（GEVES）承担。GEVES 的任务包括：植物新品种注册、新品种保护和种子质量证明。GEVES 分为品种测试部（SEV）和种子测试部（SNES），总部设在凡尔赛附近的 La minire，有 6 个独立试验站和 6 个附属试验站以及国家种子测试站（SNES，ANGERS）。

GEVES 进行品种技术测试以田间测试为主，实验室测试为辅。法国目

前执行的 UPOV 公约 1978 年文本。申请品种权的品种只测试 DUS，与为新品种注册所做的 DUS 测试完全一致。如果一个植物新品种既申请注册又申请保护，只进行一次 DUS 测试，由欧盟植物品种局（CPVO）审定，授予国家保护。法国每年测试的新品种数量为 1 300 个，其中由欧盟植物品种办公室测试的品种为 450 个。

3. 美国

美国则采用专门立法和专利法相结合的形式对植物新品种进行保护。美国首创了植物新品种在知识产权方面的实际保护，早在 1930 年就颁布了《植物专利法》，保护植物品种、亲本材料、生物技术、无性繁殖的新品种，但不包括块根、块茎植物，由美国专利局与商标局负责审批，授予植物新品种专利。1971 年实施《植物新品种保护法》，保护有性繁殖和其他植物新品种，由设在美国农业部农业市场服务司科技处的植物新品种保护办公室负责审批。1983 年，美国加入 UPOV，现在执行 1991 年文本。1985 年，美国还通过了植物新品种的实用专利保护。美国在应用 DUS 测试技术的同时，近年来增加了有关"主体衍生品种（EDV）"法规。

美国 DUS 测试是所有 UPOV 成员中唯一通过书面审查授予植物品种权的国家。审查员依据申请人提供的描述信息、试验数据和特异性照片等进行 DUS 判定。该模式审批时间较短，速度较快，一项品种权申请的审查时间平均需要 27 个月。特异性审查主要是将申请品种的描述录入审查数据库，并与库中所有品种进行比较。到 2008 年，该数据库已存有 130 多种作物 8 万多份品种信息。一致性和稳定性审查主要依据书面材料，检查申请品种系谱图和是否有变异产生。在审查过程中，审查员时刻与育种人保持密切的联系，如果发现存在与申请品种近乎相同的品种，将要求申请者提供额外数据来证明其特异性。

目前，美国植物新品种保护办公室受理的植物属和种共计 134 类。1971 年至今，共受理品种权申请 6 802 件，授权 4 409 件。其中，超过 73％ 的申请来自大豆、玉米、小麦、豆类、豌豆、棉花、生菜、羊茅、黑麦草和苜蓿等主要作物。

4. 德国

德国是世界上最早实行新品种保护制度的国家之一，是 UPOV 的创始国之一。德国植物品种局（BSA）是联邦粮食、农业、林业部下设的植物品种方面的最高机构。总部设在德国汉诺威。BSA主要职能包括：植物新品种授权、新品种登记、授权品种和登记品种的管理、编写出版《新品种保护公告》、参加有关立法活动等。BSA下设行政管理、农业植物和园艺植物3个部门。BSA包括3个委员会，负责新品种授权审查、国家品种名录和品种权及品种名录申诉方面的事务。除总部外，BSA在全国设置了15个DUS试验站，其中10个试验站负责农业植物测试，5个试验站负责园艺植物测试。测试中心作为社会公益性事业，由政府给予资金扶持，列入公共财政项目支出，德国每年投入7 000多万欧元专项资金用于该项工作。

根据德国的《种子与品种法》规定，新品种必须通过DUS测试，才能进行品种登记和授权，具有强制性。DUS测试与VCU试验同时进行。

5. 英国

英国环境、食品及农业部（DEFRA）是负责英国环境保护、食品生产和标准、农业、渔业和农村社区工作的政府部门。北爱尔兰农业食品与生物科学研究所是经过英国环境、食品与农业部授权和CPVO评估的英国唯一进行草种DUS测定的机构。

DUS测试的基本工作在田间进行，测试时间根据作物种类有长有短：观赏的花卉为1个生长季节，谷物、蔬菜、果树为2个生长季节（若有必要可延长）。英国的DUS测试中，特异性的测试是关键。除了测试人员将申请品种与对照品种在植株性状上进行对比分析外，还请各方面的专家，利用相应的经验、知识，确定申请品种的特异性存在与否。这样，才能准确无误地报出DUS测试关键的结果。在DUS测试全过程中，英国测试机构还注意同育种者保持联系，及时请他们到测试机构中来交换意见，解决申请品种的问题。

6. 澳大利亚

澳大利亚植物育种权审批机关为植物育种者权利办公室，设在国家农林渔业部，2005年把植物育种者权利办公室的行政管理纳入了国家知识产权部门。1987年开始实施《植物育种者权利法》，目前执行UPOV公约1991年文本。

澳大利亚主要采用现场考察的方式进行DUS审查。现场考察是指申请

人按照指定的要求将申请品种与参考品种、近似品种一起进行种植，审查员在苗期、特异性状表达明显时期进行检查的测试方式。测试结果将在《Plant Varieties Journal》上公布，公众可以通过网络阅读该杂志，对测试结果进行监督。申请人充分参与 DUS 测试过程，申请品种的特异性状可以得到充分表达，测试过程中遇到问题可以及时解决，从而加快测试进程。

7. 韩国

韩国设有农业、食品和农村事务部（MAFRA）专门负责种业管理，具体执行机构为韩国林木种子和品种中心（KSVS），该中心包含办公室、种子市场处、新品种保护处、品种测试处以及种子检测和研究中心 5 个部门。KSVS 负责农作物种子市场供应、种子市场监管、植物新品种保护、DUS 测试、VCU 测试以及种子质量认证等工作。KSVS 下设 10 个分中心，其中 3 个分中心负责田间测试。

韩国 DUS 测试有自主测试、委托测试和官方集中测试三种方式，共有三家分中心负责开展官方 DUS 测试。除了品种权保护，申请进入国家名录、登记以及种子质量认证的品种也必须具备 DUS 三性。

截至 2015 年 12 月 31 日，KSVS 共受理植物新品种保护申请 8 210 件，授权 7 253 件。申请量前 3 名依次是观赏植物、蔬菜和大田作物，分别为 4 347 件、1 718 件、1 106 件。

8. 日本

日本的种植测试是由国家种子和种苗中心（NCSS）承担，其主要职责是，负责申请品种的栽培试验、品种资源保存与扩繁、原原种的生产与供应、种苗检查及相关技术调研等。NCSS 设有日常事务科、DUS 测试部门、种子检查科、研究科及高质量基地和繁殖用的马铃薯、茶和甘蔗种子生产和推广站 12 个，其中有 6 个站承担 DUS 种植测试任务。

日本公布的测试指南共 706 个，其中有燕麦、无芒雀麦、高羊茅、草地羊茅、羊茅黑麦草属、意大利黑麦草、多年生黑麦草、黑麦草杂交种、紫花苜蓿、羽绒狼尾草、猫尾草、白三叶、红三叶等 13 个牧草品种。

日本采取书面审查和 DUS 测试相结合的审查方式，根据品种的不同和申请者的情况，来决定采取何种方式进行审查。如果申请保护品种的相关性状在国家品种性状数据库有描述，并且申请者提供的信息准确可靠，那么审查委员会采取书面审查方式。除此之外的其他品种，就要进行 DUS 测试。DUS 测试也分两种情况进行，可能由审查机构自己来做，也可能委托申请者来做。

截至 2015 年，已累计申请 31 225 件（含国外品种 10 299 件），已授权 25 166 件（含国外品种 7 799 件）。授权的作物类别以花草类占多数（61%），其次为观赏类木本（17%）、蔬菜（7%）、食用作物（5%）、果树（5%）和其他（5%）。

（二）我国 DUS 测试机构及工作进展

1997 年 3 月，我国公布了《中华人民共和国植物新品种保护条例》。1999 年 4 月 23 日，我国正式加入《国际植物新品种保护公约》，成为 UPOV 第 39 个成员，开始正式受理国内外植物新品种权的申请，并建立了审查和测试的技术体系。我国对植物品种权的保护还仅限于植物品种的繁殖材料及对植物育种人权利的保护。我国植物 DUS 测试工作依据植物类型和应用领域，分属于农业农村部和国家林业和草原局两个政府机构。农业农村部负责粮食、棉花、油料、麻类、糖类、蔬菜（含西瓜、甜瓜）、烟草、桑树、茶树、果树（干果除外）、观赏植物（木本除外）、草类、绿肥、草木药材、食用菌、藻类、橡胶树等植物新品种保护。国家林业和草原局负责林木、竹、木质藤本、木本观赏植物（包括木本花卉）、果树（干果部分）及木本油料、饮料、调料、木本药材等植物新品种保护工作。

1. 农业农村部 DUS 测试及工作进展

农业农村部植物新品种保护办公室是农业植物新品种保护的办事机构。具体工作由农业农村部科技教育司知识产权处、农业农村部科技发展中心植物新品种保护处、农业农村部科技发展中心植物新品种测试处和农业农村部植物新品种保护办公室植物新品种保藏中心负责。

为了保障我国《种子法》和《植物新品种保护条例》顺利实施，原农业部开始了植物新品种保护测试体系的建设，先后组建了植物新品种保护办公室（负责植物新品种受理审查）、植物新品种繁殖材料保藏中心（负责对植物新品种的繁殖材料进行保藏）、植物新品种复审委员会（负责对驳回品种权申请的复审、品种权宣告无效和授权品种名称更名）、植物新品种测试中

心，并在东北、华北、华东、华南、西南内陆、四川盆地、青藏高原和西北内陆等生态区域分别建立了 27 个分中心（北京、公主岭、哈尔滨、南京、济南、上海、杭州、广州、成都、杨凌、乌鲁木齐、西宁、昆明、儋州、张家口、巴彦淖尔、原阳、岳阳等）及郑州（以桃、葡萄为主）、杭州（以茶叶为主）、兴城（以苹果、梨为主）3 个测试站。其中，测试中心挂靠在农业农村部科技发展中心，保藏中心挂靠中国农业科学院作物科学研究所，测试分中心和测试站分别挂靠在上海市农业科学院等 29 个省级农业科学院或者农业大学。

《植物新品种保护条例》规定：申请品种权的植物新品种应当属于国家植物品种保护名录中列举的植物属或种。1999 年 6 月 16 日，农业部颁布了《中华人民共和国农业植物新品种保护名录（第一批）》，共有 10 个属（种），2000 年颁布第二批 9 个属（种），2001 年颁布第三批 4 个属（种），2001 年颁布第四批 7 个属（种），2003 年颁布第五批 11 个属（种），2005 年颁布第六批 21 个属（种），2008 年颁布第七批 12 个属（种），2010 年颁布第八批 6 个属（种），2013 年颁布第九批 93 个属（种），2016 年颁布第十批 45 个属（种），合计颁布了农业植物新品种保护名录 218 个属（种）。据统计，截至 2016 年年底，我国农业植物新品种权总申请量超过 18 000 件，总授权量超过 8 000 件。2016 年申请 2 523 件，年申请量位居国际植物新品种保护联盟成员第一位。

为贯彻落实《中华人民共和国种子法》，2016 年农业部出台了《农业部植物品种特异性、一致性和稳定性测试机构管理规定》，同年还公布了《主要农作物品种审定办法》。2017 年农业部发布《非主要农作物品种登记办法》，并公布了第一批 29 种非主要农作物登记目录，《非主要农作物品种登记办法》和目录自 2017 年 5 月 1 日起施行。这标志着我国农作物品种管理向市场化方向迈出重要一步。

2016 年前主要采用官方测试。2017 年 2 月《农业部办公厅关于做好主要农作物品种审定特异性一致性稳定性测试工作的通知》中说明，DUS 测试采用自主测试和委托测试两种方式，1 个品种参加多次审定的，只需进行 1 次 DUS 测试。另外，DUS 测试与植物新品种保护衔接。品种在申请审定之前已申请植物新品种保护，且已完成 DUS 测试的，申请者可向测试中心请求出具 DUS 测试报告复印件用于品种审定。对于理由充分、材料齐全的，测试中心在 20 个工作日内出具 DUS 测试报告复印件。无论官方测试、自主测试还是委托测试的，正常情况下每个样品进行 DUS 测试的周期为 2 年，但当样品两年间表现不一致时将安排第 3 年测试。委托测试报告和官方测试报告可直接用于申请植物新品种保护。自主测试的测试报告用于申请植物新品种保护时，农业农村部植物新品种保护办公室应委托相关测试机构对测试报告进行 1 个生长周期的复核试验。复核通过的，该测试报告可用于申请植物新品种保护；复核不通过的，农业农村部植物新品种保护办公室将复核结果抄送相关品种审定委员会办公室。

承担委托测试的测试机构具备与 DUS 测试工作相匹配的基础设施；测试技术人员数量与测试任务量相匹配，技术人员须持专业培训合格证书，从事相关作物 DUS 测试 2 年以上，且不得从事植物育种和品种开发工作；具备开展近似品种筛选、田间种植试验、室内分析实验等技术能力以及相应管理能力，具备开展委托测试条件的测试机构由农业农村部科技发展中心（农业农村部植物新品种测试中心）备案并向社会公告。

分子标记检测技术因具有测试周期短、不受环境影响和季节限制、供选择的标记数量多、可以进行高通量测试分析的优势，已逐步用于新品种鉴定、种子纯度及品种真实性检测。分了标记技术和表型测试技术相结合，逐步成为中国植物新品种 DUS 测试的主要技术手段，是植物品种权保护的重要基础，已经成功地应用在水稻、玉米、油菜、小麦、马铃薯和大豆等多种作物上。

2. 国家林业和草原局 DUS 测试及工作进展

1997 年，国家林业局成立了植物新品种保护办公室，建立了代理机构和测试机构。1999 年颁布《植物新品种保护条例实施细则（林业部分）》，成立了植物新品种复审委员会。2001 年国家林业局成立国家林业局科技发展中心（国家林业局植物新品种保护办公室）。内设综合管理处、新品种保护处、生物安全管理处、认证管理处、执法管理处和引智管理处共 6 个处室。

国家林业局先后成立了华北测试分中心（中国林业科学研究院华北林业实验中心）、华东测试分中心（中国林业科学研究院亚热带林业实验中心）

和华南分中心（中国林业科学研究院热带林业实验中心）3 个分中心，中国林科院林研所分子测定实验室和南京林业大学分子测试实验室 2 个分子测定实验室，以及月季专业测试站（云南）、一品红专业测试站（上海）、牡丹专业测试站（山东）、杏专业测试站（北京）、竹子专业测试站（安徽）5 个专业测试站，21 家林业植物新品种权代理机构，初步建立起了受理、审查和测试整套管理体系。

原国家林业局林业植物新品种保护办公室自 1999 年以来已经颁布 6 批新品种保护名录，第一批 8 个属（种），第二批 17 个属（种），第三批 21 个属（种），第四批 32 个属（种），第五批 120 个属（种），第六批 8 个属（种），共颁布了 206 个属种的林业植物新品种保护名录，有效满足了育种者申请植物新品种保护的需求。截至 2016 年年底，共受理国内外申请 2188 件，授权 1 198 件。

3. 测试指南研制机构

国内的农业研究机构、学校、企业、个人以及其他机构都可以承担测试指南的研制任务。为了保证指南研制的质量和科学性，承担测试指南研制任务的机构和人员应该在相应植物科研领域具有领先优势，能够收集到尽可能多的相应种属的已知品种和种质资源的能力，具有开展实验所需要的人力和物力条件；具有该植物品种培育、栽培或 DUS 测试的经验以及具有借鉴国际相关植物种属 DUS 测试指南的能力。为了促使研制的测试指南具有科学性、专业性和可操作性，一般测试指南的研制采取研制单位和 DUS 测试机构相结合的中国特色的研制模式。

4. 国内 DUS 标准与技术

我国加入国际植物新品种保护联盟（UPOV）以来，大力开展各类植物品种测试技术研究工作。2004 年《植物新品种特异性、一致性和稳定性测试指南总则》（GB/T 19557.1—2004）发布。2008 年 4 月由我国专家负责制订的茶树 DUS 测试指南被 UPOV 采纳，成为我国为 UPOV 制订的第一个 DUS 测试指南。根据农业农村部科技发展中心的统计数据，至 2015 年年底，我国已研制植物品种 DUS 测试指南 186 个，16 种植物 DNA 指纹图谱鉴定方法，普通小麦和玉米 2 个拍摄规程，6 个技术问卷，主要是大田作物、蔬菜和花卉。截至 2017 年 6 月，国家林业局共发布了 38 个林业植物新品种 DUS 测试指南。其中，国家标准 11 项，行业标准 27 项。现已完成了榆叶梅、紫薇、丁香属、腊梅、蔷薇属、桂花、木兰属、牡丹等 19 种观赏植物新品种 DUS 测试指南，用材林新品种测试指南 10 项，经济林 9 项。各测试指南因分类标准不同而存在交叉。

二、我国草种 DUS 测试进展情况

我国在草品种审定过程中，没有开展新品种的 DUS 测试，判断一个品种是否具备"三性"，专家只能依靠专业经验判断是否属于新品种，很可能误将老品种审定为"新品种"，造成"一品多名"或"多品一名"。1997 年，国务院颁布《中华人民共和国植物新品种保护条例》，明确只有通过 DUS 测试的品种才能被认定为可被保护的"新品种"。该条例的颁布实施促使农业部逐步启动了包括草地早熟禾等草类种（属）在内的多种植物 DUS 测试技术研制工作。2013 年，农业部将 DUS 测试工作纳入了国家草品种区域试验项目，相继开展了紫花苜蓿、多花黑麦草、桂花草、苏丹草（含高粱—苏丹草杂交草）、结缕草、披碱草等 6 个草种的 DUS 田间测试指南编制、验证和 DNA 指纹图谱辅助鉴定体系构建等相关工作，为田间实施 DUS 测试工作奠定了理论基础。截至 2014 年年底，已制定苜蓿、草地早熟禾、披碱草、鸭茅、黑麦草、狼尾草、狗牙根、结缕草、小黑麦、冰草、红三叶、白三叶、鹰嘴豆、无芒雀麦、高羊茅（含草地羊茅）、籽粒苋、酸模等牧草品种测试指南 17 个，还有燕麦、稗、黑麦等与农作物共用指南。这些测试指南以农业行业标准的形式颁布执行。

2016 年兰州大学等单位承担苜蓿、羊草等草种 DUS 测试技术的研制和完善任务；黑龙江省农业科学院草业研究所、新疆农业科学院农作物品种资源研究所、华南农业大学等单位承担红三叶、小黑麦、鸭茅等草种 DUS 测试指南的验证完善任务，进一步完善测试技术；中国科学院植物研究所和中国农业科学院草原研究所完成了羊草、披碱草 DUS 测试规程初稿编制，填补了羊草、披碱草 DUS 测试技术空白；黑龙江省农业科学院草业研究所已将红三叶申报第 12 批保护名录，使红三叶品种审定、DUS 测试、品种保护有机结合，有效推进了保护进程。DUS 测试的实测工作正式启动后，将进

一步提升我国草品种审定工作科技含量，提高自主品种质量，也有助于打破自主品种参与国际竞争的技术壁垒。

三、草种 DUS 测试工作存在主要问题

（一）测试指南欠缺

开展新草品种 DUS 测试指南的编写工作，有利于保护我国育种工作者的经济权益，有利于育种工作持续创新，有利于草业创新资源的有效配置，有利于促进育种科技成果的产业化，有利于推动育种科技的国际交流与合作。据全国草地资源调查，我国天然草地共有 18 大类、824 个草地型，草地饲用植物 6 704 种（含亚种、变种和变型），分属 5 个植物门、246 个科、1 545 个属。仅《草种管理办法》中就明确包括苜蓿、沙打旺、锦鸡儿等 24 个草种，各省、自治区、直辖市人民政府草原行政主管部门还可分别确定其他 2～3 种草种。从近年来我国牧草种植和种子生产情况看，生产的主要草种有 50～60 种，已进行区域试验的草种有几十种，目前我国仅颁布了十几个草属种的测试指南，如果将 DUS 测试纳入区域试验，还需要尽快完成其他草属种测试指南的编制任务。

（二）已有测试指南有待验证和修订

UPOV 不断地修订测试指南，提高指南的科学性、实践性和准确性。随着我国草种审定、保护工作的开展和与国际接轨的需要，相应审查测试技术方法和标准需要不断改进和完善。长期以产量、品质及抗性等指标作为育种的主要目标，使得品种之间性状的差异越来越小。因此，对申请审定和品种权的新品种的性状考察需要更加精准的 DUS 测试指南来支撑。

（三）DNA 分子水平测试技术缺乏

我国已入库保存草种质资源 5 万余份，审定草种 533 个。目前，仅对柱花草、高丹草、苏丹草、多花黑麦草、苜蓿等少数属种的部分种质资源和个别审定品种进行了 DNA 指纹图谱建设工作，无论在构建指纹图谱的草种数量上，还是在 DNA 技术应用水平上，都与国内其他植物品种 DNA 指纹库

建设有很大差距，很难通过指纹库筛选近似对照品种和开展草种纯度鉴定工作。

（四）标准品种种子量不足

草品种不同于其他大田品种，多为异花授粉作物，具有自交不结实、种子产量低等特点，为保障原有种子数量和质量，必须进行隔离制种。并且育成品种多为综合种，随着种植年限增长会出现种间变异。到目前为止，国家未投入资金进行标准品种繁殖更新，标准品种种子可靠性和种子量缺乏，严重制约了 DUS 测试工作顺利开展和实施。

（五）已知品种数据库不完善

待测品种的近似品种选择正确与否，直接影响待测试品种特异性判定。原则上，近似品种应当在国内外植物审定品种、推广品种、授权品种、国家种质资源库的保藏品种、种质资源，甚至要在已经申请新品种保护还没有授权品种的已知品种中选择。现国家还没有专项资金进行草种已知品种数据库建设，育种者掌握的品种资源有限，对近似品种概念的理解不足，易导致近似品种与待测品种的性状差异大，近似品种不近似。因此，急需建立已知品种数据库。

（六）测试基础设施、技术不完善

我国的草种测试工作刚刚起步，目前草种审定开展 DUS 测试主要依托农业农村部现已经建成的测试机构开展草种测试工作。现已参加国家草品种区域试验的部分草种还没有相应测试指南，测试机构如没有掌握该种大量种质资源，将极大地增加测试难度；有的测试机构测试基础设施条件较薄弱；测试机构拥有专职测试人员一般为 5 人，按每 40 个测试品种设 1 名专职测试人员的原则配备，各测试机构承担大量其他作物测试任务，又要保证及时完成草种测试任务。因此，无论是从给予审定和保护的草属种数量上看，还是从测试任务的轻重缓急程度上看，新品种测试机构现有基础条件都难以独自完成草种 DUS 测试，需对测试机构基础设施、技术、人员配置进一步完善。

四、草种 DUS 测试的思路和对策

(一) 总体思路

深入贯彻实施《中华人民共和国种子法》和农业农村部《草种管理办法》，促进草种 DUS 测试体系的合理布局和优化升级，加快与国际接轨，提升为草业服务能力，建立公正、公平、科学、高效的新品种 DUS 测试体系，为我国草品种审定和登记、新品种保护和育种创新提供科学准确的数据，为种业管理提供强有力的支撑。

(二) 基本原则

1. 区域布局原则

根据我国草种生产规划和草原分布区域，合理布局草种测试机构，坚持草种测试服务草种产业的发展原则，因地制宜地设立测试机构，建成层次分明、区域分布合理、职责明确的草种测试机构网络体系。

2. 能力提升原则

以设施设备改扩建、人员培训、实验室质量保障体系建设为手段，增强草种 DUS 测试机构硬件和软件实力，提升各测试分中心业务能力和水平，切实为草品种审定、保护提供技术支撑。

3. 创新发展原则

紧抓 DUS 指南制修订、DNA 指纹测定等新技术攻关环节，强化行业联合，寻求国际合作，突出科技创新，努力提升我国草种 DUS 测试水平，加快草种测试技术与国际接轨。

4. 统筹兼顾原则

以现有农业 DUS 测试体系为主，兼顾草品种测试，根据农业生产需求和种业发展实际需要，对各类测试分中心整体规划、系统布局，确保项目建成后发挥整体优势和功能。

(三) 工作目标

计划到 2020 年，建成一个布局合理、基础设施先进、功能完善、科学高效的草种 DUS 测试体系。该体系将由 1 个测试中心（含品种身份信息共享平台），覆盖 7 个草原区的 DUS 测试体系。建成的 DUS 测试体系，将有效提升草品种测试评价工作的信息化水平和科技含量，提高审定品种质量，为草品种良种评价推广和新品种保护提供技术支持。

（四）区域布局

1. 测试中心

承担全国新草品种测试标准化技术委员会秘书处日常工作；组织开展新草种 DUS 测试指南的研制和测试新技术、新方法的研究；组织收集、整理、保存 DUS 测试所需的国内外草新品种、病原体和虫源，建设和使用已知品种数据库；承担农业农村部植物新品种保护办公室安排的新草种 DUS 测试任务；承担有关新草品种侵权、假冒案件的技术性鉴定工作。

2. 测试分中心

在现有的黑龙江、江苏、四川、青海、新疆 5 个农业农村部测试分中心的基础上，扩大职能，建成草品种测试分中心。另外，在甘肃新建一个草品种测试分中心。分中心承担相应区域内的草种 DUS 测试。

测试中心基础设施建设，包括测试试验地条件建设、测试辅助设施建设、测试品种数据库建设和测试实验室建设。测试试验地条件建设，包括试验地大田和温室建设以及测试田间作业的配套机械；测试辅助设施建设包括挂藏室、工作室、种子库、种子低温保存库（块茎、块根植物低温保存库）。

（五）工作任务

1. 草种 DUS 测试指南的研制与修订

DUS 测试指南的编制既要体现 UPOV 的原则性，又要体现我国国情的特殊性；既要体现我国新草种 DUS 测试指南的原则性，又要考虑到具体植物种属的灵活性。综合考虑各方面的要求，编制出既能与世界接轨，又符合我国国情的新草种 DUS 测定指南。与草品种审定、保护相结合，对已参加区域试验而未制定指南的草种，开展 DUS 测试指南研制；对已制定草种指南，通过在审定品种中应用，进行验证、修订，并组织科研院所和专家学者做好指南的研制与修订工作。草种 DUS 测试指南要与国际标准接轨，严谨

合理，内容叙述准确，简明易懂，符合我国现行的法律、法规，具有科学性、先进性和实用性。

2. 草种标准品种种子繁殖与更新

针对已制定苜蓿、披碱草、黑麦草、红三叶等草种测试指南中的标准品种特征、特性，采用相应隔离、套袋技术，进行标准品种繁殖与更新，生产相应的达到国家草种质量标准的种子量，统一入库保存。

3. 已知品种数据库完善建设

建立的已知品种性状描述数据库是书面审查的技术基础与关键所在。以我国已入库保存的 5 万余份草种质资源和审定的 533 个草种为相关材料基础，开展紫花苜蓿、柱花草、羊草、三叶草、披碱草等主要草种已知品种数据库完善建设，以期为草品种审定、保护选择近似品种及品种退出机制研究提供技术支撑，最终为草种新品种审定、保护提供保障。

4. 草种 DUS 测试田间操作技术研究

随着草种审定、保护数量的增加，国家草品种区域试验站（点）、科研院所需开展相应 DUS 测试任务，但草种具有的科种属多，不同的草种田间试验设计不同，非专业测试机构很难保证草种测试结果准确性。因此，通过开展紫花苜蓿、三叶草、披碱草、草地早熟禾、燕麦等主要草种新品种材料的接收、新品种田间试验、性状观测与比较、测试报告撰写、收获处理、资料归档、问题反馈等切实可行的不同草种 DUS 测试田间操作技术研究，制定出不同草种 DUS 测试田间操作技术手册，指导测试，以期达到对新草品种的 DUS 进行客观评价，确保测试结果的真实和高效。

5. 草种 DUS 测试拍摄技术研究

随着草种 DUS 测试指南制定数目、申报品种审定、保护数量的增加，对性状照片拍摄要求将更加标准和规范，根据《中华人民共和国植物新品种保护条例实施细则》《植物新品种特异性、一致性和稳定性测试指南总则》的有关规定和要求，在实际拍摄中结合本草种测试指南中对性状的分级标准和状态描述，开展紫花苜蓿、三叶草、披碱草、草地早熟禾、柱花草等主要草种 DUS 测试拍摄技术研究，制定出草种 DUS 测试拍摄规程，规范草种 DUS 测试性状拍摄的总体原则和技术要求，以期使拍摄照片真实、准确、客观地反映草种新品种的特异性、一致性和稳定性。目前，我国只制定了玉米和普通小麦的拍摄技术规程，其他都还在研究中，草品种拍摄技术更是一片空白。

6. 草种实质派生品种判定技术研究

草种的实质派生品种按照植物种类的测试指南规定，该品种满足特异性要求，同时具备一致性和稳定性，符合授权条件，但易助长商业修饰性育种的泛滥，直接后果是使大量育种单位对投资育种研究缺乏动力，导致育种研发的急功近利和低水平重复，从而影响原始育种创新的积极性，危害我国草种育种事业的发展。有计划地开展紫花苜蓿、柱花草、披碱草等主要牧草草种其实质派生品种判定研究，以期为将来派生品种判定提供理论依据。

7. 利用生物技术进行 DUS 测试研究

DUS 测试技术以考察植物形态特征作为主要技术，分子标记可用于植物新品种 DUS 辅助测试。草种新品种选育所用的亲本较为集中，种质基础狭窄，特别是生物技术的应用使育成的新品种可能只在少数基因上有差异；田间形态测试和同工酶、蛋白质方法的测试难以有效地鉴别遗传关系较密切的植物品种。因此，需要开展研制植物新品种的标准 DNA 指纹图谱和试验标准，利用先进的 SSR、ISSR、RFLP 等 DNA 指纹图谱技术，鉴别表型上难以辨别的品种。除继续对多花黑麦草、鸭茅和紫花苜蓿等草种开展研究外，推进三叶草、柱花草、披碱草等新草种 DNA 指纹图谱技术研究，以期准确、快速地认定目标品种的 DUS 特性，以更好地保护育种者品种权的合法利益。

8. 草品种 DNA 指纹数据库完善建设

DNA 分子标记技术已在品种鉴定和处理品种权侵权纠纷中得到了应用，将分子标记技术引入 DUS 测试并建立已知品种的 DNA 指纹图谱数据库是 DUS 测试的发展趋势。UPOV 已将 DNA 分子标记鉴定纳入植物新品种"三性"测试，各国也都在植物品种"三性"测试中，加快已知品种和测试品种的 DNA 指纹库建设。利用 DNA 指纹数据库，既起到了辅助筛查"三性"测试时的近似品种，取得最佳对比试验效果的作用；又可以快速鉴定抽查样品是否为假种子或套牌侵权种子，并在数据库中查到套牌侵权对象，切实维护新品种所有者的权益。因此，应建立多花黑麦草、鸭茅和紫花苜蓿等主要草品种 DNA 指纹数据库。

（六）发展建议及保障措施

1. 完善我国法律法规和植物新品种测试体系

草种 DUS 测试是开展草品种审定、品种权保护的基础，没有完善的 DUS 测试体系，就没有对植物新品种公正而科学的评价，就很难进行真正意义上的品种审定和品种权保护。数十年间，我国育种科技人员已培育出一大批具有我国特色的优良品种（系），在当今经济全球化的背景下，如何对这些品种（系）进行有效的知识产权保护是一个不可回避的现实问题。根据我国实际情况，应完善我国的法律法规和新草品种审查体系、测试体系，保护草种育种者权益，通过实践解决出现的问题，逐渐适应 UPOV 1991 年文本的需要。草种测试技术体系的建立有利于我国草种新品种保护审查测试与国际接轨，加强与 UPOV 成员在草种新品种保护领域方面的合作。在国家粮改饲、草牧业等宏观调控政策实施之际，创建草种 DUS 测试体系，推进优良新草品种选育、推广应用，可为国家粮改饲和草牧业发展及农业产业结构调整提供品种支撑。

2. 加强 DUS 测试基础设施建设

草品种审定和新品种保护是一项社会公益性事业，需要国家财政支持。德国、荷兰、法国等植物新品种保护测试先进国家，也是依靠国家对测试基础设施的不断投入，才具备了现在的条件和规模。而我国的草种测试工作刚刚起步，测试基础设施条件薄弱，急需政府投资支持，尽快完善测试基础设施。

3. 加大扶持力度

草品种区域试验和草种新品种保护具有公益性、社会性和重要的战略价值。应将草品种"三性"测试指南研制，DNA 指纹数据库构建纳入标准体系建设和重大专项等项目中，给予重点扶持；加大草品种区域试验经费投入力度，增加试验站点，支持开展 DUS 测试工作；扩大植物新品种保护名录中草属种数量，推进草品种审定和草种新品种保护工作相互融合，共享 DUS 测试结果，防止重复试验，增加育种者负担，促进草品种审定和草种新品种保护工作共同发展；指导试验站点配齐 DUS 测试所需的土地资源、仪器设备和人员力量，为开展 DUS 测试奠定基础。

4. 加强 DUS 测试管理工作

DUS 测试的基本工作在田间进行，要做到测试结果的公正、科学、协调和权威，要加强 3 个方面的管理工作：一是要经常进行思想教育，管理人员和承担试验人员要保持勤勤恳恳、任劳任怨、尽职尽责的敬业精神，保证试验数据的准确性、科学性和公正性；二是提高承担试验人员的专业技术水平，掌握播种季节、播种规格、肥水管理等技术，不遇特殊情况，数据不报废；三是要提高承担试验人员的待遇，要关心承试人员的职称评定和劳动保护，提高他们的劳动报酬，从而保证技术队伍的稳定。

5. 加强技术培训

高素质的人才队伍是测试机构发展的核心动力。测试机构要建立合理有效的运行机制，加强机构的文化建设和质量管理。坚持以人为本，采取定期培训等继续教育方式和科学的质量管理制度，优化人才评价机制，建立以能力素质与岗位职责需求为基础的人才培养和评价体系，从而改善测试机构人员少、工作不稳定等现象，为高效测试技术体系的建立提供人才保障。

6. 积极开展国内外合作与交流

美国、日本和欧洲等国家和地区开展植物新品种保护工作较早，有丰富的经验和有效的实施措施。我们应该借鉴国外先进的草种新品种保护测试技术，签订双边或多边协议，通过委托测试和购买国外测试报告等方式构建草种新品种审查测试的国际互动机制；加强草种新品种保护的国内外申请并使之在保护地获得效益；加速具有国际竞争力的新品种选育及保护。通过对 UPOV 的技术文件和其他成员的植物新品种保护体系进行深入研究，积极开展国际交流，特别是参加 UPOV 的技术交流会，掌握国际上最新的植物新品种保护技术手段，以便确定相关对策，及时调整我国草品种保护战略。同时，组织召开相关的专家研讨会议、加强试验人员培训，让测试人员了解 DUS 测试的基本概念和基本要求，掌握 DUS 测试的基本技巧和基本方法；组织专家对承担 DNA 指纹库建设的科研院所和有关单位予以指导，鼓励科研人员积极创新，加快草种 DNA 指纹数据库建设。

第六节　草种认证

种子认证是由认证机构依据种子认证方案，对种子进行确认并颁发认证证书和认证标识来证明某一批种子符合相应规定要求的活动。该活动涵盖了

种子产前、产中、产后全过程的质量监控和检测。种子认证启蒙于德国，兴起于北美，盛行于欧盟，是目前国际种子贸易的通行证。种子认证在保障种子真实性，维护消费者合法权益，提高育种者和生产者的经济效益，开拓种子国际贸易市场，打破种子贸易壁垒，进一步提升进口种子质量等方面发挥着重要作用。

一、国内外种子认证发展概况

国际公认的种子认证的起因，是 19 世纪上半叶欧洲国家粮食供应紧缺和劣质种子对农业生产的严重影响，对粮食和良种的需求迫使人们一方面加快新品种的培育，一方面采取多种措施保障新品种的优良遗传特性，以延长其使用年限。1869 年，德国植物学家诺培教授提出了"种子控制必须采取预防和监管措施"的理念。在该理念的启发下，德国、加拿大等许多国家纷纷建立了认证机构，对种子生产全过程进行质量控制，创建了种子认证制度。

种子认证的实施使品种真实性得以保持，并迅速在欧美等发达国家发展开来。在 20 世纪 20—60 年代，种子认证制度成为发达国家控制种子质量的主要途径，20 世纪 60 年代后，逐渐形成双边、多边互认，区域和国际认证制度。目前，种子认证制度仍是国际种子自由贸易流通和实行"最低标准"国家的种子投放市场并被认可的唯一方式。

（一）国际种子认证体系发展

经过百余年的发展，种子认证制度和方案更加完善，形成了一个国际上公认的认证体系——经济合作发展组织认证体系（OECD 认证体系）和两个影响力较大的区域性认证体系——官方种子认证机构协会认证体系（AOSCA 认证体系）和欧盟种子认证体系（EU 认证体系）。

1. OECD 认证体系

（1）组织体系。OECD 认证体系是权威性最高的国际性认证体系。1958 年至今，已经有包括日本（1967 年）、伊朗（1995 年）、吉尔吉斯斯坦（2005 年）、印度（2008 年）4 个亚洲国家和南非等 10 个非洲国家在内的 58

个国家加入 OECD 认证体系。每年有 200 个物种的 49 000 个品种通过认证。截至 2012 年，已经有 40 万吨种子通过 OECD 认证。OECD 认证工作由隶属于秘书处的贸易和农业局（TAD）负责，由隶属于 TAD 的农业委员会执行，设立在英国剑桥大学国家农业植物学研究所（NIBA）的合作协调中心为 OECD 秘书处提供技术帮助。OECD 种子方案（OECD Seed Schemes）对联合国成员、世界贸易组织成员、经合组织或非经合组织成员开放，由各成员指定的种子质量控制机构（NDA）根据方案要求执行具体的认证工作。

（2）标准与技术。OECD 秘书处通过召开年会修订发布种子方案，作为组织国际种子贸易流通中品种认证的标准、规则和程序。2017 年 OECD 发布了最新的种子方案，包括禾本科和豆科植物种子、十字花科和其他油类或纤维类植物种子、谷物、糖料甜菜和饲用甜菜种子、三叶草类、玉米种子、高粱种子、蔬菜种子等 8 种作物的种子认证方案，种子方案只涉及种子的遗传质量，即品种纯度。方案制定了一系列要求，确保种子在播种、加工和包装贴签过程中的品种纯度。例如：世代控制（Generation Control）、隔离距离（Isolation Distances）、纯度标准（Purity Standards）、田间检查（Field Inspections）、种子批扦样（Lot Sampling）、后控制小区（Post‑control Plots）、每个种子批的官方强制实验室分析。OECD 认证方案适用于进入成员官方目录的品种。除种子方案外，OECD 制订了《小区鉴定和种子田田间检验指南》（2001 年 6 月）、《OECD 田间检验员认可》《OECD 种子扦样员（包括标识与封缄）和种子检验认可指南》。这些标准和规程为种子认证提供了一个国际框架，在减少技术壁垒、提高交易的透明度、降低交易成本、促进国际种子贸易方面发挥着重要作用。

（3）证书与标签管理。OECD 认证体系将种子认证划分为 3 个世代，前基础种子（Pre-Basic Seed）、基础种子（Basic Seed）和认证种子（Certified Seed）。认证标签样式为长方形单双面印制。前基础种子（不适用于甜菜和饲用甜菜）用白色带紫色斜纹标签，基础种子用白色标签，认证一代种子用蓝色标签，认证二代、三代等种子（不适用于甜菜和饲用甜菜）用红色标签，未经认证的种子用灰色标签，红色和灰色的标签必须注明种子世代级别。标签应保留至少 3 厘米的黑色套印（小于 2 千克的小包装可适当小于 3 厘米）。标签的内容包括认证机构名称和地址、种类（拉丁名）、品种名称、类别（前基础种子、基础种子、认证一代、二代或其他代种子）。

2. AOSCA 认证体系和 EU 认证体系

（1）组织体系。AOSCA（以下简称协会）是由美国各州、加拿大、新西兰、阿根廷、澳大利亚等国家和地区的认证机构组成的协会，成立于 1919 年，现有会员 54 个，包括美国国内 44 个机构和 10 个其他国家的认证机构。

该协会的目标是，建立有关新品种遗传纯度的最低标准和种子分级的基本标准；建立种子认证的条规和操作程序；与种子管理机构合作，制定种子标签和种子在州内、州间和国际商业销售的政策、规章和程序等；与国际经合组织等合作发展种子政策、规章和程序等，加速种子发展，鼓励改良品种的国际贸易；帮助其成员提高技术水平、生产销售认证种子，加强作物品种宣传。协会的运营和日常管理由董事会（AOSCA Board of Directors）负责，董事会由协会西部区域（Western Region）、南部区域（Southern Region）、北部区域（Northern Region）、全球（Global Region）等 4 个区域选派的代表组成，每个区域选派 2 名代表，任期 2 年。协会的具体工作由认证委员会（理事会）负责。协会每个会员单位委派 1 名成员组成认证委员会（理事会），协会 4 个区域每年选派 1 人担任理事会副主席，主席从理事会成员内部选举产生，认证委员会（理事会）负责制定、修改和废除官方认证标准，审批认证申请，并对董事会负责。协会只负责制定相关技术标准，并不参与具体的认证工作，认证工作由各国认证机构负责（AOSCA 官网）。

EU 认证体系是德国、法国等欧盟国家普遍采用的认证体系。与北美自由开放的风格不同，欧盟国家在种子认证方面更为严格。北美国家实行自愿认证，而欧盟国家实行强制性种子认证。欧盟的种子认证工作由 CHAFEA 负责，CHAFEA 通过欧盟种子相关决议协调成员种子贸易、促使各成员在种子贸易中保证品种质量。成员根据欧盟共同法令建立国家目录，并上报给委员会，由委员会备案汇总成为欧盟共同目录。

（2）标准与技术。AOSCA 规定，生产认证种子必须要有合格的生产地块、合适的仓储条件、田间检查、符合要求的标签和实验室分析报告，并为此制定了《AOSCA 遗传和作物认证标准》和《AOSCA 操作程序》。《AOSCA 遗传和作物认证标准》主要内容，包括种子认证的规则和程序以及 44 个作物种类的质量标准;《AOSCA 操作程序》侧重认证的操作和有关管理内容。AOSCA 要求生产认证种子必须从官方指定的基础种子提供机构获得基础种子,2017 年 AOSCA 官网公布了 44 个基础种子提供单位。欧盟在种子质量监控中,从品种管理、释放,到种子的法规法律均遵从 OECD 的相关规定,并在此基础上制定了甜菜、禾谷类、饲料作物等 10 个作物的《种子营销法令》,该法令规定了种子认证的标准和操作规程。欧盟各国通过共同遵守上述认证体系的规则而打通种子国际贸易通道。

(3)证书与标签管理。AOSCA 种子认证分为 4 个世代(Four Seed Classes):育种家种子(Breeder Seed - Seed Directly Controlled by the Origi-nating or Sponsoring Plant Breeding Organization)、基础种子(Foundation Seed - the Progeny of Breeder or Foundation Seed Handled to Maintain Specific Genetic Purity and Varietal Identity)、登记种子(Registered Seed - the Progeny of Breeder or Foundation Seed Handled to Maintain Satisfactory Genetic Purity and Varietal Identity)和认证种子(Certified Seed - the Progeny of Breeder,Foundation or Registered Seed Handled to Maintain Satisfactory Genetic Purity and Varietal Identity)。育种家种子和基础种子用白色标签,登记种子用紫色标签,认证种子用蓝色标签。

3. 不同国家的种子认证体系

虽然欧美种子强国均加入了上述的种子认证体系,并按照相应的方案开展工作,但每个国家在具体的执行中又各有特色。

众所周知,美国是一个移民国家。1900 年以前,美国种植的都是移民从各国带来的品种和种植材料,农民自留自用。直到 20 世纪初,才有了第一批育成新品种。出于对农业生产的保护,官方开始成立或授权成立种子质量控制机构。1900—1920 年,各州陆续成立了种子或作物改良协会,开始了种子认证工作。如今,美国已经成立了 44 个官方种子认证机构。其中,加利福尼亚等 23 个州由作物或种子改良协会(Seed or Crop Improvement Association)负责种子认证,阿拉斯加等 3 个州的种子认证工作由种子种植者协会(Seed Growers Association)负责,夏威夷等 10 个州由州农业局(Department of Agriculture)负责,俄勒冈等 3 个州由大学负责,其他各州由种子认证协会等负责(OECD 官网)。各州种子认证机构按照州种子法的

规定对种子进行认证，州之间的种子贸易需联合认证。进入 OECD 成员的种子认证工作由美国农业研究局（Agricultural Research Service）指定的机构按照 OECD 种子方案进行认证，并贴上 OECD 认证标签。美国实行种子自愿认证制度，《联邦种子法》对种子认证和质量没有具体要求，只要求标签的真实性，各州种子法规也仅对进口种子要求实施认证。美国种子标签有两种管理办法：一是少数州认证机构实行一个标签制度，将种子检验结果印在官方认证标签上；二是部分州实行两个标签制度，即检验分析标签和认证标签。美国将认证的种子分为育种家种子、基础种子、登记种子和认证种子 4 级，密歇根州和威斯康星州将种子分为 3 级，没有登记种子。各州种子认证机构的运行费用来源于会员费、认证种子生产者或公司检验费、印制发放标签费等，政府不予拨款或资助。

加拿大种子认证由加拿大食品检验局（CFIA）负责，加拿大种子生产者协会（CSGA）制定相关标准和操作规程并执行种子认证工作。CSGA 是加拿大农作物唯一的种子认证机构（不包括土豆）。自 1904 年开始，种子认证工作通过 CSGA 认证的种子由 CFIA 发给蓝色认证标签。加拿大的种子认证包括品种纯度、发芽率及纯净度等物理质量检测。同为 AOSCA 的成员，加拿大与美国的种子认证也有不同，加拿大的种子认证与美国的世代分级也不同，加拿大将种子分为育种家种子（Breeder）、选择种子（Select）、基础种子（Foundation）、登记种子（Registered）、认证种子（Certified）五级，没有经过认证的种子不允许进入市场销售（蔬菜种子除外）。

澳大利亚生产面积最大的种子是牧草种子、蔬菜种子和花卉种子。1996年发布《澳大利亚联邦种子法》，并按照此法要求开始质量认证工作，其种子质量认证也是自愿进行的，但种子进入市场销售必须悬挂销售标签（主要是质量认证标准），不挂标签销售属于非法。牧草种子普遍都进行认证，而粮食作物因大多是自留种。因此，除了杂交作物种子外，大多不认证。但对于新育成的品种，其基础种子必须经过质量认证后方可提供生产。国家初级产业和能源部的作物局负责全国的种子质量认证管理，每个州都有一个种子质量认证机构，通常为州初级产业部或相关部门负责。《澳大利亚联邦种子法》规定，其质量认证按照国际经济合作与发展组织（OECD）的标准和程序进行，种子的认证主要包括地块的选择（检查生产地种植同类作物的间隔时间、病虫害、异花授粉作物的隔离情况等）、检查种子生产用种是否合适、播种时的监督、收获前的田间纯度鉴定、加工仓储设施审查抽查和室内检验。

新西兰是世界公认的良种制种基地，也是全球黑麦草、三叶草等种子的重要输出国。新西兰国家种子认证始于 1915 年，由初级产业部农产品质量中心及其指定的官方种子认证机构种子认证局负责全国的认证工作。认证局的收入来自认证费，包括种子生产者费和田间检验费。新西兰同时参加了 OECD 的谷物、油料、牧草、甜菜种子认证体系和 AOSCA 的认证体系，其认证工作按 OECD 标准和程序进行。生产认证种子前必须经过官方登记，认证种子分为 4 级，育种家种子（Breeder）、基础种子（Foundation）、认证种子一代（Certified，1st）和认证种子二代（Certified，2nd），分别采用绿色、褐色、蓝色和红色标签。新西兰的种子认证同澳大利亚一样，是种子生产全过程的质量控制。

法国是欧盟最大的种子生产国，也是最早实施种子认证的国家，其认证历史可以追溯到 20 世纪 50 年代，由自愿认证发展到强制认证。经过半个多世纪的发展，这一制度日臻完善。认证工作由法国种子种苗行业联合会（GNIS）负责，具体认证工作由种子质量监控和认证中心（Official Service for Seed Control and Certification）执行。认证种子同样需经过品种审定进入国家目录，然后由各指定官方机构和人员根据 OECD 标准和规程进行全过程质量管控。

英国在 1969 年首先在谷物上开始自愿的种子认证，1976 年加入欧盟之后，种子认证上升为法律强制性要求行为，未经认证的种子不允许在市场上流通。英国种子认证由环境、食品和农业部（The Department for Environment，Food and Rural Affairs）负责，其在苏格兰、北爱尔兰和英格兰及威尔士设立了 3 个独立的种子认证机构，在英格兰和威尔士由动植物健康中心（Animal and Plant Health Agency）实施，在苏格兰由苏格兰农业科学院进行，在北爱尔兰由其农业局进行。英国认证种子分为前基础种子（Pre-basic）、基础种子（Basic Seed）和认证种子（Certified Seed），前基础种子用白色带紫色斜条纹标签，基础种子用白色标签，认证一代和二代种子用蓝色标签，认证三代以后用红色标签。

德国是种子认证管理理念的启蒙地，种子认证由德国联邦食品、农业及消费者保护部（Federal Ministry of Food，Agriculture and Consumer Protection）监管下的植物新品种局（Federal Office of Plant Varieties）和联邦种子认证机构共同负责。德国实行强制性认证，品种必须通过品种审定。德国种子认证由联邦各州的官方认证机构负责，主要是审查技术和质量要求，包括种子生产过程控制和物理质量检测。目前，德国有 15 个官方种子认证机构。种子分为前基础种子（带有紫色斜线条的白色标签）、基础种子（白色标签）、认证种子（蓝色标签）3 级。

（二）我国种子认证体系的发展

我国作物种子质量管理体系借鉴发达国家的成功经验和遵循 WTO/TBT 协议的规定，将建立种子"标准、检验、认证"三大系统作为发展目标。1996 年开始，农业部在全国开展了种子认证试点工作，吸收了 OECD、EU、AOSCA 等国际上公认的种子认证体系的做法，制定了《农作物标签管理办法》（农业部令 2001 年第 49 号）、《中国农作物种子质量认证试点方案（试行）》《农作物种子质量认证方案》《农作物种子生产田间检验规程》《种子质量认证文件化管理指南》《田间检验员认可指南》等十几个种子质量认证必备的管理办法和标准。选择符合条件的地市和公司开展了杂交水稻种子、杂交玉米种子、杂交西瓜种子认证首批试点。确定各认证试点单位所在部级种子质量监督检测中心和省种子质量检验站履行认证种子监督检验职能。试点单位制定了认证品种的《质量管理手册》，将影响种子质量的各个环节落实在岗位责任制中，完善了质量管理制度，初步建立了质量认证体系，并在试点基础上，制定出控制和提高种子质量的措施和办法。2016 年新《种子法》正式实施，使种子认证有了明确的法律依据。

二、我国草种认证工作概况

（一）具备开展草种认证的基础

一是国家层面有法可依。近年来，我国相续修订完善了《中华人民共和国认证认可条例》《认证机构管理办法》《认证证书和认证标志管理办法》等一系列法律法规，我国认证认可工作由中国国家认证认可监督管理委员会负责。《种子法》已明确规定对种子实行认证管理，使草种认证有法可依。

二是对认证理论体系有了一定的研究，并出台了草种认证的技术规程。近年来，我国草原行政主管部门和广大草业工作者为促进草种健康发展做了大量工作，发布实施了草种检验规程、豆科草种质量分级、禾本科草种子质量分级等质量检测依据，以及《牧草与草坪草种子认证规程》（NY/T 1210—2006）和《牧草与草坪草种子清选技术规程》（NY/T1235—2006）等行业标准，为我国草种认证工作的开展奠定了基础。

三是具备可提供技术支撑的体系队伍。我国完善的部、省（区、市）、地市（盟）和县（旗）四级技术推广体系和合理的国家区域试验网点布局为草种认证构建了实施平台。国家草品种审定委员会和通过农业农村部审查认可、国家资质认定评审的种子质检中心，能够为草种认证体系的建立提供技术支撑。

（二）开展草种认证的必要性

我国草种业正处在初期发展阶段，存在着缺乏品种保护、创新乏力、品种混杂、未审先推、套牌侵权、市场不规范、制假售假等诸多问题，严重阻碍了现代种业的发展。美国等国家通过实行种子认证制度，不仅成功解决了这些问题，而且还实现了草种业的强盛，支撑和推动了发达的现代农业，成为当今世界草种贸易的最大经济体。

加快发展我国草种业，推进农业现代化和草牧业发展的步伐，满足农业供给侧结构性改革的需要，是当前草业发展面临的主要任务。面对新形势发展的需求，不论从时间上还是实效上，尽快开展我国草种认证工作都是十分紧迫和必要的。

1. 推行草种认证体系，是保证种子真实性的需要

传统的种子质量控制重点关注种子的物理质量，只能解决净度、水分、发芽率等问题，种子品种纯度是否达到有关质量要求则难以判断。而在种子扩繁过程中保持新草品种的遗传特异性，则体现了种子生产技术与质量管理水平。目前，在种子生产过程中，种植品种来源不清、品种间无有效隔离、生产种子真实性无法保障、品种商业价值难以体现，这些问题均可导致优良

品种的滥用，无法实现优质优价。因此，通过建立种子认证体系，实现对种子产前、产中、产后全过程的监控，不仅保持优良品种的遗传稳定性，有效保证生产品种的种子真实性，而且也确保种子的物理质量达到相应要求，为消费者提供优质牧草种子。

2. 建立草种认证体系，是维护育种者和生产者权益的重要保障

在种子扩繁生产过程中，一方面，需要不断提高种子产量获得更多的种子；另一方面，需要保持品种的优良特性，满足生产者种植的需求。但在生产过程中种植品种来源无法追溯、品种间缺少有效隔离，即便是优良品种，其优良特性也会随着混杂很快退化，不仅育种家的知识产权无法保护，而且种子生产者无法获得品种商业价值，经济效益不稳定。因此，通过种子认证，生产优良牧草品种，保证种子生产的良好收益，不仅维护育种家的知识产权，而且提高种子生产者的经济效益，是维护市场正常秩序、育种者与生产者合法权益的必要手段。

3. 实行草种认证制度，是与国际种子贸易接轨的重要条件

实行种子认证和标签制度，通过认证机构对种子质量进行公正、客观、科学的评价，为市场、消费者提供可靠、准确的质量信息。通过种子生产的认证，不仅可以为专业化种子生产企业的发展提供质量保证，而且也有利于实现种子贸易的国际接轨。由于无法确定生产种子的遗传品质，我国出口的种子常常作为普通种子，在价格方面无法体现品种的优势，企业出口种子效益有限。同时，进口种子往往购买普通种子，依靠价格扩大利润空间，如果进口经过认证的种子，则由于价格高反而影响交易，进一步加剧了国内市场恶性的竞争。通过种子认证制度，鼓励专业化的种子生产企业生产世代清晰、等级明确的认证种子，实现在国际种子生产贸易的互联互通与顺利接轨，成为国际种子生产与贸易的重要组成部分。

4. 建立草种生产认证体系，是现代草种业发展的现实要求

随着我国现代草业的迅速发展，退化草地改良、退耕还草、京津风沙源治理等一系列生态建设工程的相继启动，粮改饲、草牧业政策的相继出台，对于草种业的发展提出了更高的要求。满足生态建设、人工草地建设所需要的各种牧草种子，在属种或品种的适应性、营养特性、加工特性等方面均具有很强的针对性，种类的多样性也要求种子生产技术水平、质量控制体系、市场竞争环境等具有更高的水平。因此，在现代草业发展的新形势下，为保障农业结构调整、草牧业发展，建立种子生产认证体系将助力于现代草种业发展。

三、草种认证存在的问题

（一）认证种子的市场机制尚未形成

一是我国草业发展处在初级阶段，长期大量使用进口草种，使得国内牧草种植企业对国产草种质量的关注度不高。二是草种认证势必会增加种子生产成本，导致种子价格上涨，种子使用者对此的态度如何，能否实现优质与优价并存有待检验。三是在国产种子市场规模小、混乱的前提下，对种子质量的把控甚至被认为是对生产者和销售者的限制而非保护。目前，我国草业行政管理部门已经认识到认证对提高我国草种质量、打通国际贸易壁垒、维护国家安全等方面的重要性，但如何使草种认证得到企业的认可，使用种者认识到认证种子的优势，是开展草种认证工作需首先解决的问题。

（二）草种认证法律法规不健全

认证是由国家行政部门出具证明文件的行为，必须要有明确的法律依据，并配套一系列法规和手册作为行为指南。2016 年的新《种子法》仅明确了农作物和林木种子认证的内容，对草种要求参照执行。在《草种管理办法》中既没有具体规定，也没有相关法规的相应要求。这些均对开展草种认证工作缺少政策保障和指导。

（三）草种认证体系尚未形成

我国已经制定了牧草与草坪草种子认证技术有关规程，但缺乏明晰的体系和详细的操作手册，且没有明确执行主体和管理机构。认证体系不完善，严重影响种子认证工作的规范性。

（四）草种认证缺少实践经验

我国尚未开展草种认证试点工作，各项研究仍停留于理论层面上，规程

是否能够满足我国草种认证的需求尚不确定。因此，亟须开展草种认证试点工作，在实践中完善现有种子规程，逐步形成系统的认证理论。

四、我国草种认证发展思路和对策

（一）发展思路

实施强制性草种认证制度，有利于我国草种管理。理由如下：一是除北美外，世界种业强国均采用强制性认证制度，且兼具种子物理指标检测。以美国为代表的北美国家种子市场起步早，已有百余年的发展历史，宽严相济的种子制度适合其国情。美国虽然实施自愿认证，但对标签管理异常严格，一旦发现标签与实际不符，则严惩不贷。美国国内种子公司为了扩大国际市场占有率往往主动申请认证。二是强制认证制度更贴近国际准则。由于强制性认证制度基于国际认证准则建立，其实施中所引用的强制性国家标准大都等同或等效采用了国际标准，更有利于推动我国草种产品走向国际市场。通过与相关国家、国际组织签署多双边互认协议，打破国外技术贸易壁垒。三是草种的生物学特性要求必须实施强制性认证。虽然《种子法》规定我国种子实行自愿认证制度，但草种与农作物、蔬菜种子不同，草种的遗传特性更加复杂，大多是多倍体的杂交种，依靠实验室检测手段进行品种真实性鉴定存在很大难度。另外，国际上种子认证均以保障"品种纯度"为核心，我国要开展草种认证，必须要严格限制一个前提条件，即品种要优良，通过VCU和DUS测定，进入国家目录。四是我国种子市场现状要求必须尽快实施强制性认证。我国草种市场起步较晚，仅有十几年的发展历程，处于"多、乱、杂"的初级阶段，必须谨本详始，稳扎稳打，夯实基础。实行强制认证，短期内可能会因为门槛提高导致企业生产受限。但长远来看，这是保良去莠，促使草种生产企业规范生产程序，提高草种质量，确保我国草业健康持续发展的保障。

（二）指导思想

深入贯彻实施《种子法》和农业农村部《草种管理办法》，通过认证机构与人员、认证技术、认证规程等体系建设，建立与国际接轨的种子认证体系，提升我国草种业的国际竞争力，推动草业健康持续发展。

（三）基本原则

1. 强化体系建设

以我国现有管理体制为基础，以国家级认证中心、省级认证中心两级管理体制为根本，建立适合我国国情、有助于草种业健康发展的认证体系。

2. 严格质量管理

根据国际种子贸易质量要求，实行强制质量认证制度和标签管理，鼓励企业自觉加强质量控制，全面提升草种生产的规范性和科学性，提高草种质量和国际竞争力。

3. 促进创新发展

综合考虑我国草种生产基础和质量现状，确立符合我国国情的发展理念，统筹推进认证技术创新、管理机制体制创新，实现草种认证创新与质量管理能力提升。

（四）工作目标

建立由国家级和省、市级中心组成的覆盖全国的草种认证网络。到2020年，初步建立依托草原管理部门为主体的草种生产认证体系，为建设现代草种业提供支撑。通过持续建设，到2030年，建成以认证规范、标签制度为核心的草种业科技创新与服务体系，成为建设种业强国的重要保障。

（五）建设内容

在北京建设国家草种认证中心1个，承担育种家种子、基础种子真实性鉴定、认证技术规程编制、认证员培训教材题库编写、分中心考核、认证种子信息汇总等工作；各省根据当地草种生产和认证工作实际需求，建设省级分中心，为本行政区内的草种生产企业提供认证服务。

（六）发展建议及保障措施

1. 构建草种认证机构的组织框架

依托各省、市草业管理部门搭建草种认证组织机构，将草种认证的职能

纳入管理范围。在农业农村部成立负责管理全国草种认证的机构，统筹组织草种认证相关管理规章、操作手册、认证材料、标签标识等，认证人员资质评定、技术培训等，国际互认与交流、信息化建设等。各省市草种认证机构挂靠在草业管理部门，统筹组织省（区、市）内认证牧草种类或品种，生产企业、清选加工企业等指南的发布，认证技术人员的遴选与培训，草种认证的计划与组织实施，认证后的草种等级、产量等信息的公布等。

2. 完善草种认证的技术规范，培养草种认证技术人员

在《牧草与草坪草种子认证规程》（NY/T1210—2006）基础上，进一步修改完善草种认证的内容，尤其在牧草或草坪草种类、品种方面需要及时调整更新。制订我国草种认证技术手册以及相关应用文件。同时，组织草种质检中心、高校、科研院所等单位的相关技术人员进行草种认证检查工作的业务培训，建成具有草种认证资质的专家库。

3. 建立草种认证的标签标识和信息化平台

依据《种子法》《草种管理办法》以及相关法律法规的要求，设计、制作草种认证的证书、标签以及相关标识，形成具有国内鲜明特色、符合草种认证要求的文件标识系统。在各草种认证机构建立信息化平台，实现申报、审核、结果公布以及提供相关草种企业信息交流、展示服务等。

4. 开展试点工作

我国地域辽阔，气候类型多样，草种资源繁杂，各地区草种业发展不均衡，选择草种质量管理工作经验丰富、具有草种繁育或生产基地、国家认可的草种质量检测中心的省（区、市），以《牧草与草坪草种子认证规程（NY/T1210—2006)》为指导开展草种认证试点工作。在总结完善的基础上，不断扩大地域和品种覆盖度。

第七节　草种质检

种子检验即运用科学的方法，对农牧业生产上使用的种子进行检验、鉴定和分析，判定其优劣，确定其种用价值。它贯穿于种子生产、加工、贮藏、销售和使用的全过程，是农业主管部门切实履行种子质量监管职责的重要手段，是支撑现代种业发展的重要保障。随着我国草牧业的不断发展和粮改饲的深入推进，人工种草、草原保护与建设、草场改良越来越受到各级政府的重视。草种生产、贸易流通不断增加，草种质量检验作为质量管理和控制的技术手段，日益受到种子监管部门、生产单位和消费者的重视。

一、国内外种子检验发展历程

（一）国外种子检验的发展

1. 种子检验机构的产生与发展

种子检验起源于欧洲。18 世纪中叶至 19 世纪中叶，欧美各国种子贸易不断增多，一些不法商贩在种子中掺杂作假，以次充好，从中牟取暴利。为了阻止种子贸易的不法行为，维护贸易公平，许多国家颁布了种子管理法令，质量检验作为种子质量管理与控制的有效手段应运而生。1869 年，Friedrich Nobbe 在德国萨兰德建立了世界第一个种子检验实验室，开展种子的真实性、种子净度和发芽率等项目的检验工作。1871 年，Moller - Holst 在丹麦哥本哈根建立私人实验室，并发展成为丹麦种子检验站。1876 年，Jenkins 在康涅狄格农事试验场建立了美国第一个种子检验室，1894 年，美国农业部种子检验室建成，并先后在马萨诸塞（1889 年）、佛蒙特（1895 年）、缅因（1897 年）3 个州建立种子检验室。20 世纪初，亚洲和其他洲的许多国家也陆续建立了种子检验站，开展种子检验工作。种子检验逐渐在世界各国种子产业中应用，成为种子质量管理的有效手段。

随着现代种业的发展，世界各国对种子质量检验更加重视。美国在机构设置上是"国家检验中心＋州检验站"模式，并鼓励企业或其他社会力量加入种子检验队伍，各检验中心（站）区域分明、职责明确，共同承担起种子质量管理与控制职责。美国联邦农业部农产品销售局设有种子管理与检验站，建有国家种子检测中心，研究及制订各种不同的种子检验条例和测定方法，仲裁州与州之间种子检验中所发生的矛盾，负责进出口种子的检验，培训检验人员。50 个州农业局设有种子检验实验室，大多实验室建在大学，负责本州种子的监督检验，仲裁本州复检的样品，并开展委托检验；联邦、州和大学的种子实验室组成了北美官方种子检验员协会（AOSA），承担种子检验技术的研究和教育工作。同时，美国较大的种子公司均建有种子实验

室，负责本公司的种子检验工作。由这些企业或社会力量联合成立了商业种子检验机构技术员组织（SCST），致力于检测技术的研究，提升会员实验室的检验水平。

欧盟各国作为国际种子检验协会（ISTA）、经济合作与发展组织（OECD）和国际植物新品种保护联盟（UPOV）的主要成员，种子市场高度开放，相互交流十分频繁，在种子质量检验方面有许多基本相似的标准和规范，但在机构设置上有所不同。

英国种子检测站由环境、食品与农业部动植物健康管理局负责，全国共建有 31 家具有许可资质的种子检测站，其中 3 家为官方种子检测站，分别设在剑桥大学农业植物学学院、北爱尔兰农业食品与生物科学研究所和苏格兰农业科学管理局，均为 ISTA 会员实验室。官方种子检测站主要负责出口种子病害和质量检测，其他种子检测站承担英国本土的种子检测任务。德国种子管理工作由德国联邦食品、农业及消费者保护部监管下的联邦植物新品种局负责，每个州都设有官方种子监督检查机构，承担市场流通种子的监督检查任务，并负责种子认证过程中的特性检测工作，包括种子纯度、发芽能力、健康、含水量、病害等。丹麦种子质量管理归口农业部植物局，在植物局建有全国唯一的官方种子检验机构，也是世界上历史最为悠久（始于 1817 年）、检验规模最大的检验机构，每年检验各类样品可达 35 000 余份。该局是全球种子检验技术培训机构之一，也是 ISTA 会员实验室之一，在国际种子检验技术人才培养方面做出了重要贡献。法国种子质量管理归口植物品种鉴定与种子质量控制集团（GEVES），该集团为独立的国家公益性机构，其技术、行政和行业上分别接受农科院、农业部和种子行业集团管理。GEVES 建有国家种子检验中心（SNES），是法国唯一官方种子检验机构，负责全国种子质量检验工作，每年检验植物种类 350 种、种子样品 5 万份以上。同时，SNES 是法国种子检验人员的培训基地和会议中心，承担新仪器、新检验技术的研究工作。为了强化种子质量控制，法国推行种子公司检验室认证制度，经认证后的实验室负责本公司出售的所有种子批的质量检验工作，未经质量检验的种子批不能进入商品流通。SNES 对 100% 的原种和 10%~15% 的公司自检种子批进行抽检，其结果作为种子质量认证标签发放的依据之一。

新西兰在梅西大学建有种子检验中心，主要负责训练亚洲各国种子检验技术人员，并在全国建有 15 个种子检验站，负责所辖区域的牧草、农作物、园艺作物、树木种子质量检验，每年检验样品可达 2 万～2.5 万份。澳大利亚在每个州均设立种子检验中心，严格把控出场种子质量关。

日本的种苗管理中心在全国建立了 12 家分中心，负责对全国种子的质量检验。

2. 国际种子检验组织的产生与发展

国际种子贸易的发展对种子检验提出了规范化、标准化的要求，加上各国种子检验合作与交流的增加，国际种子检验组织随之产生与发展。欧洲种子贸易发展最快，首先迈出了合作与交流的第一步。1875 年，欧洲各国在奥地利召开了"第一次欧洲种子检验站会议"，主要讨论种子检验的要点和控制种子质量的基本原则。北美洲紧随其后，1876 年美国和加拿大在美国召开了"北美第一次种子检验会议"，1896 年成立了农学院和试验场协会委员会，1908 年北美官方种子检验员协会（AOSA）成立。全球范围的合作与交流随之产生，"第一次国际种子检验大会"于 1906 年在德国的汉堡举行，1921 年在丹麦哥本哈根举办的第三次国际种子检验大会上创立了欧洲种子检验协会（ESTA），该协会在 1924 年的"第四次国际大会"上正式更名为"国际种子检验协会"（ISTA），承担国际种子检验规程制定、种子检验技术研究及会员实验室管理的职能，其制定的《国际种子检验规程》被全世界广泛采纳和认可，在国际种子质量检验方面处于越来越重要的地位。

（1）国际种子检验协会（ISTA）。ISTA 在 1995 年前是一个由各国官方种子检验室（站）和种子技术专家组成的世界性政府间组织，1995 年根据全球种子产业发展的需要，重新修订章程，实行实验室认可制度，并开始吸纳私人实验室，至 2001 年，ISTA 成员范围已扩大至种了公司。目前，ISTA 是由各国种子检验实验室和相关技术专家组成的世界性非营利协会组织，是来自全球的大学、科研机构、政府以及私人和公司实验室的种子科学家与检验员的联合体。经过近 100 年的发展，截至 2017 年 1 月 1 日，ISTA 已发展会员实验室 222 个。其中，有 137 个会员实验室通过了 ISTA 认可，可授权签发"ISTA 国际种子检验证书"，成员遍及世界 78 个国家和地区。

ISTA 总部设在瑞士，下设执委会、秘书处、19 个技术委员会，其事务

由执行委员会负责管理和指导，协会的财务和日常管理工作由秘书处负责。设置的 19 个技术委员会分别是新技术委员会（Advanced Technologies Committee）、规程委员会（Rules Committee）、堆装与扦样委员会（Bulking and Sampling Committee）、净度委员会（Purity Committee）、发芽委员会（Germination Committee）、品种委员会（Variety Committee）、健康委员会（Seed Health Committee）、乔木与灌木委员会（Forest Tree and Shrub Seed Committee）、水分委员会（Moisture Committee）、花卉种子委员会（Flower Seed Testing Committee）、术语委员会（Nomenclature Committee）、四唑委员会（Tetrazolium Committee）、统计委员会（Statistics Committee）、活力委员会（Vigor Committee）、转基因生物委员会（GMO Committee）、贮藏委员会（Seed Storage Committee）、能力验证委员会（Proficiency Test Committee）、《种子科学与技术》编辑委员会（Editorial Board of Seed Science and Technology）和技术咨询工作组（Seed Science Advisory Group）。

ISTA 的宗旨是修订、颁布和推行最新的《国际种子检验规程》，保持国际种子检验标准的先进性，实现世界种子质量评价方法和标准的一致性。其作用主要体现在 3 个方面：一是制定、出版和推行种子扦样与检验方法的标准程序，并促进这些标准程序在国际种子贸易流通中应用；二是促进种子科学技术各领域（包括种子扦样、检验、贮藏和加工）的研究，并围绕种子检验与科技研究，举办国际学术交流和培训；三是组织开展会员实验室认证与能力验证；四是与其他国际种子组织建立和保持密切的联系。ISTA 每年召开年会、每隔三年召开国际大会，调动全球最优秀种子专家，开展种子科技领域的联合攻关和技术交流，更新补充国际种子检验规程。自 1931 年首部《国际种子检验规程》颁布以来，ISTA 已对该规程完成多次修订，每年发布修订版。

同时，为了细化和补充说明《国际种子检验规程》，ISTA 出版发布了《ISTA 花卉种子检验手册》《ISTA 种苗评估手册》《正常和非正常种苗图片》《植物名表》《普通植物综合术语表》《净种子定义手册》《农业和园艺种子小规模机械清洗》《校准试样》《ISTA 种子扦样手册》《普通实验室种子健康检验真菌检测方法》《种子携带真菌：用于常规种子健康分析》《种子携带真菌》《种子携带疾病清单与注解》《种子病原体图片》《国际种子检验规程——第 7 章　种子健康检验方法相关附录》《种子健康检验计算表手册》等 50 多种技术手册，并编辑出版《种子科学与技术》《种子科学与技术时事通讯》和《国际种子检验新闻公告》3 本定期和不定期刊物，以加快信息和技术的交流。

ISTA 是最早开始实施实验室认可的国际组织。具备条件的会员实验室可按照 ISTA 实验室认可程序申请认证，通过认可的实验室将获得资格证书，具备签发"ISTA 国际种子检验证书"的资格。"ISTA 国际种子检验证书"自 1931 年起应国际种子贸易联合会的要求开始签发，分为橙色证书和蓝色证书，橙色证书代表扦样和检验均由认可实验室完成，蓝色证书表示认可实验室对委托者提交的试样进行检验，检验结果仅对来样负责。

（2）北美官方种子检验员协会（AOSA）。AOSA 成立于 1908 年，是由美国和加拿大的联邦、州和大学的成员实验室组成的区域性协会组织。会员实验室人员经过严格的培训并通过强制认证后，可获得"认证种子检验员"资格。AOSA 的主要职责是，建立和完善种子检验规则，并推广成为官方检验方法。1917 年，AOSA 公布了其第一部种子检验规程，1927 年其修订版中包括了 53 种作物和牧草种子、27 种蔬菜种子、18 种花卉种子的检验方法，该规程的发布对种子检验领域的研究与发展起到了很好的推动作用。之后，AOSA 发布了一系列的种子检验手册，如《幼苗评价》《品种纯度》《种子水分》《四唑检测》《种子活力检测》等，并开展相关培训，确保种子检验程序的标准化。

3. 种子检验与质量标准的产生与发展

随着种子检验机构的建立与发展，种子检验方法也相应制定与颁布，并逐步发展成为国家或区域性规范和标准。1875 年，欧洲各国在奥地利召开的"第一次欧洲种子检验站会议"上，讨论了种子检验的要点和种子质量控制的基本原则。1876 年，诺培博士在建立世界首个种子检验室后，编写出版了《种子学手册》一书，首次发表了种子检验方法，他也成为了种子科学和种子检验学的创始人。同年，美国召开了"北美第一次种子检验规程会议"，并于 1896 年设计和通过种子检验仪器标准式样及检验方法，次年颁布了种子检验规程。1917 年北美官方种子检验员协会（AOSA）公布了第一

个种子检验规程，经 1927 年修订后该规程检验范围扩到 53 种大田种子、27 种蔬菜种子及 18 种花卉种子，并进行了多次修订，在检测范围和方法上不断扩大和改进，逐步趋于国际化。

1924 年 ISTA 正式成立后，国际统一的种子质量标准开始产生和推行。1931 年，ISTA 制定公布了第一部《国际种子检验规程》，并在之后的 100 多年里该规程历经多次的修订，使种子检验方法与质量标准不断满足国际贸易的需要。自 1953 年起，《国际种子检验规程》在成员实验室间强制应用，并已被 OECD 的国际种子认证制度和国际种子贸易联盟（ISF）所引用，成为世界公认的国际种子贸易流通所必须遵循的准则，被世界各国普遍采用。

2017 年，ISTA 颁布了《国际种子检验规程》（2017 年版）。该规程包含 19 章，第一章介绍了如何使用 ISTA 检验报告，第二章是种子批扦样方法，另外 17 章为测试方法。测试方法的每一章都包含了检验对象、术语和定义、基本原则、仪器设备、操作程序、结果计算与表达、结果报告和误差范围等内容。检测方法中涉及作物、蔬菜、乔木、灌木、花卉、香料、草本植物和药用植物等 1000 多个物种，包括扦样、净度分析、其他种子数、发芽试验、四唑试验、种子健康、种和品种鉴定、水分测定、重量测定、包衣种子检验、离体胚生活力测定、称重重复测定、X 射线测定、种子活力、种子大小和等级、散装容器、混合种子和种子基因检测共 17 项检验规范。

美国、英国、德国、丹麦等欧美国家均为 ISTA 成员，官方种子检验机构普遍采用和执行 ISTA 发布的《国际种子检验规程》并逐步统一质量指标。采取种子认证的国家，对不同世代种子有不同的质量标准。在种子生产四级程序中，因育种家种子是种源，通常不在市场上流通，一般不需要认证，也没有制定种子质量标准，其他的基础种子、注册种子和认证种子都完整地构建了质量指标体系。OECD 和联合国粮食及农业组织（FAO）的标准因属宏观控制而仅列出认证种子的净度、发芽率等主要代表性指标。其他如跨国种子协会（AOSCA）、各个国家及美国的有关州，都基本包括净种子、杂质、其他作物种子数、其他品种、其他类型、杂草种子、有毒（有害）杂草种子、发芽率和种子含水量等指标，建立了比较完善的质量指标系统。

4. 种子检验技术的发展

（1）近红外光谱分析技术。近红外光谱分析技术（NIRS）是一种新型的物理测试技术，具有速度快、效率高、稳定性好、不破坏样品、成本低、无污染等特点，在农业、食品、石油、化工等诸多领域被广泛应用。其原理是利用近红外光谱仪捕获物质主要基团（如 O—H，C—H，H—N 等）的固有振动信息，分析样品吸收近红外光的特有图谱，建立图谱与检测参数间对应的数学模型，来实现快速检测的目标。该项技术已逐渐应用于种子的质量检验。已有研究结果表明，运用近红外光谱分析技术可高效测定玉米、水稻、小麦、棉花、花生等作物种子的含水量和燕麦的种子活力，在对玉米、水稻、葡萄等作物种子纯度检验上也取得很好效果，并在种子病害、虫害检测中逐步深入开展研究与应用。随着近红外光谱仪、化学计量学的发展以及对 NIRS 理解的逐步深入，NIRS 检测内容范围将不断提高，对单个物质的检测将变得更加精准，其用于鉴定种子分类、纯度、水分与活力、发芽率等方面的测定优势也将愈发明显，并能开辟更多的应用领域。

（2）免疫检测技术。免疫检测技术是基于抗体抗原反应的原理对待测物进行定量定性分析的检测方法，具有特异性强、灵敏度高、简便等特点，已成为现代生命科学的重要研究手段。该技术在种子质量检测中有着良好的应用前景，已在种子纯度检验、种子健康检验中开展研究与初步应用，并取得了良好的效果。1885 年，Deichl 和 Donhauser 将免疫化学技术成功应用于酿造大麦不同品种的鉴定。1986 年，Burbidge 从禾谷类贮藏蛋白单克隆抗体文库筛选了一个特异性极强的抗体 21/23，进一步将饲用大麦 Cape 和酿造大麦 Clipper 区别开，并建立了能快速大量检验大麦品种的新方法——斑点酶联免疫法。1989 年，Brinke 等和 Lizarrage 等尝试将酶联免疫测定技术应用玉米自交系，2001 年，张春庆等以鲁单 50 为材料，研究建立了酶联免疫法（ELISA）在玉米杂交种纯度检验中的应用程序及操作步骤。

免疫检测技术在种子健康检验中的应用也从大麦开始。1965 年 Hamilton 将凝胶双扩散法应用于大麦种子条纹花叶病毒检测。1976 年 Lundsgaard 扩大检测范围，将毛细管沉淀法应用于南芥、大麦、烟草、菜豆、黄瓜、大豆、南瓜花叶病毒及烟草和番茄环斑病毒的检测中。此后，免疫双扩散法、毛细管琼脂凝胶双扩散法、乳胶凝集反应以及 ELISA 等免疫检测技

术逐步在种子健康检验中普及应用，尤其是 ELISA 法，因其特异性强，灵敏度高，而在种子健康检测中应用最为广泛。

（3）分子标记技术。种子纯度是种子质量的重要指标，传统的检测方法是形态学鉴定，需要在作物的整个生长周期，对根、茎、叶、花、种子等进行观测后判定，整个检测过程耗时长、专业技术要求高。随着分子生物学实验技术的发展以及 PCR 技术的出现，种子纯度鉴定进入了基因水平。分子标记是在 DNA 水平上对基因型的标记，其原理是利用品种特异 DNA 序列作为检测对象，通过 PCR 扩增目的基因片段，采用电泳技术检测 DNA 结构，分析 DNA 组成上的差异，实现对种子真实性和品种纯度的测定。该方法具有很高的准确性、稳定性和可重复性，已在种子纯度检测中广泛应用。主要方法有限制性片段长度多态性（RFLP）、随机扩增多态性 DNA（RAPD）、扩增片段长度多态性（AFLP）和简单重复序列（SSR），其中 SSR 标记以其数量多、多态性高、呈共显性分离、检测技术简单、扩增稳定、结果可靠、重复性好、引物序列容易交流等诸多优点，逐渐脱颖而出，被广泛应用于种子纯度检测。

1997 年，Russell 等发现在 11 个大麦 SSR 中，利用 4 个 SSR 组成的 3 个不同组合均可以区分 24 个大麦品种，错误概率仅为 1‰。Akaagi 等（1997）从 20 个 SSR 中发现 17 个特异性 SSR，能将 59 个日本粳稻品种区分。2001 年，高睦枪等从 48 个小麦新品种（系）中筛选出 6 个多态性较高的 SSR，可以区分不同品种。2003 年，王凤格等建立了一套完整的 SSR 体系，并确定了一套可用于玉米指纹库构建的核心引物。目前文献和 Maize GDB 数据库中已经公开玉米的 SSR 引物，降低了 SSR 引物开发成本，有力地推动了 SSR 技术在玉米种子纯度检测中的应用。

（4）计算机图像识别技术。计算机图像识别技术也称机器视觉技术，是以计算机和图像获取技术为工具，以图像处理技术、图像分析技术、模式识别技术、人工智能技术为依托，处理所获取的图像信号并从图像中获取某些特定信息。随着种子质量自动化无损检测方法的发展，自 20 世纪 80 年代开始，该项技术被运用于种子检测，逐步在种子净度、发芽率、活力、水分和纯度检验中被研究应用。1984 年，美国俄勒冈州立大学的 Churchill 等开展高羊茅和一年生黑麦草种子机器识别技术研究，并将机器识别系统应用于种子质量分级。1987 年，Berlage 等将机器识别技术成功应用于二倍体和三倍体黑麦草品种的鉴别。1991 年，Purchase 利用小麦、大麦和燕麦种子间的 105 个特征差异，进行麦类作物的种子识别，系统分析的精确度达到了 97% 以上。2001 年，Shouche 等利用小麦形态特征，采用计算机图像识别技术实现对印度 15 个小麦品种的识别。与此同时，对种子净度检验中有关杂草种子机器识别的研究也在开展。2000 年，Pablo 等对 236 种常见杂草的 10310 粒种子进行了形态特征、结构特征及彩色与黑白图像的标准数据的采集，为图像技术在杂草识别中的应用做了数据支撑。

计算机图像识别技术同时在种子发芽率和活力测定中被逐步研究应用。1993 年，Howarth 等开发了一种可测定发芽过程中根生长速度的机器视觉系统，可用于精确测定莴苣和高粱种子萌发过程根的生长速度和发芽率。2004 年，Ducournau 开发了一个可对萌发的胚根数进行统计的机器视觉系统，实现对向日葵种子发芽率的自动监控。赵新子等运用图像处理硬件系统、图像识别与处理技术对 2000--2002 年收获的 3 种玉米杂交种子分别进行了种子活力检测。结果表明，以四唑染色法人工测定结果为对照，计算机检测结果的平均准确度达到了 93.7% 以上。2001 年，Xie 研发出一种检测和量化玉米种子四唑染色剖面的机器识别方法，可用于预测种子生活力。

(二) 我国种子检验的发展

1. 种子检验的起步与发展

我国种子检验工作自 1949 年后才开始实施。党和政府十分重视种子工作，制订了"五年良种普及计划"，1950 年各大行政区和省（市、区）成立种子公司，种子检验工作也随之开始。1951 年华东农林部种子公司改组为种子管理所，设计制造油电两用种子发芽箱和种子分样器等仪器设备，并为华东各省（市、区）购置种子检验仪器设备，为种子检验工作开展做好了物质准备。1952 年华东农林部举办种子检验学习班，为各省（市、区）培训检验人员，并制定质量与检测标准，标志着我国种子检验工作的正式开展。

1956 年农业部种子管理局和种子检验室成立，标志着我国种子检验工作有了部级主管部门。1957 年秋，农业部种子检验室裁撤后与种子管理局

品种审查处合并为审查检验处。种子检验室的部分人员和图书仪器设备转移到杭州，与浙江农学院合办种子讲习班，开展相关种子科学研究。但自此以后，有些省（区、市）的种子机构裁撤，人员调离，种子检验工作陷入停顿状态，农业部种子管理局与浙江农学院合办的种子讲习班和有关种子科学研究也停止。1959 年秋，浙江农学院设种子专业，开设种子检验课程。1960 年内蒙古自治区首先开办种子检验训练班，此后其他省（区、市）也在种子训练班中开设种子检验课程，培养了一批种子检验新生力量，为开展种子检验工作创造了有利条件。1975 年和 1977 年，国家标准计量局与前农林部相继召开了两次全国种子标准化经验交流会。1978 年中国种子公司成立，各省、自治区、直辖市相继成立种子公司，公司内部设立种子检验室，配备工作人员，我国种子检验工作进入了新阶段。

1978 年以来，我国种子检验机构发展迅速，各省种子管理站设立了检验科或分管检验的人员，绝大部分市、县均相应设立了检验科或检验室。水稻、蔬菜、小麦等主要农作物的国家级和部级种子质量监督检验测试中心陆续成立，省级种子质量监督检验站逐步建成，市县级检验室相应建立，建成了以国家中心为龙头、部级中心为骨干、省（区、市）级质检站为主体、地（市）级质检站为补充的遍及全国的农作物种子质量监督检验网络体系。

2. 种子检验与质量标准产生与发展

随着我国种子检验工作的启动，种子检验和质量标准也逐步制定与颁布。1951 年华东农林部种子管理所起草了《种子检验实施办法（草案）》，1952 年华东农林部举办的种子检验学习班上，共同讨论拟定了《种子检验实施办法（草案）》和《粮食种子分级试行标准（草案）》，并编写了一本以种子检验方法为主要内容的《种子检验参考资料》，标志着种子检验标准正式产生。1957 年，农业部种子管理局与浙江农学院及浙江省种子管理所合作编写了《种子检验简明教材》，农业部种子管理局编写了《种子检验简易仪器》和《种子检验方法》。1975—1977 年，农林部组织编制了《主要农作物种子分级标准（试行草案）》《主要农作物种子检验方法（草案）》《全国农作物种子检验办法（试行草案）》等标准。1983 年之后，我国陆续颁布了《农作物种子检验规程》（GB3543－83）及 13 种农作物种子质量分级标准。随着种子贸易的国际化发展，1995 年我国重新修订并颁布了《农作物种子检验规程》(GB/T3543—1995)。该规程采用了 1993 年国际种子检验规程的主要技术与参数,标志着我国种子质量检验向国际化迈出了重要一步,对推动我国种子走向国际市场产生了积极深远的影响。

3. 种子检验业务开展情况

2005 年 1 月 26 日,农业部第 3 次常务会议审议通过了《农作物种子质量监督抽查管理办法》,该办法于 2005 年 5 月 1 日起正式实施。办法明确规定种子质量监督抽查由县级以上人民政府农业行政主管部门组织,由种子管理机构和种子质量检验机构承担实施,这标志着我国种子质量监督抽查工作有了法律依据和工作规范。近年来,随着现代种业的快速发展,种子质量检验工作得到了强化,为保障农业生产用种安全发挥了重要的作用。据不完全统计,"十二五"期间,农业部组织抽检种子样品超过 2.5 万份,各省(区、市)抽检种子样品达 27 万份以上,检验指标从传统的种子净度、发芽率、水分和品种纯度,逐步扩展到品种真实性和种子转基因成分检测。抽查方式也在原来的冬季企业抽查、春季市场检查基础上,增加了秋冬种抽查、种子生产基地检查等新的监督抽查方式,涵盖了各关键时期和重要作物品种。同时,工作程序越来越规范,从种子扦样、扦样单信息填写、生产商确认等细节入手,确保样品和信息的统一性与唯一性,特别是对每一个不合格样品建立了完整、可靠、可追溯的证据链。

二、我国草种检验发展现状

(一)草种检验机构建设情况

1984 年以来,农业部先后在 20 个省(区、市)投资建设了一批草种质量监督检验中心(站),建立草种质量监督检验机构 47 家。其中,部级检验中心 5 家,均通过了国家计量认证和农业部审查认可,省级 18 家,地市级 13 家,县级 11 家,基本形成了"部级中心+省市县实验室"的两级质检机构体系。草种质量检验实验室面积达到 20 000 平方米左右,拥有仪器设备 1 100多台(套),初步具备了草种质检所需要的设施设备条件。同时,中国农业大学牧草种子实验室(原北京农业大学牧草种子实验室)于 1989 年在苏格兰 ISTA 年会上正式成为会员实验室,且于 2013 年成为 ISTA 认可

实验室，可出具橙色和蓝色"国际种子检验证书"。2014年，农业部牧草和草坪草种子质量监督检验测试中心（兰州）也加入 ISTA，成为 ISTA 会员实验室。

1. 农业部全国草业产品质量监督检验测试中心

隶属于全国畜牧总站，根据《农业部关于下达农业部第四批部级质检中心筹建计划的通知》（农市发［2003］5号）要求筹建。2005年10月，中心通过计量认证与审查认可，成为集草种、草产品和草坪检验于一体的部级质检中心。中心拥有技术人员12人，实验室面积2400平方米，配备先进的仪器设备，开展草业产品检验及相关技术研究与标准制定工作。已制订了草产品质量检测国家（或行业）标准11项，目前正开展草种指纹（DNA）识别技术研究，以推进草种鉴定工作。同时，中心承担全国草种质量监督抽查工作规划与组织实施、全国草产品实验室质量体系管理及草产品质检技术研究与培训等工作。

2. 农业部牧草与草坪草种子质量监督检验测试中心（北京）

隶属于中国农业大学，始建于1988年，根据《农业部关于下达一九八七年部畜牧业直属、直供和部与地方合资建设项目第一批基本建设计划的通知》（［1987］农（牧）字6号文件）建成北京农业大学牧草种子实验室。1989年，代表农业部畜牧兽医局加入"国际种子检验协会（ISTA）"，成为会员实验室。1995年，随着北京农业大学和北京农业工程大学合并为中国农业大学，实验室更名为"中国农业大学牧草种子实验室"。1998年，《农业部关于下达第三批部级质量监督检验测试中心筹建计划的通知》（农市发［1998］9号）批准在中国农业大学牧草种子实验室的基础上筹建"农业部牧草与草坪草种子质量监督检验测试中心（北京）"。2002年8月首次通过双认证评审，2013年首次通过 ISTA 实验室审查认可，成为 ISTA 认可实验室。中心在编人员11人，拥有实验室面积680平方米，各种检验及科研仪器设备72台（件），在种子检验、科学研究、人员培训、技术咨询及外事往来方面广泛开展工作。

3. 农业部牧草与草坪草种子质量监督检验测试中心（兰州）

隶属于兰州大学，1991年4月经农业部原质量标准司批准筹建［《农业部关于对承建农业部第二批部级产品质量监督检验中心申请的批复》（1991）

农（质监）字第 18 号]，筹建单位为原甘肃省草原生态研究所。1992 年 12 月，通过农业部机构审查认可和国家计量认证；1993 年 8 月，正式被批准为部级检测中心；2014 年 1 月 1 日，正式成为国际种子检验协会（ISTA）的会员实验室。中心现有工作人员 14 名，实验室面积 1 120 平方米，仪器设备 52 台（件），开展饲草种子、草坪草种子、生态草种子、观赏草和药用植物种子质量检验业务。同时，在标准制修订、检验技术研究、实验室人员培训、技术咨询及对外交流等方面广泛开展工作。主持修订了国家标准《牧草种子检验规程》11 个分标准（GB/T2930.1~2930.11—2001），推动我国草种检验工作的标准化发展。与国际种子检验协会（ISTA）、国际农业研究磋商小组（CGIAR）和国际草种子组织（IHSG）以及新西兰、美国、澳大利亚、英国、丹麦、荷兰、日本等国家的种子检验与培训机构建立了密切的联系，有力地促进了国际交流与合作。中心常务副主任兼任 ISTA 种子活力委员会委员、国际牧草种子组织（IHSG）的中国和亚洲地区协调人、中国植物学会种子科学技术委员会副主任、中国草学会牧草种子科学与技术学术委员会副主任等职务，在促进我国草种检验与国际接轨方面发挥重要作用。

4. 农业部牧草与草坪草种子质量监督检验测试中心（呼和浩特）

隶属于内蒙古自治区农牧业厅，1987 年经自治区编委批准成立（内编 [1987] 字 74 号），原单位名称为内蒙古自治区牧草种子检验站。1989 年在内蒙古自治区牧草种子检验站基础上筹建"农业部牧草种子质量监督检验测试中心（呼和浩特）"。1991 年 3 月通过双认证评审，成为首批通过农业部授权、国家计量认证的部级牧草种子质检中心之一。2002 年更名为"农业部牧草与草坪草种子质量监督检验测试中心（呼和浩特）"，同时扩大了草坪草、中药、花卉、饲料作物四类种子的承检范围，增加种及品种鉴定、包衣种子检验项目。

5. 农业部牧草与草坪草种子质量监督检验测试中心（乌鲁木齐）

隶属于新疆维吾尔自治区草原总站，始建于 1986 年，原单位名称为"新疆维吾尔自治区牧草种子质量监督检验站"。1991 年经农业部质量标准司批准筹建"农业部牧草种子质量监督检验测试中心（乌鲁木齐）"。1997 年通过国家计量认证和机构审查。2003 年更名为"农业部牧草与草坪草种

子质量监督检验测试中心（乌鲁木齐）"。中心现有技术人员 17 人，实验室面积 413 平方米，开展牧草种子、草坪草种子、药用植物种子、主要花卉种子等检验业务。

（二）检验标准制定与颁布

我国草种检验工作起步晚，首部《牧草种子检验规程》（GB/T2930-1982）于 1982 年颁布。规程规范了扦样、水分、净度、其他植物种子数、发芽率、生活力、健康、种及品种、重量、包衣种子、检验报告等 11 项参数，是我国草种质检首次出台的规范性文件。1985 年颁布了《禾本科主要栽培牧草种子质量分级》（GB6142-1985）、《豆科主要栽培牧草种子质量分级》（GB6141-1985）和《木地肤、白沙蒿种子质量分级》（GB6143-1985），明确草种质量分级参数与判定依据。

为了加快与国际种子检验标准接轨，2001 年，标准编制小组根据 ISTA《国际种子检验规程》（1999 年）完成了《牧草种子检验规程》（GB 2930-1982）的修订工作，与之相应的草种质量分级标准《豆科草种子质量分级》（GB6141-2008）和《禾本科草种子质量分级》（GB6142-2008）也于 2008 年完成修订并发布。同时，增加颁布了《柱花草种子》（NY/T1194-2006）、《主要沙生草种子质量分级及检验》（GB/T24869-2010）、《籽粒苋种子质量分级》（GB/T 26615-2011）、《麻黄属种子质量分级》（GB/T26614-2011）和《草种子水分测定水分仪法》（GB/T24867-2010）等标准。为加快草种检验新技术应用，满足现代草种生产的需求，2009 年我国再次启动《牧草种子检验规程》（GB/T 2930-2001）修订工作，采用《国际种子检验规程》（2012）技术内容对扦样、净度分析、发芽试验等 10 项标准进行修订，修订版《牧草种子检验规程》（GB/T 2930-2017）在 2017 年 11 月 1 日颁布，2018 年 5 月 1 日起实施。

（三）检验技术研究

我国草种科研起步晚，早期与检验技术相关的研究主要集中在发芽率和活力检测方面。20 世纪末以来，为了准确地检测出种子的发芽率，一批破除种子休眠和建立发芽条件的研究相继开展，在对野牛草、结缕草、苔草、羊草、老芒麦、披碱草、红三叶、白三叶、野大豆、野火球、黄花苜蓿、鹅观草、金色狗尾草、圆果雀稗、苦豆子等草种的休眠机理深入研究的基础上，提出了破除休眠的方法与技术。同时，种子发芽条件研究也同期开展，对赖草属、刺果甘草、柴胡、黄芪、黄花棘豆、马棘、碱茅、白颖苔草、沙冬青、苨草、白花灰叶豆等多种野生牧草种子适宜的发芽条件和标准发芽试验方法进行了研究，为发芽率检验规程的制定提供了最直接的依据。

在种子活力检验方法方面，短时间内反映种子劣变状况的人工加速老化测定方法得到了广泛的关注。研究确定了高羊茅、燕麦、草地早熟禾、羊草、马棘、披碱草、老芒麦、扁穗冰草等多种草种子人工加速老化的适宜温度和时间条件，探索发现加拿大披碱草、老芒麦、紫花苜蓿种子的电导率可以作为评价种子活力的指标，平均发芽时间可以作为测定燕麦、垂穗披碱草、多花黑麦草种子活力的评价指标。快速检测和分子生物学技术在草种检验上的应用也有了初步的探索和尝试。在利用近红外技术准确区别燕麦种子活力和紫花苜蓿种子硬实率、超微弱发光技术对藜麦黄酮类化合物含量无损检测、电泳技术理论鉴定燕麦品种、SSR 分子标记技术鉴定多花黑麦草和鸭茅品种、RAPD 标记技术检测披碱草和赖草纯度、双色实时荧光 PCR 技术检测种子内生真菌和黑麦草腥黑穗病菌冬孢子以及 PCR 技术快速检测菟丝子等方面都取得了显著进展。

（四）检验业务开展情况

《草种管理办法》明确规定："由农业部负责制定全国草种质量监督抽查规划和本级草种质量监督抽查计划，县级以上地方人民政府草原行政主管部门根据全国规划和当地实际情况制定相应的监督抽查计划"，"草原行政主管部门可以委托草种质量检验机构对草种质量进行检验"。自此，我国草种检验有了法律依据和效力，各级草种质检机构在加强草种质量监管，依法规范草种市场，推进草种质资源保存和利用，加强草原生态保护建设方面发挥了重要作用。

进入 21 世纪，我国草种检验工作发展迅速，由 5 个部级中心接受农业部委托，对内蒙古、甘肃、宁夏、新疆等草种生产经营重点省区开展抽检工作，检验指标为净度、发芽率、水分、其他植物种子数 4 项，对检验结果按标准判定分级，统计合格率，以了解全国草种质量状况。在农业部全国草业

产品质量监督检验测试中心牵头组织下，农业部开始有计划地开展草种质量检测工作，我国草种监督抽查工作进入常态化。经过多年的连续质量监管，全国已累计完成 328 种 3 500 多批次草种样品的质量检测工作，监督抽查范围从生产经营企业和海关进口草种到草原生态保护补奖、退牧还草、京津风沙源治理工程项目用种，并扩大到了南方现代草地畜牧业草地改良和冬闲田种草用种、岩溶草地治理工程用种、石漠化草地治理工程用种等。监管范围基本上覆盖了我国草种生产和销售的重点地区和使用的主要草种种类，对维护草种市场的公平性和正常秩序发挥了应有的作用。

三、我国草种检验存在的问题

（一）机构体系建设不完善

1. 检验机构布局不合理

目前，我国已经初步建成了部与省两级草种质量检验体系，但作为指导和规范全国草种质检工作的国家级中心仍缺位。从覆盖范围来看，已建的 5 个部级中心主要分布在内蒙古、新疆、甘肃等西北地区，涵盖了我国 3 类草原大区，其他 4 类草原大区所在的东北、中原、华东、西南、东南沿海区域均未建立部级中心，很多省份仍未建立草种质检机构。整体来看，我国草种质检机构布局不合理。从各省来看，随着国家系列牧草工程项目的实施，已建中心承担了繁重的草种质量检验任务，大部分已超出实验室承检能力。并且随着振兴奶业苜蓿行动、草牧业发展和粮改饲示范点建设项目的深入推进，草原保护与建设任务加重，用种数量增多，对草种质量检验的需求与日俱增，需要增加地方检验机构以分担相应区域内的草种检验任务。

2. 仪器设备陈旧、检验人员不足

目前，各级草种检验机构均不同程度存在设备陈旧、人员不足的情况。其中，通过农业部审查认可的 5 家机构人员不足百人，省级 18 家种子检验中心（站），检验人员受机构编制限制，平均每家单位不超过 5 人。且受岗位调整、调动、离职等因素影响，种子质量检验机构的检验人员变动较大，补充不及时，影响正常运行。各级机构均不同程度地存在检验仪器设备陈旧落后的现象，导致个别质量指标无法完成。

3. 各级机构职能分工不明确

由于最初的检验机构设置缺乏统一的规划和系统安排，各级草种质检机构间未形成层次分明、职责明确、业务清晰的网络体系。目前包括部级中心在内的各级中心均以区域内的草种质量监督抽检为主要业务，作为支撑草种质检发展的技术研究、标准制修订和交流培训等职能未能明确到各级检验机构。

（二）质量体系建设不配套

1. 检验规程与质量标准不完善

目前，我国使用的《草种子检验规程》（GB/T 2930－2017）是在《牧草种子检验规程》（GB 2930－2001）基础上，根据《国际种子检验规程》（2012 年）修订而成，该规程涵盖 229 个植物种，涉及水分、净度、其他植物种子数、发芽率、生活力、健康、种及品种鉴定、重量等指标检验，满足了我国草种市场质量监管的需求，基本实现了我国草种质检与国际的接轨。但随着种子认证制度的建立和逐步实施，需要颁布不同级别认证种子的质量分级标准，增加纯度和健康等指标参数，逐步健全质量标准指标系统。

2. 技术培训重视程度不够

草种质检追求公正性和科学性，因此必须加强对检验人员法律法规、专业知识和检验技能的培训和提高，以确保草种检验工作的质量。目前，我国草种质检培训以各自质检中心自行组织为主，缺乏全国性、有计划的组织开展，更是欠缺与国际组织和国外相关研究院所的交流和学习，各质检中心普遍存在业务不专、工作热情不高和人员变动频繁等问题。随着草种质量管理的不断加强和规范，检验技术的培训与学习交流应进入常态化，使检验人员的技术水平不断提高，从业的使命感和凝聚力不断加强，逐步建成一支专业基础扎实、检验技术娴熟、具有国际视野的质检技术队伍。

3. 实验室持续管理不到位

我国的 5 个部级质检中心和承担国家草种质量监管任务的 15 个省级中心均通过双认证以及之后的多次复审，已在中心内部建立起了完善的草种质量控制体系，拥有客观、公正和公平开展草种质检的条件和能力。但质量控制体系的运转需要时时维护，任何有意或无意的疏忽均会给检验结果的准确性造成影响，甚至直接导致检验结果的偏差。实验室检验人员与仪器间的比

对是验证检验结果是否正确的有效方法，ISTA 能力验证委员会每年举办 3 次能力验证，要求认可实验室必须参加，会员实验室自愿参加。主要比对项目有净度、其他植物种子数、发芽、水分、生活力等，其中发芽试验次数最多，其次为净度分析和其他植物种子数测定，所有实验室的检验结果经统计分析后用以考核各实验室检验结果的正确性。农业部牧草与草坪草种子质量监督检验测试中心（北京）是认可实验室，通过参加联合检验，内部质量控制体系能得以很好的维护，检测方法和水平保持国际水平。国内其他草种质检机构间的比对试验自 2011 年开始，由农业部全国草业产品质量监督检验测试中心组织实施，全国草种质检中心均自愿参加，主要测定净度、发芽、其他植物种子数、水分 4 项指标，等级评定参照 ISTA 的 Z 比分值法。目前国内比对试验工作刚刚起步，每年参加的实验室较少，评定结果真实性受到一定程度的影响，同时存在检测指标和草种范围窄，发现问题整改不及时等问题。而实验室内部的自身能力验证以人员比对试验为主，以技术成熟的、有经验的老检验员作为参照，可靠程度差，实验室潜在质量问题不易发现，质量控制体系不能有效维护。我国在完善质检机构建设的同时，应加强已建实验室质量持续管理工作，建立全国草种质检实验室间比对试验工作制度，扩大参加比对实验室范围，丰富检测指标和草种种类，并将检验能力考核作为一项常态工作来抓，保持草种检验的正确性。

（三）检验技术支撑能力弱

种子科学与检验技术的研究和应用是草种质检技术发展的原动力。随着科技的发展，国际种子检验技术相应迅速发展，检验种子种类和检验指标与日俱增，生物技术和计算机技术在质检中的应用不断实现，以满足快速发展的种子产业的需求。而我国草种科研工作起步晚，目前检验技术研究仍以发芽率、活力等常规检验指标为主，生物技术和计算机技术在质检中的应用仍处于摸索阶段，品种鉴定、病虫害等健康指标检测仍未能有效开展，草种检验技术不但远远落后于国际上先进实验室，也与农作物种子质检有很大的差距，滞后于草种市场需求。我国已加入 ISTA 和 UPOV，农作物种子认证也已在全国开展试点，应加强对草种科研的投入，吸引更多的草业科技工作人员参与草种科技研发，努力提高草种质检科技水平。同时，积极参加国际组织的会议与活动，及时了解国际动态，学习先进经验，加快草种科技发展步伐，为我国种业走向国际市场做好技术支撑。

（四）草种质量监管力度不够

自 2013 年以来，我国已连续 7 年开展全国草种质量监督检查，每年全国抽检样品400～700 个，代表种子批量 3 000 吨左右，与法国对 100％原种和10％～15％公司自检种子进行抽检做法相差甚远，也远低于国内农作物种子的抽检率，导致草种质量监管对规范市场、促进公平交易的作用未能得到很好地发挥，与快速发展的国内草种生产和贸易不相匹配。并且，我国草种抽检结果显示，全国草种平均合格率在 65％左右，无论是国产草种还是进口草种合格率都不高，发芽率和净度低是造成合格率低的主要原因。这就更需要强化草种质量监督管理，提高监督抽检比例，促进草种市场的公平交易，推动草种产业的健康发展。

四、草种检验的发展思路和对策

（一）指导思想

深入贯彻实施《中华人民共和国种子法》和农业农村部《草种管理办法》，以科技创新和能力提升为驱动，通过机构建设、设施设备改建、科技水平提升，促进草种质检体系的合理布局和优化升级，加快与国际接轨，提升为草业服务的能力，建立公正、科学、高效的草种质检机构网络体系，推动草种产业健康持续发展。

（二）基本原则

1. 区域布局原则

根据我国草种生产规划和草原区域分布，合理布局草种质检机构，坚持草种质检服务草种产业的原则，因地制宜地开展检测机构设立与建设，建成层次分明、区域分布合理、职责明确的草种质检机构网络体系。

2. 能力提升原则

以设施设备改扩建、人员培训、实验室质量保障体系建设为手段，增强

草种质检机构硬件和软件实力，提升草种质检机构业务能力和水平，切实为草业发展做好种子质量监管工作。

3. 创新发展原则

紧抓检验规程制修订、检验参数扩增和检验新技术攻关三大环节，强化行业联合，寻求国际合作，突出科技创新，努力提升我国草种质检技术水平，加快草种检测技术与国际接轨。

4. 合力推进原则

鼓励第三方检测机构扩展草种检验业务，引导草种生产企业开展草种标准化和规范化检验工作，逐步形成国家级检验机构引导、区域性检验机构督查、地方性检验机构实施、社会检验室补充的合力发展局面。

（三）工作目标

1. 总体目标

加快草种检验机构建设，逐步建成职责明确、运行规范、覆盖全国的"国家中心＋区域中心＋地方实验室"三级草种质检机构网络体系。启动实验室仪器设备更新项目，重视检验人员队伍建设，加强实验室能力验证，大幅度提升各级中心和实验室的检验能力与水平。突出科技创新，加强国际间的交流与合作，加快草种检验标准的国际化步伐。建立健全全国草种监督检查制度，合理规划草种监督管理计划，接受监管的种子生产经营企业覆盖率达到50%以上。

2. 分阶段目标

到2020年，升级国家中心1个，新增区域中心1个、地方中心5个，建成国家中心1个，区域中心5个，地方实验室47个，草种检验机构基本覆盖我国主要草种生产和牧草种植区域。启动草种检验中心仪器设备更新行动，满足对草种品种鉴定和健康参数检验的需要。建立认证实验室能力验证和草种检验员培训制度，提高各级中心和实验室检验能力。组建全国草种检验标准制修订机构，建立检验标准定期研讨和修订制度。加强草种监督抽查力度，实现监督检查的种子生产经营企业覆盖率达到30%以上。

到2025年，进一步完善草种质检机构体系建设，新增区域中心2个，地方中心10个，建成国家中心1个，区域中心7个，地方实验室近57家，实现草种检验机构在我国主要草种生产和牧草种植区域的全覆盖。加快国家、区域中心与国际接轨步伐，推动与 ISTA 间的交流与合作，实现草种质检工作的国际化。扩大草种验证能力实验室数量和指标范围，加强草种检验技术培训与交流，提高全国质检技术水平。增加检验相关技术研发投入，加快生物技术和计算机技术在草种质检中的研究与应用，提高检验技术水平。实现草种监督监管工作规范化和制度化，监督抽检的种子生产经营企业覆盖率达到 40％以上。

到 2030 年，随着官方质检机构体系建设的逐步完善，积极吸纳社会力量，发展专业检验企业和草种生产经营企业实验室进入草种质量监管范畴，承担国家监督抽查任务，成为全国草种检验能力的有益补充，形成国家中心指导、区域中心监督、地方和社会实验室具体实施的全国草种质检机构网络体系。全国各级草种质检机构职责分明，整体检验能力提升，质量体系运转良好，草种检验研发能力逐步加强，草种质检能力和水平达到国际先进水平。加大监督抽查范围，实现监督检查的种子生产经营企业覆盖率达到 50％以上。

（四）区域布局

1. 国家中心

从现有部级中心中优化升级国家中心 1 个。其职责为，编制草种质检发展规划，指导各中心建设，组建全国草种检验标准制修订委员会，组织全国草种检验技术研发、实验室能力验证、检验员培训，制定年度全国草种质量监督抽查工作实施方案，组织开展对外业务与技术交流。

2. 区域中心

在已建成部级（区域）中心的基础上，对我国的西南、西北和华东地区的省级中心进行优化升级，建成区域中心 7 个。这些区域中心承担草种检验标准制修订和检验技术研发任务，指导区域内草种检验室建设、检验技术与人员培训，按照国家抽检方案，制定区域内的抽检实施方案，加强对外交流，协助企业做好草种进出口检验服务工作，承担所在区域内草种质量监督抽查工作，并向社会提供第三方质量检验服务。

3. 地方实验室

在我国草原面积较大、用种量较多的牧区，以及草种生产发展较快的陕

甘宁地区，建立省、市级草种检验室，其职责是，承担本区域内草种质量抽检任务，并向社会提供第三方质量检验服务。同时，积极发展专业检验企业和草种生产经营企业参与草种质量检验。其职责为，接受主管部门委托，开展草种质量抽检任务，并向社会提供质量检验服务。

（五）工作任务

1. 机构建设

（1）机构升级。从现有部级中心中优化升级国家中心1个；在西南、西北和华东地区，在原有省级中心基础上优化升级区域中心3个。

（2）新增机构。在我国主要草种生产和牧草种植区域新增种子检验地方中心（或实验室）15个。

（3）设备更新。启动草种检验仪器设备更新项目，对现有省级以上质检中心的称量、烘干和发芽等检验相关仪器进行更新，新增加种和品种鉴定、健康检验需要的仪器设备。

2. 能力建设

（1）技术培训。开展全国草种检验技术培训，加强对外交流与学习，提高检验质量管理与技术水平。

（2）能力验证。强化实验室能力验证，扩大参与能力验证实验室范围，增加能力验证参数指标。

（3）对外交流。积极开展草种质检对外交流，加强与ISTA的合作与交流，加快国家、区域中心与国际接轨步伐，推动草种质检的国际化交流与合作。

3. 技术研发

（1）检验标准制修订。由国家和区域中心牵头，以ISTA颁布标准为参考，开展现有检验标准的修订和新指标检验标准的制定。

（2）检验技术研究。开展近红外光谱分析技术、免疫检测技术、分子标记技术及机器视觉技术在种子检验中应用的研究，提高我国草种检验技术水平。

4. 业务开展

在前期工作基础上，继续加强全国草种监督抽查工作。重点开展草业项目用种、市场销售、企业生产的种子质量抽查；抽查范围体现区域性特点、主要牧草或草坪草种类、主要企业；抽查技术指标采用净度、发芽、其他植物种子数、水分4项指标进行定级；抽查结果作为政府决策与市场管理的依据，同时建立种子质量的预警机制，提供种子消费风险预警和信息咨询服务。

（六）发展建议及保障措施

1. 加强法律法规建设

在《中华人民共和国草原法》修订的基础上，进一步修改完善《草种管理办法》，明确质检机构的责任和功能，确保在种子质量评价方面的第三方作用，确立种子质检机构在监督抽查中的主体地位。建立完善种子包装标签等对种子市场管理相关规范与制度，加强草种质量安全宣传，提高全社会对草种质量的认识与重视程度。切实加强行业主管部门对草种质量的监督管理，保护消费者和经营者的合法权益，维护国内外种子贸易的公平公正，推动种子产业的健康发展。

2. 完善草种质检体系

加强国家、区域和地方三级草种质检体系建设，明确各级草种质检机构职能。强化能力建设，保障工作经费，确保工作有效开展。重视队伍建设，强化人员培训，建立以能力素质与岗位职责需求为基础的人才培养和评价体系，增强检验与科研业务能力与水平。建立绩效考核制度，对草种质检机构进行综合考核，对检验人员实行岗位和业绩考核。建立并充分发挥草业行业协会的协调、服务、维权、自律作用，推动国内外草种质检工作发展。

3. 建立草种质量信息平台

建设全国草种质量信息平台，建立基于监督抽查检验数据的草种生产经营企业质量公开制度，为政府的草种质量管理和市场风险提供预测和预警，提升现代草种业信息化管理水平和国际竞争力，也为种植者提供实时信息，避免盲目选种，促进草业生产的优质高效。

参 考 文 献

[1] 阿德列提·艾列吾塔力甫. 关于构建牧草供种安全体系的探讨 [J]. 新疆畜牧业，2013 (S2)：28 - 29.

[2] 阿那尔. 我国牧草种子生产现状 [J]. 新疆畜牧业，2011 (5)：11 - 12.

[3] 奥地利在欧盟率先实行纯净种子法规 [J]. 世界环境，2005 (1)：33 - 34.

[4] 白史且. 川西北野生垂穗披碱草居群穗部形态多样性研究 [C]. 中国草学会饲料生产委员会 2007 年会暨第十四次学术研讨会论文集，2007：163 - 171.

[5] 柏章才，邱军，陈连江，等. 国家甜菜品种区域试验现状与未来 [J]. 中国糖料，2000 (4)：74 - 76.

[6] 柏章才. 谈国家甜菜品种区域试验 [J]. 中国糖料，2000 (1)：47 - 50.

[7] 本书编委会. 中国农业百科全书·畜牧业卷 [M]. 北京：中国农业出版社，1996.

[8] 蔡江义. 加拿大种子管理体制 [J]. 种子世界，1987 (6)：36.

[9] 曹幸穗. 从引进到本土化：民国时期的农业科技 [J]. 古今农业，2004 (1)：49 - 50.

[10] 曹玉芬，刘凤之，王昆，等. 梨种质资源主要描述标准比较分析 [J]. 植物遗传资源学报，2005，6 (4)：460 - 463.

[11] 车国富，崔继梅，孙昭，等. 农业良种繁育与推广服务分类标准前期研究 [J]. 标准科学，2016 (3)：29 - 33.

[12] 车轩，梁宗锁，吴珍. 2 种豆科牧草对干旱的生理响应及抗旱性评价 [J]. 草业科学，2010，27 (11)：89 - 94.

[13] 陈超，赵丽丽，王普昶，等. 百脉根对干旱胁迫的生长、生理生态响应及其抗旱性评价 [J]. 水土保持学报，2014，28 (3)：300 - 306.

[14] 陈承，汪发元.《中华人民共和国种子法》的缺陷与完善 [J]. 湖北农业科学，2014，53 (7)：1729 - 1732.

[15] 陈谷，马其东. NTEP 评价体系在草坪草评价中的应用 [J]. 草业科学，2000，17 (1)：62 - 67.

[16] 陈光耀. 加拿大苜蓿种子生产管理 [J]. 农村科技，2003 (12)：39.

[17] 陈光耀，刘自学，张秀萍. 论我国牧草种子的质量管理 [J]. 草业科学，2002，19 (6)：60 - 61.

[18] 陈光宙，袁学军，李艳丽，等．柱花草下胚轴愈伤诱导和植株再生 [J]．江苏农业科学，2011，39 (5)：309 - 311.

[19] 陈海林．法国种子产业综述 [J]．种子世界，2001 (1)：38 - 39.

[20] 陈海林．美国种子产业综述 [J]．种子世界，2000 (12)：40 - 41.

[21] 陈红．加强我国植物新品种权行政执法的建议 [J]．中国种业，2017 (7)：6 - 9.

[22] 陈红，刘伟，郑金贵．我国植物新品种 DUS 测试指南研制策略探讨 [J]．福建农林大学学报（哲学社会科学版），2011，14 (3)：25 - 29.

[23] 陈华．浅析我国良种推广的经验、问题和对策 [J]．农业科技通讯，2006 (9)：7 - 8.

[24] 陈建武，龙华．现代育种理论和育种技术的新思路 [J]．现代农业科学，2008，15 (3)：3 - 5.

[25] 陈立坤，杜丽霞，王岩春，等．我国牧草种子生产现状分析及产业化发展建议 [J]．草业与畜牧，2012 (10)：46 - 49.

[26] 陈亮，虞富莲，姚明哲，等．国际植物新品种保护联盟茶树新品种特异性、一致性、稳定性测试指南的制订 [J]．中国农业科学，2008，41 (8)：2400 - 2406.

[27] 陈灵芝．中国植物区系与植被地理 [M]．北京：科学出版社，2014.

[28] 陈玲玲，玉柱，毛培胜，等．2014．中国饲草产业发展现状、问题及政策研究 [A]//中国畜牧业协会．第三届（2014）中国草业大会论文集 [C]．中国畜牧业协会，2014.5.

[29] 陈玲玲，玉柱，毛培胜，等．中国饲草产业发展概况及饲草料质量安全现状 [J]．饲料工业，2015，36 (5)：56 - 60.

[30] 陈全美．论种子法的法律体系与价值取向 [J]．湖南农业大学学报（社会科学版），2003 (4)：85 - 87.

[31] 陈善杰．对建立健全种子管理体系的思考 [J]．种子世界，2006 (2)：1 - 3.

[32] 陈涛，李健，白史且，等．紫羊茅新品系抗旱性比较研究 [J]．草业与畜牧，2011 (9)：1 - 6.

[33] 陈应志．国家大豆品种区域试验精确度研究 [D]．北京：中国农业大学，2004.

[34] 陈应志，张群远，孔繁玲．国家大豆品种区域试验精确度研究 [J]．大豆通报，2006，80 (1)：9 - 15.

[35] 陈瑛，肖庆红．4 个中科系列羊草品系萌发期的抗旱性研究 [J]．安徽农业科学，2016，44 (23)：122 - 125.

[36] 陈志宏，谷继承，李晓芳，等．贮藏条件和超干燥对塔落岩黄芪种子生理生化特性的影响 [J]．草业学报，2011，20 (1)：148 - 154.

[37] 陈志宏，李晓芳，贠旭江，等．我国草种质资源的多样性及其保护 [J]．草业科学，2009，26 (5)：1 - 6.

[38] 成广雷．国内外种子科学与产业发展比较研究 [D]．泰安：山东农业大学，2009：

111 -124.

[39] 褚云霞，陈海荣，邓姗，等．我国观赏植物新品种保护现状［C］.中国观赏园艺研究
进展，2016：163-169.

[40] 褚云霞，等．中外植物新品种保护 DUS 审查方式之比较与借鉴［J］.种子．2016，35
(6)：70-74.

[41] 褚云霞，杨旭红，等．探索建立育种人测试模式，推进 DUS 测试多元化［J］.上海农
业学报，2016，32 (3)：115-119.

[42] 崔宝玉．科学引进推广新品种之浅见［J］.种子科技，2007，25 (6)：28-29.

[43] 崔国文，马春平．紫花苜蓿叶片形态结构及其与抗寒性的关系［J］.草地学报，2007，
15 (1)：70-75.

[44] 崔国文．中国牧草育种工作的发展、现状与任务［J］.草业科学，2008 (1)：38-42.

[45] 戴剑，李华勇，丁奎敏，等．植物新品种 DUS 测试技术的现状与展望［J］.种子，
2007，26 (9)：44-47.

[46] 邓光联．法律保障支撑 推动种业发展——学习新修订《种子法》的体会［J］.中国种
业，2016 (2)：1-7.

[47] 邓煜生．我国棉花界老前辈简介 冯泽芳［J］.中国棉花，1991 (3)：49.

[48] 丁西朋，张龙，罗小燕，严琳玲，刘国道，白昌军．柱花草 DUS 测试标准品种 DNA
指纹图谱构建［J］草业科学，2015，32 (12)：2047-2056.

[49] 董炳友．作物良种繁育［M］.北京：化学工业出版社，2011.

[50] 董家涛．俄日美三国种子法简述［J］.种子科技，1997 (2)：20-22.

[51] 董艳辉，于宇凤，李亚莉，等．藜麦种子黄酮含量的快速检测技术研究［J］.中国种
业，2017 (7)：66-69.

[52] 董玉琛．作物种质资源学科的发展和展望［J］.中国工程科学，2001 (1)：1-5.

[53] 董仲玉，李培红．坚持四个原则发展种子事业［J］.种子科技，1996 (4)：19.

[54] 杜仪方．美国种子法对种业市场和广告的影响［J］.中国种业，2012 (6)：20-22.

[55] 樊英鑫，荣冬青，吴桂丽，等．莜麦（裸燕麦）抗旱研究进展［J］.河北北方学院学报
（自然科学版），2009，25 (3)：43-46.

[56] 范明亚．我国农作物品种审定制度改进建议［J］.安徽农业科学，2017，45 (6)：
247-249.

[57] 范平．美国的种子检验工作［J］.种子世界，1983 (7)：28-31.

[58] 范少先，王显国，韩建国，等．中国牧草种子生产现状及需求分析调研报告［J］.中国
奶牛，2011 (11)：27-31.

[59] 范宣丽，刘芳，何忠伟，朱聪．国内外籽种产业发展比较研究［J］.世界农业，2015
(4)：46-50.

［60］方嘉禾，刘旭. 作物和林木种质资源研究进展，1996—2000［M］. 北京：中国农业科技出版社，2001.

［61］冯葆昌. 开局之年全国草种质量安全监管工作迎来"五利好"［J］. 中国畜牧业，2016（8）：12.

［62］付小琼，彭军. 国家棉花区域试验工作十年回顾与展望［J］. 棉花学报，2017，29（增刊）：113-117.

［63］付宗华，华芳. 澳大利亚、新西兰种子质量控制考察［J］. 种子，2000（1）：76-78.

［64］傅岳峰. 等. 浅析农作物品种审定区域试验［J］. 长江大学学报（自科版），13（21）：4-7.

［65］盖钧镒，刘康，赵晋铭. 中国作物种业科学技术发展的评述［J］. 中国农业科学，2015，48（17）：3303-3315.

［66］高超，张娅娟. 从种子法律体系角度谈中国种业的发展趋势［J］. 北京农业，2014（9）：303-306.

［67］高丁石，等. 农作物优良品种培育与良种繁育实用技术［M］. 北京：中国农业科学技术出版社，2014.

［68］高象昶. 良种推广模式初探［J］. 北京农业，1994（2）：7.

［69］高燕. 国际种子检验协会（ISTA）［J］. 中国标准化，2017（1）：150-155.

［70］高增永，李春杰. 对品种审定工作的几点认识［J］. 中国种业，2016（1）：25-27.

［71］高振华，孙世贤，张力，等. 中国番茄区域试验30年［J］. 中国蔬菜，2014（6）：57-62.

［72］高自礼. 加强农作物种子执法和行政管理探讨［J］. 南方农业，2016，10（24）：135-136.

［73］葛娟，齐丽杰，赵惠新，等. Ar＋离子注入对紫花苜蓿发芽、生长及幼苗脂质过氧化的影响［J］. 种子，2005，24（2）：38-41.

［74］耿月明. 等. 品种审定制度要创新规范［J］. 中国种业，2009（8）：5-7.

［75］苟文龙，何光武，张新跃，等. 四川牧草种子生产现状、存在的问题及建议［J］. 草业科学，2006，23（11）：66-69.

［76］顾和军. 2007年美国农业法提案的主要内容及对中国的启示［J］. 世界农业，2008（12）：30-33.

［77］郭常莲. 美国的种子生产特点及管理体系［J］. 山西农业科学，2006（2）：86-88.

［78］郭海林，刘建秀，郭爱桂，等. 杂交狗牙根诱变后代综合评价［J］. 草地学报，2008，16（2）：145-149.

［79］郭彦军，徐恢仲，张家骅. 紫花苜蓿根系形态学研究［J］. 西南农业大学学报，2002，24（6）：484-486.

［80］国际植物园保护联盟. 全球植物保护战略. 2011.

［81］国家环境保护总局. 全国生物物种资源保护与利用规划纲要. 2007.

[82] 国家林业局和农业部．国家重点保护野生植物名录．1999.

[83] 国家林业局野生动植物保护和自然保护区管理司．中国珍稀濒危植物图鉴［M］．北京：中国林业出版社，2013.

[84] 国家牧草产业技术体系．中国栽培草地［M］．北京：科学出版社，2015.

[85] 国务院办公厅．关于深化种业体制改革提高创新能力的意见［J］．种业导刊，2014（2）：5-6.

[86] 韩海波．内蒙古野生扁蓿豆种质资源的鉴定与评价［D］．北京：中国农业科学院，2011.

[87] 韩建国，Roln.新西兰的牧草种子生产［J］．世界农业，1994（11）：18-20.

[88] 韩建国．加拿大的牧草种子生产［J］．世界农业，1997（10）：37-39.

[89] 韩建国，李敏，李枫．牧草种子生产中的潜在种子产量与实际种子产量［J］．草原与草坪，1996（1）：7-11.

[90] 韩建国，毛培胜．略谈牧草种子生产的地域性［J］．猪业观察，2001（1）：22-22.

[91] 韩建国，毛培胜，王赟文，负旭江，等．牧草与草坪草种子认证规程［S］．2006.

[92] 韩建国．美国的牧草种子生产［J］．世界农业，1999（4）．

[93] 韩建国．欧盟的牧草种子生产［J］．世界农业，1997（4）：38-39.

[94] 韩建国．草地学（第三版）［M］．北京：中国农业出版社，2007.

[95] 韩莉．我国种子管理法规成体系［J］．种子世界，1992（9）：32.

[96] 韩亮亮，毛培胜，王新国，等．近红外光谱技术在燕麦种子活力测定中的应用研究［J］．红外与毫米波学报，2008，27（2）：86-90.

[97] 韩烈保，杨碚，邓菊芬．草坪草种及其品种［M］．北京：中国林业出版社，1999：186-202.

[98] 韩瑞宏，卢欣石，余建斌，等．苜蓿抗寒性研究进展［J］．中国草地学报，2005，27（2）：60-65.

[99] 韩瑞玺．韩国种业政策［J］．农产品市场周刊，2016（42）．

[100] 韩伟．新修正《种子法》规定的农作物品种审定与登记制度［J］．中国种业，2016（4）：19-20.

[101] 韩先一．良种繁育与推广服务保障标准化分析［A］//中国标准化研究院．第二届全国农业标准化论坛论文集［C］．中国标准化研究院，2015.5.

[102] 韩迎山．日本的种子立法［J］．种子世界，1992（3）：36-37.

[103] 郝楠．新西兰种子检验与认证体系考察体会［J］．杂粮作物，2008，28（3）：215-216.

[104] 郝楠．新西兰种子质量管理体系［J］．种子世界，2008（7）：54-55.

[105] 何新天．中国草业统计［M］．北京：中国农业出版社，2013.

[106] 洪绂曾．中国多年生栽培草种区划［M］．北京：中国农业科技出版社，1989.

［107］洪绂曾 . 中国草业史［M］. 北京：中国农业出版社，2011.

［108］侯军岐，权菊娥，侯丽媛 . 国际种业公司案例分析及对我国种业发展启示［J］. 中国种业，2015（11）：1-3.

［109］侯向阳，等 . 中国草原科学［M］. 北京：科学出版社，2013.

［110］胡彩平 . 柱花草炭疽菌 T-DNA 插入突变体库的构建［D］. 海口：海南大学，2013.

［111］胡晋 . 国际种子检验协会（ISTA）2000 年以来主要出版物介绍［J］. 种子世界，2005（2）：64-65.

［112］胡昕 . 种子市场管理中的监督与执法分析［J］. 山西农经，2016（11）：24.

［113］胡自治，牟新待 . 中国草原资源及其培育利用［M］. 北京：农业出版社，1982.

［114］环境保护部，中国科学院 . 中国生物多样性红色名录高等植物卷 . 2013.

［115］黄钢，等 . 从发达国家现代种业发展看种子科技价值链创新管理［J］. 西南农业学报，2007（6）：1387-1393.

［116］黄国明，廖芳，刘跃庭 . 苇状羊茅内生真菌与多年生黑麦草内生真菌实时荧光 PCR 检测研究［J］. 菌物学报，2007，26（2）：257-265.

［117］黄佩民 . 中国近代农作物育种事业发展史略（三）——提高创新阶段（1979—2000）［J］. 山西农业科学，2002，30（4）：3-13.

［118］黄雨 . 种子管理体系建设与创新研究［D］. 合肥：安徽农业大学，2013.

［119］霍学喜 . 国外种子产业发展特征及其管理体制分析［J］. 科技导报，2002（3）：49-52.

［120］贾敬敦 . 我国植物育种科技工作面临的挑战与任务［J］. 中国农业科技导报，2009，11（2）：1-4.

［121］贾慎修 . 草地学［M］. 北京：农业出版社，1982.

［122］贾婉，毛培胜 . 近红外光谱技术在种子质量检测方面的研究进展［J］. 种子，2013，32（11）：46-51.

［123］贾亚雄，李向林，袁庆华，等 . 披碱草属野生种质资源苗期耐盐性评价及相关生理机制研究［J］. 中国农业科学，2008，41（10）：2999-3007.

［124］江覃德 . 世界种业发展趋势与我国种业发展对策（上）［J］. 种子科技，2005（3）：125-128.

［125］江覃德 . 世界种业发展趋势与我国种业发展对策（下）［J］. 种子科技，2005（4）：187-190.

［126］姜金仲，黄发吉，李云 . 林木植物新品种 DUS 测试指南编写方案的探讨 . 世界林业研究，2006，19（6）：70-74.

［127］姜雄伟 . 浅析新《种子法》对种子监管的规定［J］. 中国种业，2016（1）：19-22.

［128］蒋林峰，张新全，黄琳凯，等 . 中国鸭茅主栽品种 DNA 指纹图谱构建［J］. 植物遗传资源学报，2014，15（3）：160-171.

[129] 蒋尤泉．牧草遗传资源研究概论 [J]．中国草地学报，1993 (1)：1-5.

[130] 焦金芝，何坪华．小麦良种推广模式对农民选用的引导效应 [J]．种子科技，2007 (4)：6-9.

[131] 颉红梅，郝冀方，卫增泉，等．重离子束辐照牧草的细胞学研究 [J]．激光生物学报，2003 (12)：346-349.

[132] 解新明．草资源学 [M]．广州：华南理工大学出版社，2009.

[133] 金伟栋，沈雪林．加快推行认证制度 切实强化质量监督 [J]．种子科技，2002 (5)：10-11.

[134] 晋芳，张力科，赵建宗，等．全国农作物种子质量检验机构发芽试验技术能力分析 [J]．中国种业，2015 (7)：12-14.

[135] 康桂兰．9种冰草属牧草抗旱性评价 [J]．天津农业科学，2012，18 (5)：153-155.

[136] 康俊梅，樊奋成，杨青川．41份紫花苜蓿抗旱鉴定试验研究 [J]．草地学报，2004，12 (1)：21-23.

[137] 亢冰洁，等．农作物良种推广面临的问题及对策 [J]．种业导刊，2010 (9)：8，10.

[138] 孔令传，马志强，吴晓玲等．美国种子产业的管理体制及特点 [J]．世界农业，1997，219 (7)：18-20.

[139] 黎裕．美国植物遗传资源工作概况 [J]．世界农业，1990 (8)：21-24.

[140] 李宝．美国草种业的特点与启示 [J]．山西农业畜牧兽医，2008 (3)：25-27.

[141] 李波．我国种子产业管理体系探微 [J]．中国种业，2014 (2)：1-5.

[142] 李长健，李元．我国种子行政执法责任制度分析 [J]．山西农业大学学报 (社会科学版)，2011，10 (1)：84-88.

[143] 李超民．中国古代常平仓思想对美国新政农业立法的影响 [J]．复旦学报 (社会科学版)，2000 (3)：42-50.

[144] 李聪，王赟文．牧草良种繁育与种子生产技术 [M]．北京：化学工业出版社，2008.

[145] 李聪，张智山，王晓斌，等．中国草种子生产现状及需求分析调研报告 [A]//中国草学会、农业部草原监理中心．2006中国草业发展论坛论文集 [C]．中国草学会、农业部草原监理中心，2006.7.

[146] 李恩普，毛雪飞．国外种子质量检验体系发展现状与启示 [J]．中国种业，2011 (8)：8-11.

[147] 李干琼，董晓霞，王启现．加拿大种业管理经验与启示 [J]．种业导刊，2011 (1)：37-40.

[148] 李鸿雁，李志勇，师文贵，等．6种豆科牧草叶片解剖性状与抗旱性关系研究 [J]．西北植物学报，2010，30 (10)：1989-1994.

[149] 李剑英，任小英．提高种子质量检验水平需要加强的五方面工作 [J]．种子世界，

2013（8）：14－16.

[150] 李娜. 国外草地农业发展实践及模式借鉴 [J]. 世界农业，2017（1）：142－147.

[151] 李青丰，肖彩虹. 论我国牧草种子业生产体系中的一些问题 [J]. 干旱区资源与环境，
    2001（S1）：71－74.

[152] 李青竹，等. 我国品种审定制度存在的问题及发展建议 [J]. 现代农业科技，2015
    （17）：74－76.

[153] 李全衡. 云南省区域试验、品种审定现状及改进建议 [J]. 种子世界，2016（6）：7－9.

[154] 李瑞. 新品种保护与品种审定——兼评种子法第三次修改 [J]. 电子知识产权，2016
    （7）：55－63.

[155] 李守德. 美国的牧草资源研究与利用 [J]. 世界农业，1991（2）：47－48.

[156] 李淑娟，周青平，颜红波，等. 4 种披碱草属野生牧草在高寒地区农艺性状及生产性
    能的评价 [J]. 草原与草坪，2007（2）：34－36.

[157] 李万君，李艳军. 我国种业科技发展的现状、问题与对策 [J]. 广东农业科学，2014，
    41（2）：223－228.

[158] 李祥羽，孙连发，陈立君. 植物新品种保护及 DUS 测试简介 [J]. 黑龙江农业科学，
    2009（5）：108－109.

[159] 李小健. 种业发展迎来新起点 [J]. 中国人大，2015（12）：30－31.

[160] 李小梅，霍学喜. 我国种子产业发展现状及策略 [J]. 中国种业，2008（2）：7－9.

[161] 李晓辉，李新海，张世煌. 植物新品种保护与 DUS 测试技术 [J]. 中国农业科学，
    2003，36（1）：1419－1422.

[162] 李新一. 加快我国新草品种保护工作 [J]. 中国饲料，2016（15）：28－31，43.

[163] 李新一. 做好草品种"三性"测试工作 [J]. 农产品市场周刊，2016（24）.

[164] 李秀丽，李东海. 日本种苗法主要制度述评及启示 [J]. 日本研究，2011（1）：1－6.

[165] 李秀丽. 美国植物品种法律保护制度的变迁及对我国的启示 [J]. 当代生态农业，
    2009，18（Z1）：46－49.

[166] 李秀丽. 印度植物品种保护制度及其对我国的启示 [J]. 江苏社会科学，2009（5）：
    143－148.

[167] 李秀萍. 近二十年国家级春油菜品种区域试验回顾与分析 [J]. 青海农林科技，2016
    （1）：39－42.

[168] 李永平，马文广. 全国烤烟良种区域试验的现状与问题探讨 [J]. 作物研究，2008
    （2）：130－132.

[169] 李毓堂，王彦荣. 出席第二十三届国际种子检验大会的情况报告及建议 [J]. 草业科
    学，1993（4）.

[170] 李媛辉. 董川玉. 论我国《种子法》的修改与完善——以品种审定制度为视角 [J].

法学杂志，2014（12）：57-64.

[171] 李媛辉.对农作物品种审定制度的再思考—演变、评述、反思与展望 [J].求索，2015（10）：120-125.

[172] 李愷哲.10种苜蓿品种幼苗抗旱性的研究 [J].中国草地学报，1991（3）.

[173] 李仲昌，等.美国牧草种子事业的发展之路 [J].中国草业科学，1988（5）：50-52，44.

[174] 李仲昌，胡兴宗，李冬兰，等.美国牧草种子事业的发展之路 [J].草业科学，1988（5）：46，52-54.

[175] 梁正华.新西兰的种子认证体系 [J].种子世界，1995（11）：35-36.

[176] 梁宗栋.构建新型良种繁育推广体系模式探讨 [J].种子科技，2014（6）：29-31.

[177] 廖国藩，贾幼陵.中国草地资源 [M].北京：中国科学技术出版社，1996.

[178] 廖琴，等.借鉴欧盟种子管理经验 加快我种子产业化步伐——赴德国法国农作物种子管理考察报告 [J].种子科技，1999（3）：21-23.

[179] 廖琴，等.美国的种子管理与生产概况 [J].中国种业，2000（1）：44-46.

[180] 廖琴.国家农作物品种区试审定工作取得新进展 [J].中国种业，2001（1）：9-12.

[181] 廖琴，张首都，黄发松，等."九五"南方稻区国家水稻品种区域试验工作回顾及"十五"展望 [J].中国稻米，2001（5）：5-6.

[182] 刘凤兰，张冬晓，杨经泽等.全国冬油菜品种生态区域试验研究进展 [J].中国油料作物学报，2001，23（2）：79-81.

[183] 刘杬.我国种子检验工作的现状与展望 [J].种子世界，1991（6）：5-6.

[184] 刘建秀.关于建立我国草坪草品种区域试验的设想 [J].草业科学，2003，20（1）：45-48.

[185] 刘琨.近代美国作物采集活动研究 [J].农业考古，2015（4）：246-252.

[186] 刘丽.搞好种子认证提高种子质量 [J].种子，2002（6）：321-322.

[187] 刘敏，龚吉蕊，张梓瑜，等.北方干旱区优良牧草抗旱性和抗寒性研究进展 [J].西北农林科技大学学报（自然科学版），2015，43（3）：56-62.

[188] 刘敏轩，王赞文，韩建国.种子真实性及品种纯度蛋白质电泳鉴定技术研究进展 [J].种子，2006，25（7）：54-57.

[189] 刘平，邹平，霍剑波，等.德国、荷兰、法国植物新品种测试体系 [J].山东农业科学，2006（3）：95-98.

[190] 刘汝敏.新形势下种子管理工作中存在的问题与对策 [J].中国种业，2016（4）：27-28.

[191] 刘思衡.作物育种与良种繁育学词典 [M].北京：中国农业出版社，2001.

[192] 刘婷娜.不同海拔垂穗披碱草生物学特性及种子产量研究 [D].兰州：兰州大学，2014.

[193] 刘香萍，崔国文，李国良，等．紫花苜蓿主根内非结构性碳水化合物累积及其与抗寒性的关系 [J]．中国草地学报，2010，32（2）：113 - 120.

[194] 刘晓艳，孙艳霞．农作物良种繁育发展现状分析及应对措施 [J]．种子科技，2016，34（9）：30 - 30.

[195] 刘信，周泽宇，刘丰泽，等．日本农作物种子质量控制和检验考察及对我国种子管理的启示 [J]．中国农技推广，2017，33（1）：3 - 7.

[196] 刘旭，郑殿升，董玉琛，等．中国农作物及其野生近缘植物多样性研究进展 [J]．植物遗传资源学报，2008，9（4）：411 - 416.

[197] 刘旭．作物种质资源与农业科技革命 [J]．中国农业科技导报，1999，1（2）：31 - 35.

[198] 刘亚萍，周小云，葛春辉，等．氮离子束注入燕麦种子对 M1 - M2 代幼苗生理生化指标的影响 [J]．生物技术，2006，16（1）：65 - 68.

[199] 刘亚钊，王明利，杨春，等．我国牧草种子产业发展现状及趋势分析 [J]．中国畜牧杂志．2013，49（20）：44 - 47.

[200] 刘振虎，李魁英．草坪草需水抗旱研究概述 [J]．中国草地学报，2001，23（4）：66 - 68.

[201] 刘振伟，李飞，张桃林．农业技术推广法 [M]．北京：中国农业出版社，2013.

[202] 刘振伟．种子法修改的几个问题 [J]．中国人大，2015（9）：43 - 48.

[203] 刘自学．我国牧草种子检验机构正式加入国际种子检验协会 [J]．四川草原，1989，6（5）：59.

[204] 龙明．美国种业发展回顾 [J]．当代蔬菜，2005（2）：43.

[205] 卢红双，徐柱，马玉宝，等．披碱草属穗型下垂类种质的形态学鉴定及其聚类分析 [J]．云南农业大学学报，2008，23（2）：105 - 157，161.

[206] 卢欣石．美国植物遗传资源系统管理与发展 [J]．草原与草坪，1997（1）：11 - 16.

[207] 卢欣石．牧草种质资源研究的组织技术体系构想 [J]．草业科学，1990（5）：11 - 14.

[208] 逯爱民，张峰，于宗新．改善农作物良种推广工作论略 [J]．中国种业，2013（4）：29 - 31.

[209] 路阳，金山，张娜，等．西藏 11 种野生牧草萌发期抗旱性研究 [J]．西北农业学报，2011，20（3）：38 - 44.

[210] 吕杰，李冠，王新绘．低能离子注入对紫花苜蓿种子发芽及幼苗生理生化变化的影响 [J]．种子，2004，23（8）：32 - 34.

[211] 罗新义，李红，刘学峰，等．多年生牧草的抗寒性 [J]．黑龙江畜牧兽医，1996（11）：21 - 23.

[212] 罗永聪，马啸，张新全．利用 SSR 技术构建多花黑麦草品种指纹图谱 [J]．农业生物技术学报，2013，21（7）：799 - 810.

[213] 马金星，张吉宇，单丽燕，负旭江．中国草品种审定登记工作进展 [J]．草业学报，2011，20 (1)：206 - 213.

[214] 马京波．德国种业的印象与启示 [J]．中国种业，2015 (9)：22 - 24.

[215] 马京波．中、美两国种子市场监管比较后的思考与建议 [J]．世界种子，2013 (7)：17 - 20.

[216] 马淑萍．中国种子产业的发展和相关政策 [J]．农家参谋，2009 (7)：8 - 9.

[217] 马啸．老芒麦野生种质资源的遗传多样性及群体遗传结构研究 [D]．成都：四川农业大学，2008.

[218] 马志强，曹德华，潘利兵等．美国种子管理及种业发展趋势 [J]．种业导报，2005 (4)：29 - 31.

[219] 毛培春，孟林，高洪文，等．20 份无芒雀麦种质材料苗期抗旱性综合评价及光合特性分析 [J]．草地学报，2011，19 (4)：619 - 624.

[220] 毛培胜．分子标记技术在牧草遗传多样性研究中的应用 [A] // 2009 中国草原发展论坛论文集 [C]．农业部草原监理中心、中国草学会，2009.4.

[221] 毛培胜，侯龙鱼，汪辉，等．甘肃省苜蓿种子生产现状分析与展望 [J]．中国奶牛，2015 (18)：12 - 15.

[222] 毛培胜，侯龙鱼，王明亚．中国北方牧草种子生产的限制因素和关键技术 [J]．科学通报，2016，61 (2)：250.

[223] 毛培胜．苜蓿种子及其草产品质量检测技术的应用与发展 [C]．第三届中国苜蓿发展大会论文集，2010：605 - 608.

[224] 毛培胜．浅析 AOSCA 种子认证体系在草种子生产中的应用 [J]．草业科学，2008，25 (11)：70 - 74.

[225] 莫熙礼，赵同贵，武华文，等．喀斯特石漠化地区 4 种牧草抗旱性评价 [J]．江苏农业科学，2016，44 (7)：290 - 292.

[226] 牟彤，张晓莹，王金刚，等．狼尾草农杆菌转化体系的优化和转基因植株的获得 [J]．作物杂志，2013 (1)：45 - 48.

[227] 宁布，包来晓，杜一民，等．牧草种质资源保存体系建立的研究 [J]．畜牧与饲料科学，1997 (3)：5 - 6.

[228] 宁布．论野生牧草的饲用评价 [J]．中国草原，1988 (3)：64 - 67.

[229] 农业部牧草与草坪草种子质量监督检验测试中心．2010 年下半年草种检验情况公告 [J]．新疆畜牧业，2011 (3)：1.

[230] 农业部热带农业考察组，张丽坪，王宏彦，等．哥伦比亚、巴西热带农业科研情况考察报告 [J]．热带农业科学，2000 (1)：56 - 62.

[231] 潘显政，等．美国、加拿大种子管理与质量控制考察报告 [J]．种子世界，2007 (8)：

56-59.

[232] 彭湖.8个紫花苜蓿品种的耐盐性研究 [D].杨凌：西北农林科技大学，2010.

[233] 彭燕，张新全，曾兵.野生鸭茅植物学形态特征变异研究 [J].草业学报，2007，16
(2)：69-75.

[234] 齐晓，李曼莉，孙启忠.新《种子法》对我国草品种审定制度的影响 [J].草业科学，
2016，33 (7)：1434-1439.

[235] 齐晓，负旭江，洪军，等.我国草品种区域试验工作进展 [J].草地学报，2013，21
(6)：1033-1042.

[236] 祁娟.披碱草属植物野生种质资源生态适应性研究 [D].北京：中国农业科学
院，2014.

[237] 钱元诚.新西兰牧草种子检验 [J].国外畜牧学.草原与牧草，1984 (4)：47-49.

[238] 秦文静，梁宗锁.四种豆科牧草萌发期对干旱胁迫的响应及抗旱性评价 [J].草业学
报，2010，19 (4)：61-70.

[239] 邱军.国家小麦品种区试审定现状与发展 [A]//中国作物学会栽培专业委员会小麦
学组.第十五次中国小麦栽培科学学术研讨会论文集 [C].中国作物学会栽培专业委
员会小麦学组，2012.7.

[240] 全国农业技术推广服务中心.2004年国家棉花品种区试总结报告汇编 [R].2004.

[241] 全国现代农作物种业发展规划 (2012-2020年) [J].中国乡镇企业，2013 (7)：4-12.

[242] 全国畜牧总站.中国草种质资源重点保护名录 [M].北京：中国农业出版社，2017.

[243] 全国中等职业学校种植专业教材编写组.遗传与良种繁育 [M].北京：高等教育出版
社，1994.

[244] 任福生，谭咸彬，雷苗琳，王海英，魏贱生，蒋飞，陈祖方，邓满英.利用土地流转
加快良种推广 [J].中国种业，2015 (12)：42-44.

[245] 任继周，曹致中，负旭江，等.我国牧草种质资源保护和良种繁育体系建设之梗概
[C].首届中国苜蓿发展大会，2001.

[246] 任继周.草地农业生态系统通论 [M].安徽教育出版社，2004.

[247] 任文华，刘敬国，黄兆刚，等.中国林业植物新品种保护与DUS测试指南研究进展
[J].山东林业科技，2017，232 (5)：96-100

[248] 戎郁萍，曹喆，赵秀芳，等.美国植物种质资源的收集、保存、利用与评价 [J].草
业科学，2007，24 (12)：22-25.

[249] 阮晓亮.施文娟.英国种子产业体系 [J].国外种业，1999 (2)：45-46.

[250] 邵长勇，王德成，尤泳，等.我国牧草种子产业发展现状分析 [J].中国奶牛，2014
(11/12)：9-12.

[251] 邵麟惠，等.我国草品种审定工作现状与问题分析 [J].草业学报，2016，25 (6)：

175 - 184.

[252] 盛素文．美国种子质量管理的几个特点［J］．种子科技，1996（6）：26 - 27.

[253] 师文贵，李志勇，李鸿雁，等．国家多年生牧草种质圃资源收集、保存及利用［J］．植物遗传资源学报，2009，10（3）：471 - 474.

[254] 师文贵，李志勇，卢新雄，等．国家多年生牧草种质圃资源保存规程［J］．中国草地学报，2009，31（6）：109 - 112.

[255] 施正康．近代上海华商纱厂联合会与棉纺业的自救［J］．上海经济研究，2006（5）：91 - 96.

[256] 史小军．对加快商洛市玉米良种推广的思考［J］．种子科技，2011（12）：10 - 11.

[257] 宋凤梅，何树松．我国林木良种繁育现状及发展趋势［J］．辽宁林业科技，2000（4）：3 - 6.

[258] 宋晓霞，李爱国，张文斐．2009 - 2015 年国家黄淮南片小麦新品种区域试验品种分析［J］．中国种业，2017（6）：52 - 55.

[259] 宋自力．加速林木良种推广使用的几点思考［J］．湖南农业科技，2001，28（3）：67 - 68.

[260] 苏加楷，张文淑，傅林谦．中国牧草遗传资源多样性保护及利用［C］．首届全国生物多样性保护与持续利用研讨会，1994.

[261] 苏加楷（执笔），熊德邵，耿华珠，等．澳大利亚牧草饲料作物科学考察报告［J］．中国草食动物科学，1987（3）：34 - 36.

[262] 苏加楷．中国牧草新品种选育的回顾与展望［J］．草原与草坪，2001（4）：3 - 8，16.

[263] 孙波．浅谈种子质量监督检验现状与对策［J］．种子世界，2002（5）：6 - 7.

[264] 孙花乔，孟小莽，许刚，等．对农作物新优品种展示问题的探讨［J］．种子科技，2017，35（5）：24 - 25.

[265] 孙群，王庆，薛卫青，等．无损检测技术在种子质量检验上的应用研究进展［J］．中国农业大学学报，2012，17（3）：1 - 6.

[266] 孙伟泽，韩博，胡晓宁，等．不同浓度盐胁迫下苜蓿丙二醛含量变化［J］．安徽农业科学，2009，37（5）：1905 - 1906.

[267] 孙彦，韩建国，毛培胜，等．草坪与地被植物种子质量检验的现状与发展趋势［A］//草坪与地被科学进展论文汇编［C］，2006：188 - 192.

[268] 孙彦，毛培胜．国际种子检验协会实验室能力验证方法对健全我国草种子实验室能力验证体系的启示［J］．草业科学，2016，33（3）：540 - 546.

[269] 覃海宁，赵莉娜．中国高等植物濒危状况评估［J］．生物多样性，2017，25（7）：689 -695.

[270] 谭涛，李道国．中日韩植物新品种保护制度比较研究［J］．知识产权，2005（6）：58 - 63.

[271] 谭涛，申芳．中印植物新品种保护制度对比与分析［J］．江西农业学报，2011，23（7）：189 - 193.

[272] 唐浩，刘洪，余汉勇，等．基于 DUS 测试的标准品种形态性状稳定性和重要性分析 [J]．作物学报，2013，39 (4)：632 - 641.

[273] 陶玲，任珺．牧草抗旱性综合评价的研究 [J]．甘肃农大学报，1999 (1)：23 - 28.

[274] 陶学明，戴继勇，郑玉艳，等．浅析我国农业良种繁育与推广服务标准体系的构建 [J]．中国标准化，2016 (1)：87 - 91.

[275] 腾海涛，堵苑苑，余毅，等．我国农业植物新品种 DUS 测试指南研制概况 [J]．作物杂志，2009 (2)：86 - 89.

[276] 滕中华，周党卫，师生波，等．青藏高原三种高寒植物的质膜透性变化与抗寒性的关系 [J]．中国草地学报，2001，23 (4)：37 - 47.

[277] 田稼，郑殿升，常汝镇．中国作物遗传资源 [M]．北京：中国农业出版社，1994.

[278] 田颖超．美国植物资源种植推广体系考察见闻 [J]．河南水利与南水北调，2006 (11)：19 - 19.

[279] 万素梅，胡守林，黄勤慧，等．不同紫花苜蓿品种根系发育能力的研究 [J]．西北植物学报，2004，24 (11)：2048 - 2052.

[280] 汪恩华，刘杰，刘公社，等．形态与分子标记用于羊草种质鉴定与遗传评估的研究 [J]．草业学报，2002，(4)：68 - 75.

[281] 汪新业，任奇．新疆棉花良种推广主要模式分析 [J]．种子科技，2009 (5)：7 - 9.

[282] 王博勋．新种子法：为种业发展保驾护航 [J]．中国人大，2015 (22)：33 - 35.

[283] 王道泽，柴伟国，张雅．杭州市蔬菜良种推广现状与对策 [J]．长江蔬菜，2008 (17)：55 - 59.

[284] 王得元，殷秋妙，李乃坚，等．RAPD 标记检测作物种子纯度方法的应用基础 [J]，广东农业科学，1999 (3)：19 - 20.

[285] 王栋．良种繁育基地新建项目可行性及影响研究 [D]．青岛：中国海洋大学，2010.

[286] 王富胜，潘晓春．国际种业发展趋势与中国种业未来发展策略 [J]．世界农业，2012 (9)：110 - 114.

[287] 王桂平，陈艳．我国种子检验工作的现状、问题及对策 [J]．上海农业科技，2009 (5)：15 - 17.

[288] 王红．阜种管理弊端及应对措施 [J]．新疆畜牧业，2013 (11)：50 - 51.

[289] 王继鑫．跨国种子企业知识产权战略法律支持研究 [D]．武汉：华中农业大学，2014.

[290] 王加亭，赵恩泽．我国牧草种子生产情况（2013 年）[J]．中国畜牧业，2015 (4)：26 - 27.

[291] 王建华，卢成，解超杰，茹鲜．北美种子质量控制体系 [J]．世界农业，2002 (5)：26 - 28.

[292] 王建华，茹鲜，谢超杰．中外种子认证体系的比较研究［J］．种子，2002（2）：44-45.

[293] 王健胜，王婕，梁亚红，等．不同苜蓿品种农艺性状的分析与评价［J］．江苏农业科学，2015，43（7）：241-243.

[294] 王洁，廖琴，胡小军，等．北方稻区国家水稻品种区域试验精确度分析［J］．作物学报，2010，36（1）：1870-1876.

[295] 王景升．联合国粮农组织"质量信得过种子"制度［J］．种子世界，1991（8）：38-39.

[296] 王军平，刘菁，文朝慧．植物种子的建康检验［J］．检验检疫科学，2006（16）：116-118.

[297] 王磊．欧美种子管理制度及其对中国的借鉴［J］．世界农业，2015（1）：1-6.

[298] 王磊，宋敏．韩国种业发展战略及其对我国种业发展的启示［J］．中国种业，2014（2）：25-28.

[299] 王明亚，毛培胜．中国禾本科牧草种子生产技术研究进展［J］．种子，2012，31（9）：55-60.

[300] 王命义．基于中外比较的我国种业产业化发展研究［D］．福州：福建农林大学，2013.

[301] 王庆雷．泰国牧草种子的生产状况［J］．世界农业，2000（2）：40.

[302] 王蓉，丰作成．对农作物种子质量认证工作的几点体会［J］．种子世界，1999（11）.

[303] 王胜军，张志强，王汉芳，等．介绍几种新品种的推广模式［J］．河南农业科学，2000（4）：55-55.

[304] 王述民，李立会，黎裕，等．中国粮食和农业植物遗传资源状况报告（Ⅱ）［J］．植物遗传资源学报，2011，12（1）：167-177.

[305] 王树芳，关抗胜，马小梅．我市良种推广工作存在的问题与对策［J］．种子科技，2009，27（5）：15-16.

[306] 王锁民，宋兴运，赵银．盐胁迫对拔节期碱茅游离脯氨酸成分和脯氨酸含量的影响［J］．草业学报，1994，3（3）：22-26.

[307] 王伟成．美国种业科技创新及品种管理的见闻与启示［J］．作物研究，2014，28（1）：81-85.

[308] 王献溥．自然保护区建设与管理［M］．化学工业出版社，2003.

[309] 王晓荣，周禾．高羊茅不同品种生长初期抗旱性的比较研究［J］．草业与畜牧，2001（4）：25-29.

[310] 王孝华，曹祖波．种子检验工作回顾与展望［J］．农业科技通讯，2008（5）：6-8.

[311] 王昕洵，陈玲玲，张蕴薇，等．不同硬实率紫花苜蓿种子的近红外光谱分析［J］，光谱学与光谱分析，2016，36（3）：702-705.

[312] 王彦荣．丹麦种子质量管理体系［J］．草原与草坪，1996（1）：47-49.

[313] 王彦荣．我国牧草种子业的现状与发展［J］．草业科学，1998（5）：34-38.

[314] 王洋.对种子质量认证的几点思考 [J].种子世界,2003 (1):3-4.

[315] 王瑛,贾敬芬.沙打旺耐盐细胞系的筛选及特性分析 [J].应用与环境生态学报,1999,5 (6):547-550.

[316] 王赟文,韩建国.完善我国牧草种子繁育检验体系的几点思考 [J].种子,2005 (10):77-79.

[317] 王枝梅.提高质量意识加强种子质量的检验和监督 [J].内蒙古林业,1995 (4):5.

[318] 王志锋,徐安凯,于洪柱.牧草种质资源保护意义及其方法 [J].吉林畜牧兽医,2004 (8):18-20.

[319] 魏学文.论种子质量问题及法律适用 [D].泰安:山东农业大学,2015.

[320] 温大兴.玉米种子纯度快速分子检测技术研究 [D].泰安:山东农业大学,2013.

[321] 翁森红,聂素梅,徐恒刚,等.禾本科牧草 K^+/Na^+ 与其耐盐性的关系 [J].草业与畜牧,1998 (2):22-23.

[322] 翁森红,张方申,徐柱,等.中国—波兰抗旱性牧草和草坪遗传资源引种的科研效果及经济效益分析 [J].内蒙古科技与经济,2003 (11):26-27.

[323] 邬荣世,等.农作物种子育繁推法律法规的完善 [J].中国种业,2009 (10):20-22.

[324] 吴翠萍,吴新华,王良华,等.黑麦草腥黑穗病菌的快速鉴定 [J].检验检疫学刊,2004,14 (1):22-23.

[325] 吴培清,金秀华,苏瑞芳,等.关于加强农作物种子管理体系建设的探讨 [J].上海农业科技,2012 (4):11-12.

[326] 吴潇,李莉,肖冬玲,等.赖草属牧草幼苗抗旱性评价 [J].辽宁农业科学,2001 (5):54-54.

[327] 武自念,魏臻武,雷艳芳,等.12 份苜蓿农艺性状的主成分及聚类分析 [J]草原与草坪,2011,31 (1):50-53.

[328] 席日锋,施卫红,殷济书,倪修学.强化良种推广推进新一轮农业科技革命 [J].上海农业科技,1999 (2):5-6.

[329] 夏冰,肖长坤.国外几种农业技术推广模式介绍 [J].新农村,2013 (8):36-37.

[330] 谢建平,对我国推行种子认证制度的思考 [J].种子,1996 (2):35 36.

[331] 辛赤邑.浅谈日本的《种苗法》[J].科学学与科学技术管理,1995 (4):47-49.

[332] 辛国荣,宋淑明.牧草抗旱性研究 2 水分胁迫下 8 种燕麦品种的抗旱性综合评价 [J].草业科学,1996 (6):30-34.

[333] 辛景树.美国的种子认证 [J].种子世界,1997 (2):35-36.

[334] 熊潮慧,马啸,白史且,等.老芒麦野生种质的形态和农艺性状多样性研究 [J].草业与畜牧,2010,(9):10-17.

[335] 熊融,张维鼎,郝洛曼.法国的种子认证制度 [J].种子,2015,34 (6):63-65.

[336] 徐海明 . 中国农业野生植物原生境保护实践研究 [J]. 农业与技术，2016，36（8）：22 - 22.

[337] 徐恒刚，张萍，李临杭，等 . 对牧草耐盐性测定方法及其评价指标的探讨 [J]. 中国草地学报，1997（5）：52 - 54.

[338] 徐凯希 . 晚清末年湖北农业改良述略 [J]. 中国农史，2004（1）：28 - 29.

[339] 徐立新 . 河南省农作物种子质量监督检验体系现状与发展对策研究 [D]. 郑州：河南农业大学，2009：7 - 10.

[340] 徐胜，张新全，李建龙，等 . 19 份野生扁穗牛鞭草种质农艺性状遗传变异的数量化研究 [J]. 中国草地，2003，25（4）：15 - 20.

[341] 徐胜，张新全，吴彦奇，等 . 我国草种业发展现状与对策 [J]. 草业与畜牧，2001（4）：7 - 10.

[342] 徐寿尧 . 运用新《种子法》进行种子行政执法的思考 [J]. 中国种业，2017（4）：29 - 31.

[343] 徐威，袁庆华，王瑜，等 . 盐胁迫下白三叶幼苗离子分布规律的初步研究 [J]. 中国草地学报，2011，33（5）：33 - 39.

[344] 徐向南，易津，于林清，等 . 紫花苜蓿抗旱性研究进展 [J]. 中国农学通报，2009，25（21）：180 - 184.

[345] 徐秀梅，杨万仁，刘东宁 . 干旱区 20 个紫花苜蓿品种抗旱性研究 [J]. 种子，2004，23（11）：21 - 24.

[346] 徐云远，贾敬芬，牛炳韬 . 空间条件对 3 种豆科牧草的影响 [J]. 空间科学学报，1996（S1）：136 - 141.

[347] 徐振江，刘洪，李春兰，等 . DUS 测试技术在农学类专业学生实践教学中的应用 [J]. 现代农业科技，2012（7）：30 - 31.

[348] 徐柱 . 牧草良种生产现状及其发展 [A] // 中国科学技术协会、浙江省人民政府 . 面向 21 世纪的科技进步与社会经济发展（上册）[C]. 中国科学技术协会、浙江省人民政府，1999.1.

[349] 许晨 . 我国种业发展历史、现状及问题透视 [J]. 吉林农业，2010（8）：140＋167.

[350] 薛达元 . 中国生物遗传资源现状与保护 [M]. 北京：中国环境科学出版社，2005.

[351] 荀守华，周建仁，黄发吉，等 . 刺槐属植物新品种 DUS 测试指南研究 [J]. 北京林业大学学报，2015（2）：107 - 110.

[352] 严青，马玉寿，施建军 . 三江源区典型适宜栽培牧草的抗寒性研究 [J]. 黑龙江畜牧兽医，2007，2007（12）：64 - 66.

[353] 严学兵 . 披碱草植物遗传多样性研究 [D]. 北京：中国农业大学，2005.

[354] 颜清上，阎淑荣，邵桂花等 . 黄淮海大豆区域试验的回顾与建议 [J]. 作物杂志，1999（3）：14 - 17.

［355］颜延进，谭振新．农作物种子纯度鉴定技术研究进展［J］．种子科技，2004（3）：153-155.

［356］杨爱莲，陈燕．澳大利亚牧草种质资源的保护与研究［J］．中国草地学报，1997（4）：69-73.

［357］杨宝平．加强品种管理工作，提升优良品种的覆盖率［J］．种子世界，2012（2）：12-13.

［358］杨东霞，贺利云．美国种子法律制度概要［J］．世界农业，2011（1）：34-37，49.

［359］杨继良．法国植物品种鉴定与种子质量控制［J］．种子，2000，108（2）：73-76.

［360］杨继良．与植物品种和种子有关的国际组织介绍［J］．种子科技，2000（5）：30.

［361］杨杰．王地．王海潮．对新形势下品种审定试验工作的探讨［J］．中国种业，2017（7）：25-27.

［362］杨满业，肖冰雪，郑群英，等．川西北高原5种牧草苗期抗旱性比较研究［J］．草业与畜牧，2015（6）：8-14.

［363］杨庆文，秦文斌，张万霞，等．中国农业野生植物原生境保护实践与未来研究方向［J］．植物遗传资源学报，2013，14（1）．

［364］杨世昌．新《种子法》实施中的种子市场管理难点以及制度创新［J］．南方农业，2016，10（27）：117-118.

［365］杨仕华，廖琴，谷铁城，等．南方稻区国家水稻品种区域试验进展及建议［J］．中国种业，2009（12）：7-8.

［366］杨伟光，李红，刘昭明．黑龙江省牧草种子产业现状［J］．草业科学，2011，28（11）：2061-2066.

［367］杨扬．等．中国玉米品种审定现状分析［J］．中国农业科学，2014，47（22）：4360-4370.

［368］杨震，彭选明，彭伟正．作物诱变育种研究进展［J］．激光生物学报，2016，25（4）：302-308.

［369］杨治斌．中、美种子产业的若干比较与思考［J］．北京农业，2007（2）：11-15.

［370］一力．DUS与VCU测试英国植物新品种保护的测试体系介绍［J］．世界农业，2000（6）．

［371］佚名．农业野生植物资源亟待保护［J］．长江蔬菜，2003（3）：59-59.

［372］佚名．国外籽种产业发展的现状与经验（一）［J］．中国农业信息，2013（9）：44-47.

［373］阴佳鸿，毛培胜，黄莺，等．不同含水量劣变燕麦种子活力的近红外光谱分析［J］．红外，2010，31（7）：39-44.

［374］殷晓辉，舒理慧．植物种质资源的超低温保存研究进展（综述）［J］．热带亚热带植物学报，1996（3）：75-82.

［375］英玢玢．印度植物品种保护制度研究［D］．武汉：华中农业大学，2015.

［376］于林清，汪慧，张旭婧，等．3种苜蓿形态特征及变异分析［J］．草原与草坪，2008，（3）：29-33.

[377] 于燕波，王群亮，ShelaghKell，等．我国栽培植物野生近缘种及其保护对策［J］．生物多样性，2013，21（6）：750-757.

[378] 负旭江．从英国做法看中国草种质量管理体系建设［J］．世界农业，2015（11）：20-23.

[379] 云锦凤．牧草及饲料作物育种学［M］．北京：中国农业出版社，2016.

[380] 云锦凤．抓住机遇，更新理念，加快草品种育种进程［J］．草原与草业，2015，27（1）：1-2.

[381] 云晓敏．修订后的《中华人民共和国种子法》对农业主管部门职能调整的思考［J］．种子世界，2016（12）：13-14.

[382] 曾庆贺．论种子市场准入制度——种子认证与品种审定之优劣［J］．企业导报，2013（23）：122-123.

[383] 曾三省．我国玉米区域试验的回顾［J］．作物杂志，1993（1）：12-13.

[384] 曾维英，陈渊，梁江，等．1982—2008年广西大豆良种区域试验综合总结．南方农业学报，2011，42（3）：271-276.

[385] 翟桂玉，李祥斌，荀建强．牧草种子生产管理的若干技术问题［J］．畜牧与兽医，2002，34（5）：14-16.

[386] 翟夏杰，张蕴薇，黄顶，王堃．中美牧草育种的现状与异同［J］．草业科学，2016，33（6）：1213-1221.

[387] 张斌，李海燕．巴基斯坦种子管理研究［J］．安徽农业科学，2013，41（6）：2752-2754.

[388] 张春梅，赵恒军．优质饲草良种繁育及标准化生产技术研究［J］．安徽农业科学，2014（27）：9364-9367.

[389] 张春庆，王建华．种子检验学［M］．北京：高等教育出版社，2006.

[390] 张春艳．国外籽种产业发展的启示［J］．北京农业，2014（9）：296-297.

[391] 张东玲，刘建宁，王运琦，等．羊茅种质资源苗期抗旱生理响应及综合评价［J］．山西农业科学，2010，38（10）：20-25.

[392] 张国栋．美国大豆品种区域试验的方法和程序［J］．大豆科学，1995，14（2）：174-179.

[393] 张焕喜．浅析西夏的农业法律制度［D］．重庆：西南政法大学，2011.

[394] 张慧琴．浅论农作物良种推广面临的问题及对策［J］．农家科技，2015（9）：8-8.

[395] 张吉宇，袁庆华，张文淑．我国牧草种质资源及其遗传多样性的研究进展［J］．中国草地学报，2003，25（3）：59-65.

[396] 张建华，王建军，杨晓洪，等．DUS测试与植物新品种保护［J］．西南农业学报，2006，19（2）：291-297.

[397] 张明均．牧草种子生产现状与对策探索［J］．中国畜禽种业，2017，13（1）：9.

[398] 张淑敏．澳大利亚的种子业［J］．中国农技推广，1998（2）：22-23.

[399] 张淑敏．目前我国种子质量标准制修订状况［J］．中国标准导报，1997（7）：16-17.

[400] 张万松，王春平，张爱民，等．国内外农作物种子质量标准体系比较 [J]．中国农业科学，2011，44 (5)：884 – 897.

[401] 张小利．我国农业种子市场规制法律问题研究 [D]．重庆：西南政法大学，2012.

[402] 张小英，卫智军，陈立波，等．四个紫花苜蓿品种对秋冬低温条件的生理适应性 [J]．中国草地学报，2008，30 (3)：48 – 51.

[403] 张肖娟，孙振元．植物新品种保护与 DUS 测试的发展现状 [J]．林业科学研究，2011，24 (2)：247 – 252.

[404] 张新明，杨坤，刘平．加强 DUS 测试体系建设，服务现代种业发展 [J]．农业科技管理，2012，31 (6)：4 – 5.

[405] 张新全，马啸，郭志慧，等．国外禾本科草育种研究进展 [J]．草业与畜牧，2015 (1)：1 – 7.

[406] 张旭．麟游县农作物良种推广体系现状及改进措施 [J]．种子世界，2015 (12)：10 – 11.

[407] 张学成．加强种子管理系统行风建设 强化种子管理职能 [J]．种子世界，2015 (1)：16 – 17.

[408] 张延秋．学深学透《种子法》，全面提高依法治种水平 [J]．中国种业，2016 (1)：1 – 2.

[409] 张雁雯．中美法律法规的对比与借鉴 [D]．长沙：湖南农业大学，2015.

[410] 张英俊、李兵，等．世界草原 [M]．北京：中国农业出版社，2011.

[411] 张永霞，程广燕．美国植物种质资源共享管理 [J]．中国农业资源与区划，2006，27 (4)：59 – 62.

[412] 张勇．草种市场有监管扦样检测有国标 [N]．中国畜牧兽医报，2015 – 04 – 05 (1)．

[413] 张裕君，刘跃庭，廖芳，等．基于 rbcL 基因序列的欧洲菟丝子分子检测 [J]．植物保护，2009，35 (4)：110 – 113.

[414] 张振明．奥地利的种子质量认证 [J]．种子世界，1991 (12)：35 – 36.

[415] 张智山，余鸣，王赟文．美国草种产业概况与启示 [J]．草业科学，2008，25 (2)：6 – 10.

[416] 赵保献，陈润玲，雷晓兵，等．当前普通玉米区域试验中有关问题的探讨 [J]．中国农学通报，2006，22 (7)：174 – 177.

[417] 赵博，王丽英，蔡菲菲，王丰峰．我国种业发展现状、制约问题及战略对策研究 [J]．种子，2013，32 (6)：64 – 66.

[418] 赵建中．法国种子认证史 [J]．种子世界，1996 (5)：35 – 37.

[419] 赵建忠，张彦良．浅议如何建立良好的种子质量管理和监管体系 [J]．种子科技，2013，31 (5)：42 – 42.

[420] 赵久然，杨国航，孙世贤，等．国家青贮玉米品种区域试验现状及发展趋势—国家玉米品种区试系列介绍Ⅳ [J]．作物杂志，2008 (1)：85 – 89.

[421] 赵来喜. 优异牧草种质资源收集、评价利用的潜力及对策 [J]. 中国草地学报，2009，31 (4)：13-19.

[422] 赵丽丽. 扁蓿豆不同品系的特性研究 [D]. 呼和浩特：内蒙古农业大学，2009.

[423] 赵蒙蒙. 对中国良种推广模式的思考 [J]. 现代农业科学，2009 (3)：213-214.

[424] 赵铺洛. 日本北海道水稻品种区域试验方法及其评价 [J]. 黑龙江农业科学. 2001 (6)：46-48.

[425] 赵素温，李淑君. 对牧草种子工程的几点建议 [J]. 当代畜禽养殖业，1999 (7)：14-15.

[426] 赵卫. 借鉴国外精华探索中国式的种子管理模式 [J]. 北京农业种业动态，2007 (6)：15-17.

[427] 赵延安. 封建农业法制历史对现代农业法制建设的启示 [J]. 中国农学通报，2007 (1)：401-404.

[428] 正确理解"良种推广补贴政策"的五方面内涵 [J]. 北京农业，2007 (11)：35-36.

[429] 郑殿升，杨庆文. 中国的农业野生植物原生境保护区（点）建设 [J]. 植物遗传资源学报，2004，5 (4)：386-388.

[430] 郑江波，崔和瑞. 中外农业科技成果转化的推广模式比较及借鉴 [J]. 科技进步与对策，2009，26 (1)：14-16.

[431] 支巨振. 国际种子认证组织与种子质量认证 [J]. 技术监督实用技术，1997 (5)：19-20.

[432] 中国环境与发展国际合作委员会. 保护中国的生物多样性 [M]. 北京：中国环境科学出版社，1997.

[433] 中国农科院科技情报研究所农作物情报研究室. 各国作物育种区域试验的一些做法（一）[J]. 种子世界，1983 (10)：30-32.

[434] 中国农业科学院棉花研究所. 1977 年全国棉花抗枯黄萎病品种区域试验总结 [R]. 安阳：中国农业科学院棉花研究所，1977.

[435]《中国植物保护战略》编撰委员会. 中国植物保护战略 [M]. 广东科技出版社，2007.

[436] 中国种子协会. 中国农作物种业 (1949—2005) [M]. 北京：中国农业出版社，2007.

[437] 中华人民共和国林业部. 林木良种推广使用管理办法 [Z]. 1997-06-15.

[438] 钟声. 野生鸭茅杂交后代农艺性状的初步研究 [J]. 草业学报，2007，16 (1)：69-74.

[439] 钟天润，冯晓东，王建强. 新西兰种子认证与植物检疫风险控制体系 [J]. 中国植保导刊，2015，35 (5)：82-84.

[440] 周瑞莲，张普金，徐长林. 长期低温作用下垂穗披碱草保护酶活性变化及其牧草生态适应性 [J]. 草业学报，1995 (3)：30-35.

[441] 周曙东，靖飞. 中国农作物种子工作法律体系现状及建议 [J]. 种子，2006 (10)：99-102.

[442] 周兴民. 中国嵩草草甸 [M]. 北京：科学出版社，2001.

［443］ 周泽宇. 美国种子认证体系［J］. 世界农业，1998（7）：19-20.

［444］ 周泽宇，张力科，金石桥. 我国农作物种子检验工作成效与展望［J］. 中国农技推广，2016，32（4）：8-10.

［445］ 朱建忠. 德国种子流通监督管理概括与启示［J］. 种子世界，2002（9）：48-49.

［446］ 朱丽伟，马文广，胡晋，等. 近红外光谱技术检测种子质量的应用研究进展［J］. 光谱学与光谱分析，2015，35（2）：346-349.

［447］ 朱旺生，陈双梅. 我国饲草种子工程建设面临的问题及发展对策［J］. 畜禽业，2004（3）：28-29.

［448］ 朱维维. 我国农业种子产业政策法律问题研究［D］. 武汉：华中农业大学，2014.

［449］ 朱闻军. 日本种子管理工作概况［J］. 种子世界，1998（5）：35-37.

［450］ 朱雯清，张卫平，李春珍. 澳大利亚种业发展现状——宁夏种子团赴澳大利亚考察札记［J］. 种子世界，2006（1）：60-61.

［451］ 朱政. 美国农业立法的发展及其对中国的启示［D］. 大连：东北财经大学，2015.

［452］ 庄金学. 论我国种子行政执法的困境及对策［J］. 中国农业文摘，2016，28（4）：78.

［453］ 邹丽丽. 世界种业的发展特点及其趋势［J］. 世界农业，2006（1）：1-3.

［454］ Amirouche N, Misset M T. Morphological variation and distribution of cytotypes in the diploid-tetraploid complex of the genus DactylisL.（Poaceae）from Algeria［J］. Plant Systemati-cs and Evolution, 2007, 264（3-4）：157-174.

［455］ Barbour M G, Billings W D. North American terrestrial vegetation［J］. South African Journal of Botany, 1990, 56（6）：704-708.

［456］ Boonman, J. G. Farmers' success with tropical grasses：crop-pasturerotations in mixed farming in East Africa［R］. CSIRO Tropical Agriculture, 1997.

［457］ Cerling T E. Development of grasslands and savannas in East Africaduring the Neogene［J］. Palaeogeography PalaeoclimatologyPalaeoecology, 1992, 97（3）：241-247.

［458］ Galluzzi G, Noriega I L. Conservation and Use of Genetic Resources of Underutilized Crops in the Americas-A Continental Analysis［J］. Sustainability, 2014, 6（2）：980-1017.

［459］ Girgi M, Maretha M, Kennedy O, et al. Transgenic and herbicide resistant pearl millet（Pennisetum glaucum L.）R. Br via microprojectile bombardment of scutellar tissue［J］. Molecular Breeding, 2002, 10（4）：243-252.

［460］ Hanson H C. The Grass Cover of Africa［M］. Ecology, 1962：43.

［461］ Harrison S J, Curtis M D, Mcintyre C L, et al. Differential expression of peroxidase isogenes during the early stages of infection of the tropical forage legume Stylosanthes humilis by Colletotrichum gloeosporioides［J］. Molecular Plant-Microbe Interactions,

1995，8 (3)：398 - 406.

[462] Hu - Biao Yang, Xiao - Xia Li, et al. Carex concava (Carex sect. Rhomboidales, Cyperaceae), a new species from Hainan, China [J]. Phytotaxa. 2016, 283 (2)：155 - 162.

[463] Hubiao Yang, Xiaoxia Li, et al. Carex jianfengensis (Carexsect. Rhomboidales, Cyperaceae), a New Species from Hainan, China [J]. PLoS ONE, 2015. 10 (9)

[464] Hu - Biao Yang, Xiao - Xia Li, et al. Carex procumbens (Carexsect. Rhomboidales, Cyperaceae), a new species from Hainan, China [J]. hytotaxa, 2015, 201 (3)：207 - 221.

[465] ILRI. Forage diversity activities at the International Livestock Research Institute (ILRI) [J]. Ncsl Legisbrief, 2010, 19 (25)：1 - 2.

[466] Jeník J. Barbour, M. G. Billings, W. D. (ed.). North American Terrestrial Vegetation [J]. Biologia Plantarum, 2001, 44 (3)：332 - 332.

[467] Jensen E C. Book Review：North American Terrestrial Vegetation Michael G. Barbour, William Dwight Billings [J]. Quarterly Review of Biology, 2001, 76 (3).

[468] Meilleur B A, Hodgkin T. In situ conservation of crop wild relatives：status and trends. [J]. Biodiversity &. Conservation, 2004, 13 (4)：663 - 684.

[469] Pascual U, Perrings C. Developing mechanisms for in situ biodiversity conservation in agricultural landscapes [R]. Agriculture Ecosystems &. Environment, 2015.

[470] Schultzekraft R. CIAT′s tropical forages collection. Catalog of germplasm from Central America, Mexico, and the Caribbean [R]. Documento De Trabajo, 1991.

[471] Valerio A. CIAT tropical forages program report on forage seed production [R]. Documento De Trabajo, 1991.

[472] WANG Qing - Long, HU - BIAO YANG, et al. Carex longipetiolata (Cyperaceae), a new sedge from Hainan, China [J]. Phytotaxa, 2012, 75 (75)：65 - 69.

[473] Yang, Hubiao, Wang, Qinglong, et al. Carex diaoluoshanica (Carex sect. Lageniformes, Cyperaceae), a new species from Hainan, China [J]. PLos One, 2014, 9 (6)

[474] Yang H, Wang Q, Bai C, et al. Care diaoluoshanica (Carex sect. Lageniformes, Cyperaceae), a new species from Hainan, China [J]. PLos One. 2014, 9 (6)：97658.

图书在版编目（CIP）数据

中国草种管理 / 全国畜牧总站编著 . —北京：中
国农业出版社，2018.9
　ISBN 978 - 7 - 109 - 24572 - 3

　Ⅰ.①中… 　Ⅱ.①全… 　Ⅲ.①草籽-农业管理-研究
-中国 　Ⅳ.①F326.1

中国版本图书馆 CIP 数据核字（2018）第 207289 号

中国农业出版社出版
（北京市朝阳区麦子店街 18 号楼）
（邮政编码 100125）
责任编辑　赵　刚

北京通州皇家印刷厂印刷　　新华书店北京发行所发行
2018 年 9 月第 1 版　　2018 年 9 月北京第 1 次印刷

开本：720mm×960mm 1/16　　印张：16.25
字数：246 千字
定价：48.00 元
（凡本版图书出现印刷、装订错误，请向出版社发行部调换）